高中地理课堂教学的
优化对策研究

崔 闽 著

吉林文史出版社

图书在版编目（CIP）数据

高中地理课堂教学的优化对策研究 / 崔闽著．

长春：吉林文史出版社，2024.8. — ISBN 978-7-5752-0541-2

Ⅰ. G633.552

中国国家版本馆 CIP 数据核字第 20240QK315 号

高中地理课堂教学的优化对策研究

GAOZHONG DILI KETANG JIAOXUE DE YOUHUA DUICE YANJIU

著　　者：崔　闽
责任编辑：靳宇婷
出版发行：吉林文史出版社
电　　话：0431-81629359
地　　址：长春市福祉大路 5788 号
邮　　编：130117
网　　址：www.jlws.com.cn
印　　刷：河北万卷印刷有限公司
开　　本：710mm×1000mm　1/16
印　　张：16.25
字　　数：220 千字
版　　次：2024 年 8 月第 1 版
印　　次：2024 年 8 月第 1 次印刷
书　　号：ISBN 978-7-5752-0541-2
定　　价：98.00 元

前　言 | Preface

在当今这个日新月异的时代，教育不仅是知识的传递，更是能力、素质、价值观的培养。高中地理作为一门综合性和实用性较强的学科，其教学的优化与创新对于培养学生的综合素质、增强国民地理意识、促进社会可持续发展具有重要意义。

本书旨在深入探讨高中地理课堂教学的现状、面临的挑战及其优化策略，以期为地理教师提供指导和建议，促进高中地理教学质量的全面提升。

随着教育领域的持续改革，新的教育理念、教学模式和技术手段不断涌现，高中地理教学亦面临着前所未有的机遇与挑战。如何在新的教育背景下，充分发挥高中地理的育人价值，如何优化教学内容与方法，以适应新时代学生的学习需求和发展趋势成为地理教育领域亟须解决的问题。

本书首先概述了高中地理教学的基本情况，包括教学目标、功能、原则及媒体运用，旨在为读者提供一个全面的基础框架。随后，围绕高中地理课程的基本理念展开论述，强调了培养学生必备的地理素养、满足学生不同的地理学习需要、重视对地理问题的探究及学习评价，这些理念是优化高中地理教学的指导思想。高中地理课堂教学模式的创新与应用是本书的重点。介绍了 5E 教学模式、O2O 教学模式、支架式教学模式、对分课堂教学模式、项目式教学模式以及层级互动教学模式在高中地理课堂中的应用，这些创新模式的实践探索为传统地理教学注入了新的活力,为增强教学效果提供了新的路径。

本书还深入讨论了多元化教学方法的应用,包括微课、思维导图、短视频、问题式教学法、诱思八环教学法在高中地理课堂教学中的具体运用,这些方法的有效融合能够激发学生的学习兴趣,提高学生的地理素养和问题解决能力。

在教学内容的优化方面,本书提出了将生态文明教育、中华优秀传统文化以及课程思政融入高中地理教学的对策,不仅丰富了教学内容,也有助于学生形成正确的世界观和价值观。

最后,本书对高中地理学科核心素养及其培养的优化对策进行了深入分析,明确了地理核心素养的内涵,探讨了在高中地理教学中学生核心素养培养的对策,这对于提升学生的地理科学思维和实践能力具有重要意义。

优化教学内容和方法,不仅可以提升学生的学习兴趣和效果,还可以培养他们的综合素质,为未来的学习和生活奠定坚实基础。在未来的教育实践中,高中地理教学的优化将持续发展,不断适应新的教育要求和学生需求,为培养具有全球视野和本土情怀的新时代青年做出贡献。

由于时间仓促、水平有限,书中难免存在疏漏之处,恳请广大读者批评指正。

崔 闽

2024 年 4 月

目录 | Contents

第一章　高中地理教学概述

第一节　高中地理教学目标

一、高中地理教学目标要素

高中地理课程旨在通过深化学生的地理核心素养，实现立德树人的教育使命，其具体目标要素涵盖以下几个方面：

（1）学生将学会如何平衡地理环境与人类活动之间的关系，深刻理解两者之间相互作用的多样性、影响力度以及可能带来的结果。通过学习，他们能够理解人类对自然环境认识的发展历程及其背后的逻辑，进而树立一种认识人与自然和谐共生对于可持续发展至关重要的观点，并培养一种尊重自然、追求和谐共生的态度。

（2）让学生能够从综合的视角看待和分析地理实体与现象，拥有分析地理要素间相互作用的能力。学生应能够解释地理实体与现象的发生和发展过程，对不同区域的地理环境特征进行全面的观察与分析，并学会如何辩证地处理地理问题。

（3）学生应该能够从空间和区域的角度理解地理实体与现象，具备观察地理现象空间分布的能力，并且能够运用区域综合分析、比较和关联等手段认识和评价不同区域的现状及其发展潜力。

（4）培养学生运用地理知识和工具，通过室内外考察、实验和调查等实践活动来获取地理信息，探究并尝试解决现实问题的实际能力，这既包括学生的能动性探索能力，也包括活动策划与实施的实践能力。

二、高中地理教学目标的功能

（一）指导教学功能

在地理教学领域，对于教师来说，明确的教学目标既是指引教学方向的灯塔，也是设计教学内容、选择教学策略的基础。地理教育工作者在制订教学计划时，应当全面深入地探究新课程标准和具体教学材料，同时对目标学生群体进行细致分析，从而在教学方法选择、课堂管理方式、教学资源利用及评价体系构建等方面做出合理规划，确保教学过程的系统性和高效性。简而言之，有效的教学需建立在明确的目标之上。

对于地理教师而言，构建这些教学目标不仅需要掌握深厚的地理学科知识和跨学科知识基础，还需要掌握教学设计的核心原则和技巧。这意味着教师需要通过学习和应用这些理论知识和实践技能来精准设计教学目标，进而提升自身的教育教学能力。当学生对于地理教学目标有了清晰的认识，在学习过程中，他们就能更有针对性地识别学习的重难点，有效规划自己的学习路径。

（二）激励功能

设定目标本质上是对人类需求的深刻体现，当这些需求转化为具体的目标意识，并与个人行为紧密结合时，便催生了动机。在地理教学领域，一旦明确了教学目标，学生便会产生强烈的达成愿望，之后这种愿望会转化为学习动力。知晓了清晰的学习目标并实现这些目标后，不仅能够使学生感受到学习的成就感，进而激发他们对地理学习的热情，还能够为他们未来的学习之旅提供坚定的信心和方向。

（三）评价功能

现代教育评价的需求催生了现代教学目标理论的发展。地理教学目标在科学评估教学质量中扮演着关键角色，为评价提供了明确的衡量标准。尽管一些专家认为以教学目标的达成作为评判一节课好坏的唯一标准可能略显片面，但这种观点在一定程度上揭示了教学目标在地理教学评价体系中的重要性。它一方面在教学质量评估中通过教学目标的设计、表达和实现情况来进行考核；另一方面为学生的学习评价提供了具体的参考标准，使得基于地理教学目标的测评成为可能。因此，教学目标成为评估教师教学效果和学生学习成效的重要工具。

三、高中地理教学目标的设计

（一）高中地理教学目标的设计依据

1. 社会需要

地理教学的目标制定始终紧密跟随社会的步伐，旨在反映和促使社会进步的核心理念。在历史上，地理教学与社会演变密切相关，其变迁映射了社会对知识需求的演化：15世纪地理大发现期间，当资本主义生产力快速增长，商业和航海业迅速发展时，地理知识成为重要需求；17世纪，随着商业交往的增加和对资源的竞争加剧，地理学科开始进入西方学校体系，反映了对高级地理知识的迫切需求；19世纪，现代地理学诞生，地理课程得以确立，直到21世纪可持续发展概念成为教学的关键部分，均展示了地理教学是对社会需求直接响应的结果。这种需求在地理教学的内容上得到体现，而且通过教学大纲（课程标准）中的纲要形式予以具体化，并以教学目标的确定来得以细化。因此，在制定地理教学目标时，必须将社会需求作为基本出发点和首要考量因素，确保地理教学不仅满足当前的教育需求，也为社会的持续发展贡献力量。

2. 核心素养培养的需要

在当前全球化与信息化的背景下，教育目标不再局限于知识的传授，更重要的是通过知识的学习培养学生的核心素养，包括批判性思维、解决问题的能力、跨文化交际能力等。核心素养的培养要求地理教育既应传授地理知识，更应通过地理教育的过程，促进学生个人品质和社会责任感的发展，使学生能够更好地适应未来社会的需要。所以，在设计高中地理教学目标时，必须将核心素养的培养纳入考量范围，确保教学目标既有助于知识的掌握，又能有效促进学生能力的全面提升。

具体而言，核心素养培育在高中地理教学目标设计中的体现，可以从促进学生对地理学科知识的深入理解和应用能力的培养，到提高学生分析和解决地理问题的能力，再到培养学生的环境意识和全球视野等方面。例如，通过探讨人地关系、气候变化等问题，可以激发学生对地理环境保护的意识和责任感，并通过地理现象和事件的分析，培养学生的逻辑思维和批判性思维能力。此外，地理教学还应鼓励学生参与实践活动，如田野调查和社会实践，以提高他们的观察能力、实践能力和创新能力。

3. 学生的身心发展规律

在构建地理教学目标时，学校的主要任务是通过精心设计的教学活动，指导和激励学生的全面发展。在这一过程中，学校需要充分考虑学生身心成长的自然规律与个体特性。地理教学目标的制定必须基于学生的实际能力和具体情况，旨在为其提供一个既切实又科学的学习框架。

学生的年龄和成长阶段决定了他们在生理和心理上的特定需求。例如，地理教学在内容安排上应从易到难、由表及里地展开，以符合学生的认知发展特点。特别是在高中阶段，学生的思考方式开始趋向抽象逻辑，不再仅仅依赖直观感受和个人经验。此时，他们的情感态度和意志力也发生了转变，不再单纯追求幻想，而是在深入了解社会和自我认识的基础上，塑造自己的人生观和价值观。因此，高中地理教学除强调科学知识的体系性构建外，更注重培养学生关于人与自然和谐共生的意识，特别强调了解和实践可持续发展的重要性及其实现路径。在设计教学目标时，教师应着重如何将地理学的原理与实际问题相结合，培养学生的应用、分析和综合能力。

此外，学生的个体差异同样是设计地理教学目标时不能忽视的因素。学生在内在潜能、天赋素质以及外在生活环境等方面的差异决定了他们的学习起点和发展速度不尽相同，对此，地理教学目标的设计应从大多数学生的实际情况出发进行考虑，确保教学目标既具有挑战性，又不超出学生的理解和掌握能力。通过这种方法，教学目标旨在促进每一位学生根据自己的独特条件和能力水平，实现最大限度的成长和发展。

4. 地理学科的特点与内容

地理学作为一门学科，其显著特点和教学内容构成了教学目标设计的基础和导向。地理学的核心特质首先体现在其综合性上，这一学科横跨自然界与人文领域，覆盖从大气层到人类智慧圈等多个层面的广泛要素及其相互作用，反映了地球上复杂而多样的地理现象及其发展过程。这种综合视角要求人们理解单一地理要素或过程，更重要的是理解地理环境作为一个整体的多维度互动。地理学的地域性特征指出，无论是自然现象还是人文事件，都在特定的地理空间内展开，展示出独有的区域整体性和差异性。这种地理学科的本质属性强调了对具体地理空间的深入理解和研究，是地理学区别于其他学科的关键所在。而地理学的开放性特质揭示了其作为一门跨学科领域的广泛联系和影响。地理学包含的各圈层系统不断与外界进行物质、能量和信息的交换，形成一个开放的、动态的系统，这种开放性促使地理学与众多自然科学和社会科学领域产生交集。此外，地理学的实践性特点强调了人类对地理环境认知的实践基础，指出了地理学科知识的形成和发展与人类实际活动的紧密联系。

针对高中地理教学内容，以人地关系为核心，围绕地球自然环境和人类活动的基本规律及其问题展开。地理学科内容主要涵盖地表各种地理现象的分布及其成因探究、地理事物之间的相互联系与区域差异、地理现象变化发展的规律，以及人类与地理环境之间的互动关系。教学目标的制定应当紧扣这些内容领域，确保地理教学能够全面覆盖学科的关键要素，并能够促进学生对地理环境的深入理解和正确关系的建立。

（二）高中地理教学目标设计要求

1. 系统化

高中地理教学目标主要包含五个层次，如图 1-1 所示。

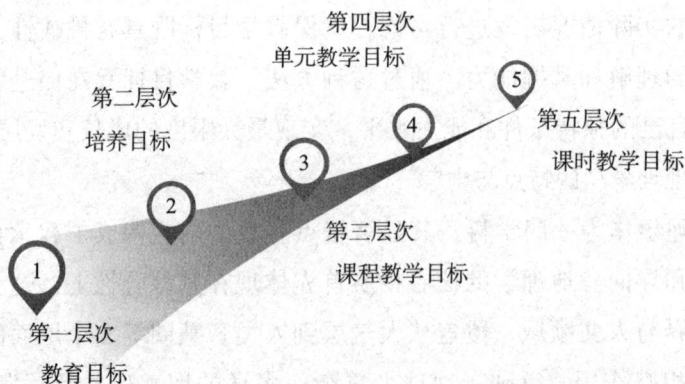

图 1-1　高中地理教学目标的五个层次

在高中地理教学领域，地理的教育目标、培养目标及课程教学目标都已经通过国家教育政策、课程计划和教学大纲（课程标准）得到明确的规定。因此，对于地理教师而言，他们的主要任务在于精心设计单元和课时的教学目标。这一过程要求教师关注教学目标本身的系统性，包括它们之间的横纵向联系以及不同层级目标之间的流畅过渡和递进性，还包括实现目标之间的相互补充和促进，以确保教学内容的连贯性和效果的最大化。

在制定地理教学目标时，教师应全面分析和综合考量教学系统内的各个组成要素，这包括但不限于教师的专业能力、学生的心理和生理状态、社会环境背景、课程内容和可利用的教学资源等方面。通过对这些因素的全面考虑，教师能够设计出既符合学科特点，又适应学生需求的教学目标。最重要的是，应将制定地理教学目标视为教学设计过程中的关键步骤之一，在教学设计的理论框架中，分析教学对象、确定教学目标、选择教学策略及执行教学评估是坚实的四大基石。其中，确定教学目标不只是这一过程的基础，也处于核心地位，与其他环节相互依存、紧密联系。在这个过程中，教师需要进行全面的思考和平衡，以确保教学目标的科学性和实施性。

2.具体化

将地理教学目标具体化意味着这些目标需要被清晰和明确地阐述出来，确保它们是可观测和可评估的，从而避免使用模糊或不现实的表达方式。例如，有的目标描述如"提高学生对自然界美的感知能力""增强学生的地理分析能力"或"深化学生对祖国深沉爱意的情感体验"等，常常采用表征心理状态的语言，这种状态难以被直接观察或衡量，所以，采用这种表述方式的教学目标缺乏具体性和实用性，不符合高校教学目标的设计原则。为确保教学目标的有效性，教师需要用具体、可执行的语言来定义，使之既清晰又容易根据学生表现来评估。

第二节 高中地理教学的功能

高中地理教学的功能主要体现在德育、智育、美育三个方面，见表1-1。

表1-1 高中地理教学的功能及内容

高中地理教学的功能	子类别	主要内容
德育功能	思想政治教育	1. 辩证唯物主义教育 2. 全球意识教育 3. 爱国主义教育
	个性品德教育	1. 健康个性和人际关系教育 2. 科学态度和创新意识教育 3. 环境伦理和社会生态教育
智育功能	知识教育	1. 地理感性知识教育 2. 地理理性知识教育
	能力教育	1. 学习能力教育 2. 实践能力教育 3. 创新能力教育
美育功能	人地协调美教育	通过地理教学实践，展示人与自然和谐共生的理想状态，体现自然与人类社会之间的美学价值
	人文美教育	探索人类活动对物质与精神文明之美的贡献，通过观察和研究不同文化和社会现象，培养学生的人文美审美意识和能力
	自然美教育	介绍自然地理的范畴和自然景观，通过实地考察和多媒体展示等方式，全面展现自然之美，培养学生的自然美鉴赏意识和审美能力

一、高中地理教学的德育功能

（一）思想政治教育

1. 辩证唯物主义教育

在地理教学过程中，通过自然和历史的辩证法原则进行教育是一种深入的教学策略。地理课程通过探讨地球科学的案例，丰富了自然辩证法的教育内容，而人文地理的学习充满了历史辩证法的教育元素。特别是在讨论人与自然的关系时，这种教学体现了辩证唯物主义的教育理念，而且展现了其深刻的教育意义，这种教育理念贯穿地理学的各个分支，无论是在系统地理还是区域地理的教学中，都有着广泛的应用和重要价值。

2. 全球意识教育

在当前的教育体系中，地理教学担当着培育学生全球视野的重要任务，这一教育方向既是对过往国际主义教育模式的继承与创新，也是对全球化时代需求的响应。在地理学科的框架下，推动正确的全球意识教育变得尤为关键，它关乎学生德性的塑造和对外部世界的理解。我国对于全球意识教育的定义带有明显的文化自觉和独立立场，这与西方教育体系中广泛强调的全球观念教育存在本质上的不同。

中国地理教育中的全球意识教育重视文化多样性和国家间差异的尊重，旨在培育学生在全球化和区域化并存趋势下的综合视野。这种教育不仅涉及国家之间的社会生态相互作用，而且强调南北发展差异、发达与发展中国家之间的相互依赖性，以及在政治、经济领域内实现公平互补的重要性。它追求的是一种和平共处的国际关系模式，反对任何形式的霸权主义。

正确的全球意识教育旨在树立一种积极的、开放的世界观，这种教育理念既批判了自大和排外的狭隘观点，也警惕了盲目崇拜外来文化的趋同行为。它强调在推动改革和开放的过程中，应综合考虑中国的实际情况和世界大背景，明智地确定改革的方向和路径。通过这样的全球意识教育，旨在培养学生能够基于全面、客观的视角理解世界，积极参与全球化的时代潮流，并保持国家的独立性和文化自信。

3. 爱国主义教育

爱国主义作为中华民族传统美德的核心，在培育新一代青少年时显得尤为关键，他们是这种美德的承载者与推动者，激发他们对国家的爱与奉献的精神非常必要。高中地理课程提供了独特的教育资源来进行爱国主义教育，教师应当充分利用这一优势，深入挖掘课本中蕴含的爱国主义教育元素。比如，借助对我国地理环境的描述，包括其战略位置、广袤的土地、秀丽的山川、丰富的资源以及美丽的自然景观，让学生体会祖国的美好，唤起对祖国的自豪感和归属感；通过展示新中国成立特别是改革开放以来在各领域取得的辉煌成就，展现社会主义制度的强大生命力和中国共产党领导的正确性。要让学生认识到，虽然我国的自然资源在全球占据领先地位，但人均分配仍然有限，并存在资源利用不当和环境破坏的问题。这有助于提升学生的忧国忧民意识，培养他们对建设和保护祖国的迫切责任感和使命感。

（二）个性品德教育

1. 健康个性和人际关系教育

通过地理教学，学生能够深入理解和欣赏不同地域的自然环境和文化差异，这种理解和欣赏是建立健康个性的基础。地理知识的学习既能够激发学生对美丽地球家园的爱护之情，也能够增进他们对不同文化和生活方式的尊重，培养开放、包容的个性特质。而地理教学中关于资源利用、环境保护的内容能够引导学生思考如何负责任地与自然和谐共生，这既是对个人品质的培养，也是对社会责任感的塑造。

在人际关系教育方面，高中地理教学通过小组合作学习、田野调查等教学活动，为学生提供了丰富的人际交往机会，有助于他们在实践活动中学习沟通协作、相互理解和尊重。这些活动加深了学生对地理知识的理解，更重要的是，在共同完成任务的过程中，学生能够体会团队合作的重要性，学习如何在多元化的团队中发挥自身的作用，同时尊重和欣赏他人的贡献。这种人际交往和团队合作的经验对于将来学生融入社会、建立和谐的人际关系具有深远意义。

2. 科学态度和创新意识教育

地理教学作为一座桥梁，连接了自然科学与人文科学的广阔领域，为学生提供了一个独特的学习平台，让他们在自然地理与人文地理的学习过程中深入理解自然法则和社会规律。这一教学过程自然而然地融入了科学教育的要素，通过探索自然现象的原理和人文现象的深层意义，激发学生的科学探索兴趣，培养他们遵循客观事实、实事求是的科学态度。

地理教学不仅涵盖了课程的广泛性，更通过其独有的综合性，为学生营造了一个开放的思考空间，激励他们追求新知、勇于创新。在自然地理的学习中，学生被鼓励对地球科学的各种现象进行探索和质疑，而在人文地理的学习中，学生学习到如何科学地看待人与环境的相互作用，这种跨学科的学习方式丰富了学生的知识体系，锻炼了他们的创新意识和解决问题的能力。通过地理教学，学生能够建立起科学的世界观，对周围的世界持有一个更加开放和探索性的态度。

3. 环境伦理和社会生态教育

虽然环境伦理的教育在地理课堂上历史悠久，但其作为一项明确的教学目标是近年来才逐渐被重视。在这方面，地理教育承担着关乎人类未来命运的教育使命，旨在通过环境问题的探讨，引导学生进行道德和伦理上的思考，使其能够在认识层面和情感层面做出正确判断。地理教学提供的环境案例不仅展示了环境问题的复杂性，也深化了学生对于环境伦理的理解，引领他们走向道德行为的选择，避免对环境造成破坏。

随着地理课程改革的深入，社会生态学的观念和方法日益凸显其在协调人与自然关系中的关键作用，通过地理教学展现社会生态失衡与协调的实际案例，丰富了学生的学习内容，并在无形中使学生树立了正确的社会生态观，让学生明白人类活动与自然环境之间的平衡关系至关重要。

二、高中地理教学的智育功能

（一）知识教育

1. 教授地理基础知识

（1）地理感性知识

地理感性知识包括那些人们可以直接感知的地理信息，如地理名称、分布情况、景观特征、演变过程及相关数据等，构成了我们常说的"地理事实"。这类知识直观而明确，展示了地理现象的外貌和它们之间的表层联系，是构建完整地理知识架构的基石。只有通过向学生系统介绍这些基本的地理事实，才能够帮助他们建立起地理的基本观念，进而理解地理现象的本质，培养出对地理的理性认知。

地理概念是构成地理基础知识的关键一环，如果没有地理概念，人们不仅无法具体描述或区分各种地理现象，更难以进行比较分析。地理概念在经济活动、国防安全、日常生活和学术研究中扮演着不可或缺的角色，掌握足够数量的地理概念既反映了个人的地理文化水平，也是理解和应用地理知识的基础。

地理分布的知识涉及地理事实在全球各地的具体分布情况，如政治区域划分、自然地理要素的分布格局，以及人口、民族、自然资源、经济类型、交通网络、城镇布局等方面的信息。这些分布信息的空间特性能够在地图上得到直观展示，对于学生理解地理现象的位置、认识地理空间的构成和发展空间思维能力至关重要。

地理景观知识作为地理感性认识的一部分，涵盖了自然界与人文社会的各种景观和景象，既展现了地理现象的直观形态，也揭示了它们之间的外在联系。这类知识因其生动、具象的特点，极易帮助学生建立起对地理事实的初步认知和深刻印象。通过对不同地理景观特点的学习，学生能够进一步抽象出地理概念，为深入理解地理的理性知识奠定基础。

地理演变知识则关注地理事物及现象随时间演进的过程，涵盖自然地理变化，如季节更迭、地壳变迁、水文周期等，以及人文地理演变，如城市扩展、产业布局更新、交通网络优化等方面。这类知识能够助力学生构建一个动态的地理世界观，使他们不仅理解地理事实的静态分布，还能把握其变化脉络，深化对地理名词、景观及其分布的综合理解。

地理数据，或称地理数字，是对地理事实进行量化描述的重要工具。包括绝对数字、顺序数字以及比例数字等多种形式，使得地理事实的比较和分析变得更加直观和精确。地理数据的使用不仅能明确展示地理现象之间的数量关系，还能有效揭示地理事物和现象背后的规律性，有助于加深学生对地理学科的认知。

（2）地理理性知识

地理理性知识，亦称地理原理，构建在对地理特征、规律、成因等基本概念的深入理解之上，是对地理事实内核及其相互作用进行探究的知识体系。这种知识以概括性和抽象性为特征，是对地理感性知识经过思维加工后的升华与发展。地理教育的目的不仅在于传授对地理事实的直观认知，更重要的是通过分析地理名称、数据、分布和景观等，引领学生进行更深层次的思考，从而揭示地理现象背后的本质特征和内在规律，帮助学生构建起一个系统而完整的地理知识架构。在此过程中，学生的地理思维能力能够得到显著提升，尤其在比较、分析、综合和逻辑推理等方面。

地理特征的探讨是地理理性知识的重要组成部分，包括一般地理特征、个体地理特征和区域地理特征三个层面。其中，一般地理特征揭示了同类型地理现象的共性属性，如河流的共通特性；个体地理特征着重描述特定地理实体或现象的独特属性，如长江的独有特点；区域地理特征则关注特定地域内多个地理实体的共性特征，反映该区域的自然与经济面貌，如中国河流的整体特性。通过对这三个层面地理特征的学习和认识，学生能够从地理现象的个性、共性到区域性不同维度理解其本质属性，促进地理概念的形成和地理思维能力的发展。

地理规律作为地理学科核心的理论基础，揭示了地理现象和事物之间的固有联系和普遍性原则，主要囊括了地理演变和地理分布的规律性。这些规律不仅是对地理演变与分布知识的进阶理解，也是深化学生对地理世界认知的关键。通过对地理演变规律的学习，学生能够应用抽象的思维方式去理解和总结地理现象的发展动态；而通过对地理分布规律的学习，能够训练学生通过分析数据和解读地理分布图，识别和总结地理实体在空间上的分布模式。

地理成因学进一步探讨了地理现象和事物背后的因果关系，为地理特征形成和规律发现提供了深层次的解释。在地理教学过程中，重视地理成因的探究不只是向学生传授地理事实和规律，更重要的是引导学生深究这些事实和规律背后的"为什么"，解答学生在学习过程中出现的各种疑问。这种教学方法旨在帮助学生建立一个完整且系统的地理认知框架，促进他们地理理性思维的形成，并且有效提升他们的思维和认知能力。

2.培养地理基本技能

在地理教学领域，"双基"教学策略，即地理基础知识与基本技能的联合培养，构成了教学活动的核心，是提升学生地理素养的关键途径。通过这种策略，旨在培养学生除掌握地理知识外，还能够将这些知识应用于实际生活中，实现知识与实践的有效结合。地理基本技能的培养是确保学生能够将所学地理知识有效地固化和深化的基础。在这一过程，不仅需要学生在教师的引导下，通过各种实践活动来巩固知识点，也需要他们在实际操作中不断尝试和探索，以加深对地理概念的理解和应用。

对于学生来说，地理技能的学习与掌握既是学习地理知识的前提，也是提高自我地理认知能力、发展智力的有效手段。一旦学生掌握了必要的地理技能，他们便能够自主且随时随地地吸纳新的地理信息，无须完全依赖课堂教学。鉴于学校学习的时间和空间限制，激发学生自主学习的能力显得尤为重要。因此，教师应当利用多样化的教学手段和方法，引导学生掌握如地图阅读、数据分析、现场考察等地理技能，使其能够独立地探索和获取新的地理知识。拥有了这种能力的学生将能够感受到学习的乐趣，不断追求知识，探索未知，向更深的层次和更广阔的地理领域挺进。

（二）能力教育

1. 学习能力教育

学习能力的培养是一项与教学过程密不可分的实践活动，其本质不仅仅在于掌握教学内容中的具体知识，更在于通过这一过程使学生掌握如何学习的方法。地理教学提供了一个多维度的知识平台，其中包含的广泛知识点展示了学科之间的边缘性和交叉性，特别是它们的综合性质，为学生提供了形成跨学科学习能力的机会，如文理交融的能力以及分析多因素的综合能力。这一过程涉及知识的接收和理解，更重要的是培养了学生将知识应用于实践，以及解决问题的能力。

地理教学的多样化形式，包括理论学习与实践操作、观察与分析、图表的阅读与制作等，为全面发展学生的各项能力提供了广阔的舞台。既包括操作性技能，如观测、操作、绘图等，也包括认知智能的培养，如观察能力、逻辑思维、想象和记忆等。多样的教学方式，如课堂讲授、小组讨论、实地考察等，既促进了学生的自学能力，也增强了他们的集体学习能力，使他们能够在不同的学习环境中，包括学校内外、社会实践中，有效地学习和应用地理知识。

2. 实践能力教育

地理教学突显出其在培养实践能力方面的显著优势，长期以来，这一点在教育界未能得到充分认识，常被误解为是技能训练，而忽视了其在综合能力提升方面的深远影响。事实上，地理教育中所强调的实践能力与学习能力一样，均是基于智力和技术技能的双重构成。地理学的学习与实践相结合的教学模式为学生提供了丰富的能力发展机会，通过不断的学习与实践相互促进的循环过程，学生能够在这条路上实现自我成长。在地理教育中，实践扮演的角色远不止于技能的简单应用，它是知识在新环境下应用和提升的平台，促使学生在实践中深化理解，实现知识与能力的双重增长。

3. 创新能力教育

教育中培养创新能力被视为能力教育的顶峰，而地理教学以其独有的方式在此方面展现出特有的强项。地理教学是关于知识的传递，更是一个培养学生综合学习能力和实践能力的过程，为创新意识和能力的孕育提供了丰富的土壤。地理学科的广泛性和实践性质鼓励学生开阔视野，并激活思考和操作的能力，这是创新思维形成的基础。地理教学内容中蕴含着丰富的创新教育资源，涵盖了从科学的假设构建到技术的应用，以及从古至今的地理学发展史，提供了多样化的创新教育案例。这些内容不仅展示了地理学科的创新成果，也暗含着有待解决的问题和科学的未知，极大地激发了学生的探索欲望和创新意识。

在培养思维方式方面，地理教学强调多样化的思维模式，包括收敛思维与发散思维、正向与逆向思维、归纳与演绎推理、类比思考以及逻辑与辩证思维等。特别是在培养学生的想象力方面，地理教学注重刺激学生的再造性想象和创造性想象能力，这些都是推动创新能力发展的关键因素。

三、高中地理教学的美育功能

（一）人地协调美教育

社会的不断发展伴随着审美观念的更新变化，使得人与自然的和谐关系成为全球共同追求的一种高级形态的美——人地协调美。在地理教育中，将人地协调美的概念融入美育，显著提升了地理教学的美育价值，成为美育领域的一项高级追求。

在地理课程的教学实践中，无论是探讨区域地理，还是分析人文与自然地理的交互，人地协调美始终作为教学的核心价值贯穿其中。地理教育揭示了全球范围内存在的人地关系不和谐问题，反映了人类社会对环境可能造成的负面影响，而且通过展现这些问题，推动人地协调美教育的实施。此外，地理教学中的可持续发展内容展现了人与自然和谐共生的理想状态，不仅体现了自然与人类社会之间的美学价值，也包括了民族和谐、社会发展、国家团结乃至世界和平等社会层面的美感。

（二）人文美教育

在地理的教学领域中，人文美的教育通过人文地理的学习内容得到显著体现。人文地理覆盖了从人种、民族、城镇、文化、政治到经济活动等众多人类活动的方面，展示了由人类创造的丰富多样的物质文明与精神文明之美。通过对这些人文现象和景观的学习，地理教学可以让学生感受到不同时间和空间背景下的多样美、人文现象发展的动态美和其分布规律所展现的有序美。此外，地理课程还鼓励学生走进社会，通过观察和研究，深入了解这些人文现象，而多媒体教学资源的运用则为这一过程提供了丰富的信息和便利的条件，从而有效促进学生对人文美的感知和鉴赏能力的培养。

（三）自然美教育

自然美的教学聚焦自然地理的范畴，囊括了宏伟的宇宙景象、壮丽的山川河流、丰富多样的生态系统等各种自然景观，展示了自然界的美丽在地理教育中的全面体现。地理课程的发展已经从简单的静态描绘转向了展示自然变化的动态过程，无论是跨越地质时代的变迁还是季节更替的微妙变化，自然界的动态之美都在地理教学活动中得到了生动呈现。通过实地考察活动和多媒体的辅助展示，自然之美得以全方位展现。

第三节　高中地理教学的原则

高中地理教学应当遵循五大原则，如图 1-2 所示。

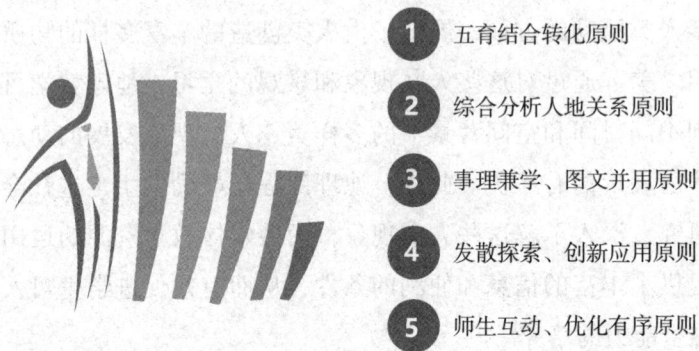

1. 五育结合转化原则
2. 综合分析人地关系原则
3. 事理兼学、图文并用原则
4. 发散探索、创新应用原则
5. 师生互动、优化有序原则

图 1-2　高中地理教学原则

一、五育结合转化原则

（一）教学计划充分考虑五育结合转化问题

在设计地理教学计划，包括整体课程框架、单元规划以及具体课时内容时，教师需深入挖掘并融合德育、智育、体育、美育和劳动教育的要素。[①] 这要求教师在教学过程中全面展现这五个方面的教育内容，并探索如何使这些方面在教学活动中互相补充、互相转化。此外，在教育过程中，应鼓励学生积极参与教学计划的制订，逐步引导他们能够独立完

---

① 池春刚.新课程标准下的高中地理教学及评价研究[M].青岛：中国海洋大学出版社，2021：40.

成学习规划，以培养他们的综合素质，使他们形成一个全面发展、相互转化的学习模式，在地理学习中实现五育的有机结合和相互促进。

（二）灵活选择作为载体的教育因素

在地理教学中，教育的载体不局限于传授知识的维度。教师应根据教学内容的特点，灵活运用多样的教育元素，实现教育目标的多元化，比如，在强调能力培养的地理单元中，可以将能力提升作为主导，通过实际操作和探究活动，让学生在锻炼能力的同时，自然融入知识学习、品格塑造、审美情趣培养、体育锻炼和劳动实践。同理，在重视思想和观念启发的单元，教育内容可侧重观念更新和情感激发，通过讨论、反思等方式，让学生在深化思想理解的过程中，促进智力发展、美感熏陶、体能增强和劳动技能提升。

（三）根据五育结合转化的要求处理教材

在遵循地理课程目标的前提下，对教材的审查和使用应具有批判性和创造性。如果教材在五育——德、智、体、美、劳的综合融合方面存在不足或需要拓展，教师和学生应共同参与对教材内容的补充和完善。这意味着地理教学不能局限于教材所提供的信息，而是应提升对五育整合的重视，主动对教材的内容和形式进行创新性处理。这种教材的再创造和内容的丰富化是地理教学中教师与学生共同承担的日常任务，旨在超越教材的限制，实现更为全面和深入的教育目标。

（四）按照五育要求改进教学评估

地理教学评价体系的革新需紧密遵循地理教学的基本原则，并根据德、智、体、美、劳五育综合要求进行深刻改革。这意味着评价方法不仅应涵盖对教师教学方法的改进，还应包括对学生学习成效的全面检验，将促进五育融合发展置于评价体系的核心位置。为了全方位评估五育的成果，必须对现有的地理教师评价标准和学生学习评价标准进行彻底改革，扩展评价的内容范围，引入更多元的评价形式。地理教学评价应采纳过程评估、实地评估、实践操作评估以及知识应用评估等多样化的方法，这些方法的引入旨在丰富和完善地理教学评价体系，确保五育融合发展的教学原则得到有效实施。

二、综合分析人地关系原则

（一）构建以人地关系为主线的教学内容体系

在地理教学中，将人地关系作为贯穿课程与教学各环节的核心线索至关重要。这一教学策略旨在培养教师与学生对于人地关系深层次认识的共同习惯。教师需引导学生掌握以人地关系为枢纽构建知识框架的方法，逐步引领他们深化对该关系复杂内涵的理解，并且能够运用人地空间关系——地理学的顶层概念来整合和理解地理知识。虽然现行教材在展现人地关系这一核心主题方面有待进一步完善，但在教学实践中，教师和学生应共同探索，通过补充和调整内容，确保教学活动能够更好地体现人地关系的主线。

（二）培养综合分析人地关系的习惯和能力

在构建人地关系主线的地理教学内容体系中，综合分析是核心的教学方法。此过程要求教师向学生展示如何进行综合分析，并深入讲解综合分析的目标和意义，具体方法是将复杂的综合分析过程拆解为一系列"分析—综合—再分析—再综合"的循环步骤。这一教学策略旨在帮助学生掌握从多个角度审视问题的方法，学会在分析阶段发现促进综合理解的各种关联和联系，并且能在综合阶段区别哪些是关键因素、哪些是辅助因素。

（三）树立社会生态观点

在探索人地空间关系的复杂纽带中，引入并强化社会生态视角成了一个逐渐明晰的教学目标。这一视角的培养紧密依托对人地关系综合分析的深入。在地理教育的初期阶段，应引导学生逐渐构建对人类活动和地理环境之间互动的基本理解，重点在于通过实际的人地互动案例来深化对社会生态概念的掌握，而非仅仅停留在概念定义上。这一过程要求学生既认识到人与环境之间的动态相互作用，还要理解这种相互依存关系的变化和发展。

三、事理兼学、图文并用原则

（一）采取原理与案例相结合的教学方式

为了深化地理教育的理论与实践融合，需转变目前地理教学中普遍存在的将事实与原理教学分离的现象。这需要通过地理原理来指导和解释地理事实，使得学生在学习具体、直观的地理事实时，能够同时抽象出其中蕴含的理性知识。特别是在信息时代背景下，更应避免培养学生依赖直观形象思维的学习习惯，克服从具体感性认识到抽象理性认识转变的懒惰倾向。

在选择地理原理的案例时，教师不必局限于教材提供的示例。更有价值的做法是，从学生的日常生活和当地的地理现象中挑选案例，这样能够使教学内容更加生动、更加贴近学生的实际体验，也有助于学生深刻理解地理原理在现实世界中的应用。当学生对地理原理有了基本理解后，再引导他们回到教材中的案例进行深入分析。

（二）采用图文结合的表述方式

在地理教学实践中，培养学生和教师掌握并运用文字与图像两种表达语言至关重要。这要求在文字交流上达成共识，更要在图像，尤其除地图之外的视觉材料上，建立一套共通的理解和表达方式。地理视觉资料的角色应从传统的配角地位转变为与文字描述并肩的重要表述手段。根据教学内容的具体需求，教师需灵活选择主要的表达形式，并且能根据需要在图像与文字之间切换，这种能力的培养可从教学早期开始，通过示范和练习，让学生逐渐习惯这种双重语言的使用。

地理教学的完整过程通常需要多次在图像和文字之间进行转换，这应成为常态。它既能帮助学生使用图像来组织和分析地理信息，揭示其中的规律，实现从具体感知到抽象理解的跃迁，也能指导学生利用视觉资料来阐释和应用地理原理，使得从抽象概念到具体情境的应用，再到下一阶段的抽象理解形成闭环。同时，学生和教师还需学习如何使用文字来精确总结和解读图像所传达的信息。图文结合的表达方式不仅是地理教学中的一项基本技能，也是教师和学生必须掌握的关键能力。

四、发散探索、创新应用原则

（一）提高思维自由度

应鼓励师生突破教材给定的框架和结论，利用地理学科内在的多样性和内部联系，勇于探索教学内容的多个方向，从而拓宽思维空间。地理学中充满了由单一原因引发的多重效应，以及多种因素共同作用下的结果，这些复杂关系为发展学生的批判性和创造性思维提供了丰富的土壤。在教学过程中，应重视对这些情况的探讨，培育学生面对复杂问题时的分析能力和解决能力。此外，地理学研究中出现的各种悖论不仅是知识的扩展点，更是锻炼学生发散思维和逆向思维的绝佳机会。

（二）参考实际规划研究

创新在地理教育中的应用远远超越了传统教室的界限，尤其体现在对区域规划与发展战略的贡献上。仅仅依赖教室内的学习和教科书的知识不足以激发学生的创新探索精神，真正的创新和发散思维技能的培养需要通过参与实际的区域规划和发展问题研究来得以实现。无论是土地使用的策划、环境的整治计划、经济发展的策略设计，还是环境保护的方案，都蕴含了丰富的创新元素和发散思维的空间。地理教师应当在这些实际规划与研究活动中发挥引领和示范作用，向学生展示如何运用地理知识和方法学来进行科学的规划与研究。

五、师生互动、优化有序原则

（一）以师生互动过程设计教学过程

在地理教学的规划与实施中，应超越传统模式，即单向地由教师决定教学策略，转而重视学生在学习过程中的主动参与。这意味着在设计教学过程时，教师的行为和学生的学习活动应紧密结合，构建以师生互动为核心的教学模式。在这种模式下，教师的角色转变为学生学习过程的促进者和引导者，而非单纯的知识传授者。教学设计的重点应放在如何更好地服务学生的学习需求上，通过有效的师生互动来提升学习效果。

有时，地理教师可能根据个人的教学偏好或专长，设计出逻辑性强、对成人或特定学生群体来说较为合适的教学过程，然而这种设计未必能够激发大多数学生的学习兴趣，甚至可能导致精心准备的课程成效甚微。在地理教学改革过程中，这一现象需要被特别关注，教师应努力探索和实践更具有包容性和互动性的教学方法，确保教学设计能够真正贴近学生的实际需求。

（二）保持师生教学目标一致

在地理教学的实施中，教师与学生之间的活动效果在很大程度上依赖他们对教学目标的共同理解及其之间的互动和谐。这种目标一致性的建立超越了传统观念，即认为教师是地理信息的唯一或主要传递者。在当今信息化时代背景下，地理教师的角色已经发生了根本性变化，其既是提供信息的来源，也是指导学生如何从多元化的地理信息源中筛选、处理信息的导师。在这个过程中，教学的核心、介质以及最终目标都集中于地理学科的深入理解和应用上。

只有当教师和学生在教学目标上达成共识时，朝向共同目标的互动才可能实现，教学和学习方法也才能达到一致，所以，教师不仅要清晰地界定教学目标，还要确保这些目标与学生的学习目标相匹配，通过有效的沟通和互动促进这一过程。在这样的教学环境中，学生被鼓励主动探索、批判性思考，而教师通过指导学生如何有效利用各种地理资源来加深他们对地理学科知识和技能的理解和应用，共同推动地理教学向更高层次的目标迈进。

第四节　高中地理教学的媒体

一、计算机多媒体

（一）计算机媒体的优点

在当今信息化时代背景下，多媒体教学手段以其直观性、新颖性和场景再现能力的独特优势，使教学的互动性和学生的学习兴趣得到显著提升。不同于传统的教学资源，多媒体通过图像、声音、视频等丰富多样的信息载体，为学生呈现了一个更为生动、真实的学习世界。这种教学方式充分利用了人类对于感兴趣因素的自然关注机制，通过精心设计的教学内容和情境，吸引学生的注意力，有效提高了学习效率。在多媒体教学过程中，教师应根据教学内容的需求和特点，灵活运用多种媒体资源，以实现教学内容的最优展示和传达。

多媒体教学手段以其巨大的信息容量和高效的教学能力，在教育教学领域展现出了前所未有的潜力。基于计算机平台，多媒体技术使得教师可以轻松接触并利用海量的优质教育资源，极大地拓展了知识的广度和深度。在这一教学模式下，教师更像一位导航者，指引学生在宽广的知识海洋中自由探索。多媒体技术的应用节约了传统教学中大量的物理资源，并且通过数字化的手段优化了信息的存储、处理和展示过程，极大地提高了教学效率和质量。教师和学生都能从多媒体教学中受益，前者在教学方法和技术上获得创新和突破，后者则在丰富的学习环境中激发创新思维和学习兴趣。

与传统教学相比，多媒体技术在沟通和共享方面展现出了无可比拟的优势。这得益于多媒体技术的高度交互性，它能够实时传递丰富的文字、图像和音频信息，这是传统的报纸、杂志或电视媒体所无法实现的。随着高科技手段和先进教学设施的广泛应用，尤其多媒体教育网络的构建，教育方式之间的差异变得日益明显。

（二）高中地理教学中多媒体技术的应用

为了跟上高中教育事业的快速发展，学校需要融合多媒体技术与传统课堂教学，打造一个综合化的教学模式，尤其在高中地理教学中。这一模式的建立既是技术的融入，也是一种教学理念的革新，要求地理教师既掌握多媒体技术，还应在教学过程中创新教学思路和方法，以此激发学生对地理学习的热情，确保学生的全面健康发展。在实施这种教学模式时，教师应将多媒体技术作为传统教学的有力补充，通过多媒体技术展现地理信息的丰富性和多维性，提升教学的有效性和趣味性。

具体到多媒体技术在高中地理教学中的应用，它广泛涉及教学的各个方面。例如，在地图教学中，利用多媒体图像技术可以更加直观地展示地形地貌、气候分布等地理信息，帮助学生形成立体的空间观念；当涉及地理位置的教学时，多媒体视频技术能够以动态三维的方式呈现不同地理环境，使学生能够更加生动地感受到地理位置的多样性和地球的广阔；而在教授不同国家的文化和地理环境时，多媒体文字和图像技术能够将复杂的文化现象和地理知识以形象、具体的方式呈现给学生，从而有效丰富教学内容，提高学生的学习兴趣。

在传统的高中地理教学模式中，主要关注点往往集中在提高学生的考试成绩上，这种偏重理论知识的教学策略忽视了对学生地理实践力的培养，这种教学现状不利于学生将学到的知识应用于实际生活中，从而出现了所谓的"高分低能"现象。为了根本改善这一状况，提升学生的地理实践力成为教育改革的重点，教学改革的一个关键方向是强化学生的地理图像阅读能力，提升整体的教学效果。

举例来说，在教授中国地理政区图像时，地理教师可以借助先进的多媒体技术，结合图像与文字的双重技术手段进行教学。通过将黄河的轮廓形象比喻为"几"字形，以及将长江荆江段描绘成"九曲回肠"的形象，利用多媒体图片技术生动展示洞庭湖、鄱阳湖以及汉江等长江水系的关键组成部分，不仅能够使学生对于长江及其支流的地理特征有更加深刻的印象，也有助于提高学生的地理图像阅读能力。

二、图像媒体

（一）地图的应用

地图在地理教育中扮演着不可或缺的角色，既是传达地理信息的重要媒介，也是培养学生空间思维能力的关键工具。通过地图的应用，学生可以直观地理解地理事物的分布情况、发展过程和相互之间的联系。地理教学中应用的各类地图，包括自然与人文要素地图等，能够明确展示不同主题间的联系与区别，让复杂的地理知识变得更加清晰、易懂。此外，地理略图以其简约而不失精确的特点，能够有效地帮助学生聚焦地理特征和核心内容，促进其对地理现象的深刻理解。

地图的应用方法多种多样，每一种方法都对学生的地图阅读能力和空间认知能力有所促进，具体如下：

1. 认识地图

这一步骤要求学生全面了解地图的基本信息，包括但不限于图名、图例和地图中展示的自然与人文要素。这不仅是学生学习地理知识的基础，也是进行更深层次地图应用的前提。

2. 分析地图

在现代地理教育中，地图的多元化呈现要求教师和学生能够综合利用不同类型的地图进行对比分析。这种分析不仅能揭示地图所展示的地理事物之间的相互关系，还能进一步探索其背后的地理规律和特点。分析地图是基于对地图的基本认识之上，对学生进行图像教学的关键环节。

3.多维转换地图

地图的多维转换是对原有地图信息的深层次理解和再表达，这不是简单的模仿，而是对地图内容的创造性转换和高层次解读。这种转换能够帮助学生在提取地图中的关键信息的同时，深化对地理规律的理解和应用。

（二）地理示意图的应用

地理示意图通过使用简明的符号清楚地揭示地理现象的内在结构和相互作用，强调了视觉上的突出性和理解上的明晰性。这种图形表达方式有其独特的应用场景，具体如下：

1.地理概念图的运用

这类图表旨在阐述和可视化特定的地理概念及其关键要素。通过将地理特征或象征以图形化的方式展现出来，地理概念图不仅可以使学生更容易捕捉到地理实体的关键特性，而且促进了对复杂地理概念的快速理解。在这一过程中，教育者应引导学生识别并深入理解图中所表示的关键点或元素，从而加深对地理现象或过程的认识。

2.地理剖面图的运用

地理剖面图作为一种展示地理实体横截面的图形工具，能够从不同角度呈现地理现象的结构和特性。通过与平面图或其他相关图形资料的对比分析，剖面图能够提供一个立体的视角来观察地理特征的分布和构造。例如，在分析地质构造时，通过对比岩石圈物质循环的图示，可以明确岩层年代以及判断地质构造的类型。

3.地理关联图的运用

地理关联图强调地理实体之间的动态互动，这种图形工具既可以用于描绘宏观上的地理关系网络，也能展现地理知识的综合性和动态变化性。它不仅为教育者提供了一个直观的讲解工具，也帮助学生更好地理解和记忆地理信息。在解读地理关联图时，首先需要识别图中展示的地理要素及其互动过程，随后通过图中的箭头等符号解析这些过程，最终分析地理要素的形成和变化，掌握图中展示的地理要素的位置、功能及其相互作用。

4.地理过程示意图的应用

地理过程示意图的应用重点在于揭示地理事件的动态发展轨迹。这类图专注描述地理事件从发生到发展再到变化的整个过程，目的是让读者能够清晰地识别和理解地理现象变化的序列和阶段。在观察这种示意图时，应重视识别地理现象各阶段的特点和转换顺序，以便深入分析和把握地理事件的演变逻辑和内在规律。

5.地理原理示意图的应用

地理原理示意图的应用目的偏向揭示地理现象的成因和内在规律。通过对这些图表的研究，可以获得对地理事件产生原因、演变原理以及各种地理规律的深刻理解。在解读这类示意图时，首先需要识别图示内容所代表的地理现象或特征，然后深入分析这些现象或特征的时间和空间分布，探索其形成的原因，最后进一步比较和关联，可以揭示不同地理现象之间的相互作用和依赖关系，深化对地理原理的掌握。

（三）地理景观图的应用

在地理景观图的应用领域，通常划分为自然景观图与人文景观图两大类，以其丰富的色彩和生动的构图呈现地理事物和现象的多样性。这不仅能够直观地将学生日常生活中难以接触的地理景观以图像形式呈现出来，而且能够增强学生对地理环境的感性理解和认识。在解读自然景观图时，应侧重理解特定自然要素的地理意义；而在解读人文景观图时，需要综合考虑自然、社会和经济等多方面因素的交互作用，以全面理解人类活动的地理背景。

（四）地理统计图表的应用

在地理的学习和研究中，图表是传递信息的重要工具，比如，各有其独特的应用与解读方法。

1. 曲线图

①要关注图的坐标轴代表的信息，明确横轴和纵轴分别指的是什么；②分析坐标轴反映的数据之间存在哪种联系；③仔细观察曲线的变化趋势，判断数据之间是正相关还是负相关；④通过曲线的斜率变化，评估地理现象变化的速度，如果曲线变化不均匀，还需将其划分为不同阶段进行详细分析。

2. 柱状图

①理解坐标轴的含义，清楚每个轴代表的数据类型；②识别横轴和纵轴数据之间的联系；③通过柱体的高矮判断数据的变化趋势；④根据数据变化背后的原因，提出相应的对策或解释。

3. 圆形图

包括扇状图和饼状图，通过不同大小的圆面积展示地理数量关系。在解读圆形图时：①要确定图的主题和所涉及的地理信息；②分析图中各个部分之间及其与整体的关系，评估这些关系对主题表达的影响；③总结图反映的地理问题或现象，并提出合理的解决策略或方法。

4. 地理坐标图

地理坐标图是一种在地理学习和研究中经常使用的重要工具，能够直观地表达地理事物或现象的分布与变化。在解读这类图时：①需要关注图的标题，以获取图所传达的核心信息；②深入理解图例中的各个符号或颜色所代表的具体地理内容；③审视不同的坐标轴，以把握它们表示的地理数据的规模或数量关系；④通过对比各个地理要素的相对重要性以及数据的具体数值和变化趋势，深入分析地理现象的特征及其发展规律；⑤结合相关地理概念和理论，对所观察到的现象进行总结。

5. 地理复合图

对于地理复合图的应用，由于它融合了多种图表类型的特点，因此在阅读时需将图按类型进行分解，对每一层图像单独分析，最终将不同图层的信息综合起来，以便获取更全面、深入的地理信息。

6. 地理表格

在地理表格的应用中，数据表格通过将地理信息以表格形式直观地展现出来，便于读者进行数据对比和分析，这种方式可以清晰地展示地理事物的特性，并且便于将这些特性与地理学的基本原理和规律相结合，从而进行深入的理性分析。而文字表格通过将对比性强的信息以表格方式总结出来，利用类比法帮助读者快速、有效地比较和理解地理事物或现象的特征及其异同，从而加深对地理知识的记忆和理解。

第二章　高中地理新课程理念

第一节　培养学生必备的地理素养

地理素养是通过系统的训练和实践培养出来的一种综合能力，包括地理知识、地理技能、地理能力、地理意识和地理情感等多个方面。地理素养的培养能够使个人在生活中更好地欣赏自然和规划旅行，而且在理解全球和地方性地理现象、解决实际问题方面发挥着至关重要的作用。

一、地理知识的掌握

地理知识的掌握为个人提供了一幅全球和地区的详细画卷，不仅包括地球的自然概况，如山脉、河流、气候带等，也涵盖了人类活动的各个方面，如人口迁移、文化交流、经济发展以及资源利用等。这些知识的累积能够使个人对地理信息进行综合分析，进而在生活和工作中做出更明智的选择。例如，通过学习地球的自然特征，个人能够理解不同地区的气候条件及其对农业生产的影响，这对于决定何种作物在何地种植至关重要。同样，对人口分布的认识有助于个人理解城市化进程及其对社会结构和环境的影响，为城市规划和可持续发展提供科学依据。此外，对文化差异的了解能够促进个人对多样性的尊重和理解，在全球化背景下，对于促进跨文化交流和合作具有重要意义。在资源与环境方面的知识能够使个人认识到自然资源的宝贵和脆弱，进而采取措施保护环境，实现资源的可持续利用。而对经济发展模式的理解能够帮助个人评估不同经济活动对社会和环境的长远影响，从而为经济决策提供参考。

二、地理技能的发展

地理技能的发展是地理素养中不可或缺的一环，直接影响个体对地理信息的理解、应用和创新能力。在全球化和信息化日益加深的今天，个体具备良好的地理技能能够更好地适应社会发展的需要，参与全球环境治理、资源管理和可持续发展等重大议题。此外，地理技能的培养有助于促进个体的跨学科学习和终身学习能力，为其个人发展和职业生涯提供宝贵的技能支持。

（一）地图读图能力

地图是地理信息的重要载体，地图读图能力是指能够正确理解和分析地图上的符号、比例尺、方向和图例等元素的能力。这种能力使人们能够准确获取地图所呈现的地理信息，如地形特征、气候条件、人口布局及经济发展等多个维度的数据。通过精准地解读地图，个人可以在日常生活中有效应用，比如规划旅程、确定位置，还能在专业领域内对地理现象进行深入分析，从而提出资源管理和环境保护的策略。具备这一技能的人可以更好地理解自然与社会的复杂互动，为做出科学决策和理性规划提供支持。地图阅读不仅是一种实用技能，更是连接个体与复杂地理环境信息的桥梁，使人们能够全面理解周遭世界的构造和运行机制，进而有意识地参与环境保护和资源合理利用。这项能力的培养对于提升个人的空间意识、增强地理认识，乃至促进社会的可持续发展具有不可估量的价值。

（二）空间分析能力

空间分析能力是指能够识别、理解和利用地理空间关系的能力，这一能力集中于识别地理空间的配置、分布模式及其相互作用的过程。掌握空间分析能力意味着能够洞察地理现象如何在空间上布局，以及这些现象之间如何相互影响。这种分析不仅有助于揭示地理环境的内在规律，还能预见地理现象的未来变化轨迹，对于解决复杂的地理空间问题提供了方法论基础。举例来看，深入研究城市人口的空间分布特征可以有效指导城市规划的决策制定、优化交通网络设计，以及合理安排公共服务设施的地理位置，进而提升城市管理的效率和居民的生活质量。可以说，空间分析能力不只对于地理学家和城市规划师至关重要，对于任何需要理解地理空间信息和做出基于地理位置决策的专业人士来说都是一种宝贵的能力。

（三）GIS（地理信息系统）操作能力

GIS 操作能力是指使用地理信息系统软件进行地理数据的收集、整理、分析与展示的能力。这种能力允许个人对地理信息进行高效管理，并利用 GIS 的强大分析功能执行复杂的地理分析任务，例如评估地形变化、进行洪水风险模拟或制订城市发展计划。GIS 操作能力的掌握为处理和解析空间数据提供了强有力的工具，使得在环境监测、灾难响应、自然资源管理、交通布局优化等多个领域的决策过程更加科学和高效。作为现代地理教育和职业培训的关键组成部分，GIS 能力的学习和应用既增强了个体对地理空间数据处理的能力，也为他们在多样化的行业中解决实际问题和促进可持续发展提供了必要的技术支持。

三、地理意识的培养

地理意识涉及对地球环境、地理现象的深刻理解和感知，包括对人类共同家园的保护意识、可持续发展的重视以及地理环境多样性的尊重与欣赏。

第一，培养地理意识意味着增强个体对地球这个家园的责任感。这种责任感不仅体现在保护自然环境和生物多样性上，还包括对抗气候变化、减少资源浪费和促进环境可持续性的行动。这种责任感能使个体认识到，即使是微小的行为改变，也能在全球范围内产生积极影响。

第二，对可持续发展的认识是地理意识的重要组成部分。在面对资源枯竭、环境污染等全球性挑战时，可持续发展的理念引导人们思考如何平衡经济发展和环境保护，确保既能满足当代人的需求，也不损害后代人满足其需求的能力。通过增强对可持续发展的理解，个体能够做出更加负责的决策，促进社会、经济和环境的和谐发展。

第三，理解和尊重地理多样性是培养地理意识的关键。世界上的地理环境千差万别，从热带雨林到寒带冰原，这些多样化的环境孕育了丰富的文化和生物多样性。理解和尊重这种多样性能够增进个体对不同地区、不同文化之间差异的理解和包容，在全球化背景下促进更加和谐的国际关系。

四、地理情感的培养

地理情感的培养是一个涉及个体对地理环境及其现象深层情感联系和态度形成的过程，能够显著提升人们对地理学科的热情和对探索这个多彩世界的渴望。这种情感是一种更为深远的、情感上的投入，能够促进人们对自然界和人类文明成就的深刻理解和尊重，并激励他们为保护我们共同的地球采取实际行动。

地理情感的形成首先来源于个体对地理环境的直观感受和体验。当人们亲身经历不同的地理环境，如壮观的山脉、辽阔的海洋、神秘的雨林等，往往会产生强烈的情感反应，从而激发出对这些自然景观进一步探索的兴趣。这种感受不局限于自然环境，同样适用于文化和历史遗迹的探访，如古老的城镇、历史悠久的遗址等，这些体验能够增强人们对人类历史和文化多样性的认识和尊重。

进一步来说，通过地理学习和探索，个体能够逐渐建立起对地球环境的敬畏之心。了解到地球的脆弱性和生态系统的复杂性后，人们往往会产生一种责任感，即保护这个我们赖以生存的星球的责任。这种敬畏感促使个体在日常生活中做出环保的选择，如减少资源消耗、参与环保活动、支持可持续发展项目等。

此外，地理情感还涉及一种跨文化的共情能力。通过对不同地区的风俗习惯、生活方式以及社会经济条件的了解，人们能够培养出一种对全球不同群体的理解和同情心。这种情感连接不仅有助于建立起更加和谐的国际关系，也是促进全球问题共同解决的基础。

最终，地理情感的培养是一个综合性的过程，它要求个体除对地理知识有深入的理解外，还要对地理环境和现象有直观的感受和情感上的反应。这种情感的培养可以显著增强人们对地理学习的兴趣，激发探索未知世界的动力，并促进对自然界和文化遗产的保护。

第二节　满足学生不同的地理学习需要

一、不同学生具有不同的地理学习需要

地理教育肩负的使命是复杂和多样化的，根据学生的不同需求和兴趣，其教学内容和目标也展现出多样性。对于那些寻求生活实用知识的学生，地理学重在应用性和实操能力的培养；而对于追求文化素养提升的学生，注重地理学中的文化内容和基础技能学习；对于有着深入探索欲望的学生，科学探究则成为地理学习的主要方向，旨在推动学科的进一步发展。

（一）侧重生活的地理

第一，地理知识使人们能够深入了解和认识自己的生活环境。包括

利用各种信息资源和基本的观测工具来探究地区的地形、气候和水系等特征，及其相互之间的关系。通过观察云彩和天色变化，人们能预测天气趋势及其对生活的可能影响，并了解本地可能的自然灾害及其规律，从而更好地做出应对措施。

第二，地理帮助人们适应所处的环境。通过了解地理环境和资源特征，人们可以合理规划日常生活的各个方面，如衣着、饮食、居住和出行。此外，了解地区环境与就业机会之间的联系有助于人们根据地理环境的优势调整个人的职业规划，使自己在就业市场中更具有竞争力。

第三，地理知识鼓励人们保护和尊重生活环境。人们不仅能够对环境质量做出判断，还能够采取积极措施保护环境，理解生产活动与环境之间的相互影响，以及在生产过程中可能产生的环境成本，促进可持续发展。

第四，地理学习使人们能够更好地享受和利用环境。它帮助人们理解国内外新闻事件背后的地理背景，选择合适的休闲和旅游活动，如何根据环境选择最佳的活动地点和路线。同时，对地域文化的了解增进了人们对不同文化的理解和尊重，促进了跨文化交流和合作。

（二）侧重文化的地理

"文化的地理"区别于传统意义上的"文化地理"，前者的学习更多强调的是通过地理知识和技能的学习，提升学生的文化素养。常言道，"博学于天文，精通于地理"，被视作文化人的重要标识，这种地理学习的核心在于通过地理教育传递文化价值，旨在全面提高学生的文化素质。

地理文化素养的体现可以从以下几个方面加以概括：一是掌握必要的地理知识，不仅包括对关键区域地理信息的了解，还涵盖自然地理和人文地理的基本原理；二是具备基本的地理技能，比如进行地理观察、解读地图、进行地理相关计算以及地理信息的制图等；三是培养积极的地理情感、观念和态度，包括对祖国的热爱，对自然之谜的好奇与追求，对地理环境所呈现的自然之美、社会之美与艺术之美的欣赏，以及对环境质量的关心和对环境及生命可持续性问题的关注。此外，还强调了在面对环境议题时，意识到个人态度和价值观的重要性，并愿意为环境保护明确并传达个人立场的重要性。

（三）侧重科学的地理

在学科领域内，追求地理学习的最高境界往往意味着对地理科学浓厚兴趣的培养和专业研究能力的发展。这类学习者通常对地理学有着浓厚的热情，他们的学习过程与未来可能投身的地理或相关学科的研究工作密切相关。中国地理科学的持续发展依赖一代又一代研究者的接力和新鲜血液的加入。虽然中学地理教育的主要目的在于提升大多数学生的整体素质，但其中不乏着眼培育少数学生投入地理科学研究的热情与技能，这也是为高等教育和专业学科输送未来的专业人才的关键使命。这种专注学科前沿，强调科研技能的地理学习旨在培养学生的地理科研能力，使其能紧跟学科的最新进展，并掌握地理研究所需的技术和方法。

二、建立多样性、选择性的高中地理课程

为适应学生的地理学习需求，地理课程改革引入了三个必修模块和七个选修模块，这些模块作为国家课程，既展现了课程的基本性质，也提供了丰富的选择性和多样性。在此框架下，结合地区经济、社会及文化发展的独特性，学校有机会开发特色的地方和校本地理课程，以进一步满足学生的学习需求。此外，高中综合实践活动课程还提供了实施地理及其与相关学科联合的研究性学习活动的机会。地理学习兴趣小组的成立则旨在为那些求知欲强的学生提供额外的学习资源。对于表现出色的学生，他们的学习深度可以达到甚至超过课程标准，进而更好地挖掘和发展他们的潜力。

第三节　重视对地理问题的探究

一、积极探索地理问题

（一）提高教师的提问质量

遵循启发性原则的提问是基于理解学生学习为一个自主且主动的过程这一前提。学生的认知活动需要他们的积极参与和深思熟虑，因此，设计具有启发性的问题可以有效激发学生的学习动力和自主性，引导他们积极探索，从而全面掌握知识，并增强分析和解决问题的能力。在地理教学中，提出的问题应深入探讨地理现象与事物之间矛盾的统一性和对立性，有助于学生理解地理事物发展的内在逻辑，促使他们获得准确的地理知识。此外，提问还应该遵循由简到难的原则，确保难度适中，并尽量增加问题的趣味性，以维持学生的学习兴趣和参与度。

（二）开展各种类型的讨论活动

1. 专题式讨论

地理专题式讨论以其独特的教学形式，展现出明显的特征，具体如下：首先，讨论的议题聚焦，而且内容丰富，能够覆盖广泛的细分问题[①]，例如，探讨"中国水土流失的危害与防治"能够延伸至黄土高原、云贵高原等具体地区的水土流失问题。其次，这种讨论形式在课堂中扮演着整合和结构化的角色，并非孤立的一环或者随意加入的活动。最后，

---

①北京未来新世纪教育科学研究所.新课程高中地理教学实施导航[M].呼和浩特：远方出版社，2005：40.

它需要详细的规划和充分的组织准备。在时间上，专题式讨论可能占据一节课或多节课的时长。

2. 思维操练式讨论

思维操练式讨论是一种类似高级思维游戏的讨论形式，特别强调思维的灵活和迁移能力，而非只是围绕知识的复现和理解。其核心特征如下：

（1）讨论以假设性命题为基础，这些命题并非基于客观现实，而是建立在主观设定的前提和条件之上，如"若黄赤交角增大，地球将会如何反应？""若中国地形由东高至西低，会有何种影响？"或"如果在喜马拉雅山开个口，西北地区的干旱问题是否能得到缓解？"等问题。

（2）由于讨论内容往往偏离现实，学生易感到新奇性和趣味性，从而自然激发探索的兴趣和动力。

（3）这种讨论模式不仅要求学生运用多样的思维方式，包括逻辑推理、直觉和形象思维，还融合了聚焦、发散、寻求共性和差异、正向和逆向思维，极大地丰富和提升了思维的质量。

（4）这种讨论方式具有较高的灵活性和易操作性，根据学生的学习基础可进行深入浅出的探讨，更重视讨论过程本身，而非结论，为学生提供了一个自由探索和思考的空间。

3. 任务式讨论

在地理教学中，任务式讨论基于特定的地理任务，聚焦寻找解决问题的策略和方法。选择恰当的任务至关重要，适宜的任务应具备地理学的相关性，而非过于复杂或缺乏实际意义。进行这样的讨论需要准备充足的资料，包括任务相关的背景信息、历史记录和研究成果等。任务的探讨鼓励集体智慧的碰撞，借助学习群体的力量，并且可能邀请家长或地理专家共同参与，以深入分析任务的性质、内容和解决方案。而讨论的成果应以文本材料的形式固化，对于具有重大意义的任务，鼓励学生将其整理成具体的"方案"和"建议"，并公开展示以便分享与交流。

4. 反思式讨论

随着教学理念的进步和创新思维的推广，反思式讨论在地理教育领域获得了广泛应用。这种讨论形式通过重新审视传统理论、权威观点和标准答案，鼓励学生进行自由辩论，从而培养他们的质疑、批判和创新能力。在这一过程中，教师的角色至关重要，他们需要在积极引导和谨慎处理之间找到平衡点，避免从一种极端倾向转向另一种极端。反思式讨论强调辩证思考，要求参与者在有充分理论和实践支撑的基础上展开讨论。

二、倡导自主学习、合作学习和探究学习

（一）地理学习的自主性

地理学习的自主性体现在以下几个关键方面：①研究选题的自由选择，任何引起学生兴趣且具有实际操作可能性的问题都可以成为研究课题；②学生可以根据共同的兴趣自主组成研究小组，有助于增强团队协作和研究的深入进行；③学生拥有选择指导老师的自主权，可依据个人偏好和需求挑选最合适的导师；④由于学习过程围绕自己感兴趣的问题展开，因此学生在学习时会展现出更高的积极性、主动性和自觉性；⑤学习的时间和空间具有灵活性，根据课题的需要而进行调整，赋予学生更大的自由度，激励他们走进社会和自然，进行实地考察和学习。

（二）地理学习的合作性

在现代社会，合作意识与能力成为每个人必须具备的关键素质之一。地理学习通过促进学生间的交流与合作，旨在构建一个有利于人际互动的教学环境。通过共享信息、创意和成果，学生将学习如何有效沟通，并培养团队合作精神。小组合作方式成为整个学习过程的核心，学生们在小组内部的相互合作程度往往直接影响课题研究的成果。

（三）地理学习的探究性

探究性学习强调学生在教师的引领下，从日常生活和社会实践中挑

选并决定研究主题，通过主动探索获取知识、应用知识和解决问题。通常此过程分为三个阶段：一是投入问题情境，二是进行实践体验，三是进入表达与交流的环节。探究性学习可细分为课题研究和项目活动两大类，其中，课题研究旨在探索客观世界或个人问题，具体方法包括社会调查、科学实验和文献研究等。而项目活动着眼解决较为复杂的实际操作问题，如模拟设计一条地铁线路等活动。

三、开展丰富的地理实践活动

高中地理课程标准强调"重视对地理问题的探究"这一核心理念，这不只体现在鼓励学生自主学习、合作学习和探究学习上，还特别强调了进行地理观测、地理考察、地理实验、地理调查和地理专题研究等实践活动的重要性。无论是通过野外观测、社会调查等户外实践，还是通过实验操作、学具制作等室内活动，目的都在于引导学生亲自进行观察、操作、实践和分析。

第四节　注重学习过程与学习结果评价的结合

一、实现地理学习评价的多元化

（一）地理学习评价目标多元化

地理学习评价的多元化目标体现在知识与技能、过程与方法、情感态度与价值观三个维度的全面考量。首先，知识与技能不只强调地理基础知识的掌握和地理技能的运用，更注重学生将知识与技能应用于解决实际问题的能力。其次，过程与方法的评价着重学生在学习过程中的探究能力、批判性思维能力，以及如何有效地获取、处理和分析信息的方法，这些能力和方法对于学生未来的学习和生活具有重要意义。最后，情感态度与价值观的培养旨在提升学生的地理情感，如对家乡、国家乃至地球环境的热爱和责任感，以及形成正确的地理价值观和世界观。这三个维度的评价目标相互关联，共同促进学生形成完整的地理素养，这种多元化的评价目标更能全面、深入地反映地理学习的真实成效，引导学生形成终身学习的能力和良好的地理素养。

（二）地理学习评价手段多元化

在地理学习中，评价手段的多样化为适应各种学习场景和学生个体差异提供了丰富的工具。这些评价手段涵盖了书面考试、日常观察、学生自我反思、同伴互动反馈、家庭参与等多个维度。更进一步来说，根据评价的具体对象和内容，地理学习评价可以被细化为对基础知识和技能的评估、对学生研究项目的考量、以实际任务为导向的学习评价、基于学生亲身体验的评价，以及对学生地理表达能力的评价等。评价的场景也跨越了课堂内外，包括实地调查和网络资源利用等。通过这样的评价手段，不仅能够全面把握学生的学习进展，还能够激发学生的学习热情，促进他们在地理学习上的积极参与。作品的展示形式也极为多样，从传统的墙报、论文到现代的摄影、视频制作，乃至实物标本和学习工具的制作都成为学生展示地理学习成果的有效途径，极大地丰富了地理学习的评价体系。

二、强调地理学习评价的三个"相结合"

地理学习评价的策略应当融合多种评价方法，特别是将定性评价与定量评价有效地结合起来。定量评价主要通过数字化的方式为学生的学习成效提供直观的量化标准，便于比较和衡量学习进步与差异。但是，仅凭分数不仅不能全面揭示学生的实际学习情况，有时甚至会隐藏学习过程中的重要细节。过度依赖分数可能误导学生和教师，忽略学生的个性化发展和真实的学习需求。

定性评价则注重通过教师的观察和分析，使用具体而贴切的语言描述学生的学习状态和进步，这种评价方法更加注重学生能力的具体展现和个性化表达。相较于定量评价的分数，定性评价在实施上更为复杂和细致，需要教师具备较高的专业素养和敏锐的观察力。

将定性评价与定量评价相结合的地理学习评价能够更加全面和深入地理解和支持每位学生的学习，既能通过数字看到学习的整体趋势，又能通过具体描述把握学习的深层次特征。这种评价模式有助于提升学习评价的准确性和有效性，促进学生在地理学习中的个性化成长和全面发展。

除上述评价外，还可以从下面几个方面入手进行评价：

第一，学生参与度评价，见表2-1。地理学习不局限于课堂内的互动与讨论，还包括地理电影、录像、课外阅读和地方地理教材等多元化的学习内容。除此之外，实地考察如参观访问等也是地理学习的关键组成部分。因此，评估学生在这些活动中的参与程度至关重要，不仅展现了学生对地理学习的热情和兴趣，也反映了其主动学习和探索的能力。

表2-1　学生参与度评价的要求

内容要求	课堂参与度	课外参与度
评价指标	围绕主题主动提出问题	围绕课题课后查阅资料
	学习过程中积极思维，具有参与意识	能认真完成课后作业
	积极参加课堂讨论，发表自己的见解	有实践、观察访问的技能
	参与信息的收集、汇总或交流	主动预习、复习并且能带着问题听课
	认真对待与完成课堂作业	撰写论文与报告，编辑地理小报

第二，学生质疑求异活跃度评价，见表2-2。学生提出的质疑和异议能够有效反映其学习过程中的主动参与性、思维的活跃度以及对创新和变革的接受度。这些质疑和求异的行为是培养具有高民族素质和公民素养个体的关键，对学生的个性发展和思维拓展具有重要影响。

表2-2　学生质疑求异活跃度评价的要求

内容要求	提问的质与量	提问的想象力、独创力
评价指标	提问的难与易的协调	巧妙应对问题的思路
	主动探究、质疑的精神	丰富的想象力与幻想力
	多维思路求异的胆略	幽默而富于求异创新
	质疑手段的多样化	能用新的形式表达已掌握的知识
	思路发散独特、有个性	有应对复杂问题的变通能力

第三，学生探究能力评价，见表2-3。地理学习的核心之一在于对地理现象和问题的探究，包括问题的发现、分析，假设的提出、验证，以及结论的表述等方面。通过评估学生在这一过程中展现出的敏锐度、创新性、多样性、独特性和新颖性，可以全面了解学生的地理探究能力和学习深度。

表2-3　学生探究能力评价要求

内容要求	探究实践活动的深度	探究实践活动的广度
评价指标	对实践活动目标理解的敏锐性	尊重个性与面向全体的统一性
	参与实践活动的态度和程序的多样性	课题实践活动主题设计的创造性
	个人体验的整理与分析的求异性	课题实践活动实施的灵活性
	成果的表达与展示的新颖性	独立意识与合作精神的结合性
	客观性资料的收集与使用广泛性	试驾活动中探索的直接体验性
	验证假设的多样性	多媒体手段的广泛运用性

第三章 高中地理课堂教学模式的创新与应用

第一节 5E 教学模式在高中地理课堂教学中的应用

一、5E 教学模式的内涵

5E 教学模式源于建构主义的教育观念，强调学生是学习的中心，教师的主要作用是引导学生积极探索并在此过程中掌握科学知识。该模式涵盖五个关键步骤，每一个步骤英文名称的首字母均为"E"，故名 5E 教学模式，具体内容见表 3-1，具体构架如图 3-1 所示。

表 3-1 5E 教学模式的环节、含义及教学要点

环　节	含　义	教学要点
参与 （Engagement）	教师与学生共同揭示学生的预设概念，并通过激发认知冲突激发学生的学习兴趣，引导学生集中注意力于即将学习的内容	教师需巧妙设计探索性问题和实际情境，或通过具有挑战性的问题测试，引导学生遇到认知上的冲突，从而暴露他们的前知识错误。有效的问题设计应紧扣生活实际，与教学内容相吻合，激发学生的好奇心和探究欲

续　表

环　节	含　义	教学要点
探究（Exploration）	学生通过小组合作深入研究问题，识别并纠正旧有的误解，探索新知识，为理解新概念打下坚实基础	在这个环节，教师扮演辅导者和向导的角色，动员学生主动投入探究活动中，必要时给予适当引导。教师需牢记学生的主体地位，恰当平衡引导与自主探究的关系，确保学生能在探究中发挥主动性和创造性
解释（Explanation）	分为两个部分：学生首先呈现他们的发现并尝试对新概念做出初步解释，然后教师对学生的发现进行反馈，纠正错误并将新旧知识联结起来，以科学的语言帮助学生构建完整的知识体系	通过直接教学法，基于学生自己的理解，帮助他们正确把握科学概念。重点在于为学生提供展示自我理解的机会，并在此基础上给出权威、科学的解释，同时鼓励学生的探究尝试，明确提出新概念，确保学生能够准确理解
精致（Elaboration）	也称作迁移，学生学会将新知识应用到实践中，用理论解决实际问题，从而达到学以致用的目的	通过引入新的问题情境和学习任务，促使学生将新知识与既有知识连接起来，实现知识的迁移和应用，加深对知识的理解和掌握。在此环节中，教师需创设条件让学生在实践中运用新概念，检验和巩固学习成果
评价（Evaluation）	通过学生自评、互评和教师评价等多种方式进行，这些评价既可形式化，如课堂测试、问答，也可非形式化，如课堂观察、口头反馈，全程贯穿整个教学过程	教师不仅需要鼓励学生进行自我评价和互相评价，也需要扮演评估者角色对学生进行综合评价，让学生作为反思者及时了解自身的知识掌握情况，提高自信心，激发创造力。教师通过这一过程全面了解教学效果，进行教学调整和自我反思，实现教学的持续优化

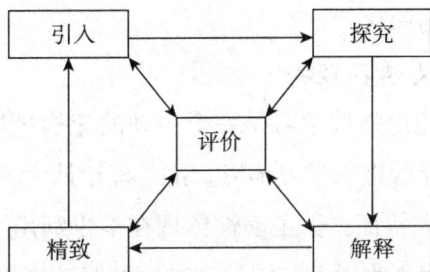

图 3-1　5E 教学模式的具体构架

二、5E 教学模式的理论基础

（一）认知发展理论

认知发展是个体与环境适应过程的结果，通过图式、同化、顺应及平衡四个核心概念进行阐述。其中，图式作为认知的基本单位，涉及将新信息融入现有的认知结构。当遇到与现有认知结构不一致的信息时，个体需要调整自我，通过顺应机制整合新旧信息，实现认知结构的转变和融合。同化与顺应相结合，推动个体认知向更高水平的平衡发展，这里的平衡指的是个体内部的认知状态与外部环境之间的和谐关系。认知发展的动力来自功能——适应与组织，其中组织指的是认知结构重新配置以达成新的平衡。功能的持续发展和完善促进了认知理论的形成，揭示了个体认知进程的本质。

（二）最近发展区理论

最近发展区理论强调了学习者当前能力与潜能之间的桥梁，核心在于识别和利用这一区域以促进学习者的成长。在实施过程中，教师首先需要通过观察和评估学生现有的知识基础和潜在能力，从而确定他们的最近发展区。具体到地理概念学习，教师可以利用课堂互动、测试等手段探测学生对地理知识的初步理解，再通过诸如小组讨论等教学策略，引导学生从现有的认知出发，逐步接触和吸收更高阶的地理概念，实现认知的跃迁和学习的深化。

（三）建构主义学习理论

构建主义学习理论强调学习是一个主动的建构过程，学生并非空白页，而是带着过往经验进入学习环境。这一理论认为，学习具有主动性、互动性和情境性三大特征：①主动性体现在学生利用个人经验主动构建新知识；②互动性表现为通过与同伴和教师的互动交流促进知识的建构；③情境性意味着知识学习需置于真实或仿真的情境中才能被深刻理解。5E 教学模式正是在学生的现有知识基础上，通过设计贴近真实的学习情境，使学生在探索和解释环节中，依托已有经验，主动掌握和构建新的知识点。

（四）发现学习理论

发现学习理论强调学生通过主动探索过程，培养解决问题的能力、研究态度和自我学习的动力。其核心在于激发学生内在的学习动力，重视探索的过程，以及倡导直观思维的发展。在这种学习模式下，学生通过自主发现，理解概念的规律性和结论，从而锻炼其独立解决问题的能力，并且能有效提升学生的学习热情，挖掘其思维潜力。5E 教学模式与发现学习理念相契合，通过精心设计的教学情景和鼓励学生的小组合作探究活动，引导学生积极投入学习中，旨在提高学生的学习兴趣和自主学习能力，体现了对学习过程的重视，共同培养学生的探究精神和解决问题的能力。

三、5E 教学模式与地理教学活动的适切性

（一）5E 教学模式与地理教学活动要素的适切性

1. 高中生学习主动性强

在高中阶段，学生的心理与生理特征趋向成熟，他们对于周围世界的观察变得更加深入，并且目的性较强。此时期的学生开始偏好抽象逻辑思维，表现出对事物探索的渴望，乐于提出疑问并勇于分享个人见解。

他们的思维变得更加活跃，乐于以发展性的视角审视问题，同时，想象力与创造力不断增长，自主性与独立性显著提升。对于地理学习，学生表现出浓厚的兴趣与好奇心。而 5E 教学模式恰好与这一学生发展阶段高度契合，通过以学生为中心的探究式学习、以问题导向的教学策略，从引入新概念到探究、解释、应用及评价各环节均旨在激发学生的学习动机，培养其解决问题的能力和逻辑思维，同时在不断探索与发现中满足学生对知识的渴望，使他们在学习过程中体验学习的乐趣和成就感。

2. 教师由引导者变为促进者

随着时代的进步，教育领域内教师的身份和作用发生了显著变化，不再单纯是教学活动的直接指挥者，而是成为学习过程中的引导者和激发者，其角色逐渐从传统的课程执行者转变为创新的课程设计者，成为课堂教学的策划者与研究者。在 5E 教学模式下，这一角色转变得到了充分体现，它强调一种民主、互动与平等的师生关系，将教师定位为教学过程中的协助者和指导者。此模式将学生置于学习的中心位置，要求教师通过精心设计的教学环节促进学生能力的全面发展。在实施的各个阶段，教师不仅是知识的传递者，更是学生学习旅程的同行者，通过观察、引导和反馈等多种方式，帮助学生深化对知识的理解与应用，使学生能够在探究中体验学习的快乐，并将新知识有效地应用到现实生活中，最终实现知识的全面掌握和个人能力的提升。

3. 地理课程内容适合 5E 教学模式

在高中阶段，地理课程的构架由三个核心必修模块及七个深化选修模块构成，其中，必修一模块聚焦自然地理学的核心知识，它集成了物理、化学和生物等多门科学知识，构成了课程的难点。5E 教学模式以其全面而细致的教学步骤，在理科教育领域尤其物理、化学和生物等领域得到了广泛应用，此模式特别适合探究动态的科学知识。针对必修一的自然地理部分，该教学模式的运用能够有效指导学生探索地理现象背后的科学规律，并应用这些规律解决日常生活中的实际问题，两者之间存在着显著的契合度。

4. 教学方法注重学生探究学习

5E 教学模式是教学方法论中的一种创新实践，它将传统教学方法进行有效整合与提升，构建以问题驱动和探究式学习为核心的教学全程。其五个连贯的教学环节，以探究为中心，强调以小组合作的方式激发学生的学习热情和主动探索精神。此模式不仅揭示了学习中的知识盲点，也为每个环节匹配了最优的教学策略：利用多媒体技术引起学习兴趣，通过小组讨论深化理解，采用实验教学法加强概念解释，以案例分析法促进知识迁移。

5. 教学评价注重学习结果和学习过程相结合

在 5E 教学模式中，评价不仅是对教学整体的一个总结与反思，也是一个全程参与的环节。这种评价方式旨在全面审视教学过程与成果，强调教学的反思性质。这种模式强调学生为学习的主体，在教学的每个阶段中主动探索与参与，而教师扮演着观察与引导的角色，对学生在各阶段的表现进行细致的评价。为确保学习效果的客观性，采用纸笔测试等形式进行成果评价，与新课程标准推崇的过程性评价不谋而合，这种评价方式着重将评价自然地融入地理教学的各个环节，利用综合测评手段，全面检视学生的学习成果，体现了评价与教学过程的高度一致性。

（二）5E 教学模式与地理核心素养的适切性

1. 引入情境探索成因，培养人地协调观

5E 教学模式深化学生对人地关系协调理念的认识，涉及正确构建人口、资源、环境及社会发展的观点。该模式先通过设置教学情境激发问题，引发学生对已有知识的认识冲突，促使他们主动探究地理现象和问题，掌握其成因及地理规律。然后通过紧密结合实际生活的情境设计，引导学生应用地理规律探讨新情境中的问题，提出解决方案，培养科学的人地协调观念。这一过程不仅加深了学生对人口、资源、环境和社会发展等方面可持续协调发展的理解，也强化了他们解决实际问题的能力。

2. 探究是综合思维的基础

5E 教学模式强调以问题为核心，通过引入、探究、解释、迁移和评价环节，引领学生主动探索地理现象及其形成原因，进而建立科学的地理观念。在高中自然地理部分，地理要素如地形、水文、气候等相互作用，形成复杂的地理环境。通过 5E 模式，学生不仅能够学习到每个要素的独立特性，还能够在教师创设的具体情境中，探讨这些要素如何在不同时间和空间尺度上相互影响，从而形成地理特征。这种探究过程促进学生从多角度、多维度理解地理问题，是培养其综合思维能力的有效途径。特别是在自然地理学习中，5E 模式通过鼓励学生发散思维，分析、综合信息，提出解决方案，有效培养了学生将地理知识应用于实际的能力，有助于学生形成科学的人地协调观和综合思维。

3. 解释区域差异，形成区域认知

在高中地理教学中，通过 5E 教学模式的运用，学生被引导以区域视角深入探索地理现象。这一教学模式要求学生首先理解自然界的基本原理，如地球运动和气候变化等，然后通过解释环节，学生利用这些基础知识来阐释为何不同区域会展现出独特的自然地理特征和差异。在这一过程中，学生既学会了如何利用地理学的方法和工具分析特定区域，又能够对该区域的地理现象进行深刻的理解和评价，提出合理化的建议。

4. 发挥学生主动性，培养地理实践力

高中地理课程强调学生地理实践能力的培养，这一能力涵盖了信息收集与处理、地理实践活动设计与执行等方面，以及对地理信息的深度分析与综合应用能力。在 5E 教学模式的框架下，自然地理的教学过程特别强调实践能力的提升。在课程的启动阶段，通过情境创设，引发学生的好奇心和探索欲，让学生在生活观察中自然形成对地理现象的疑问，进而激发学生进行地理实践的兴趣；在探索阶段，学生将通过各种渠道，如网络和图书，收集必要的地理信息，并在教师的引导下学习如何高效地处理这些信息；在理解阶段，学生通过实际操作和实验，加深对地理知识的理解，从而锻炼实践操作能力；到了应用阶段，学生将所学知识应用于分析新的地理情境，展现出解决问题的能力；在评估阶段，学生被鼓励对本地区存在的地理问题进行深入研究，并基于所学知识提出改善方案，发挥自己的地理实践能力。

四、5E 教学模式下高中地理课堂教学的设计原则

（一）引入环节——启发性原则

孔子的教育思想中提到"不愤不启，不悱不发"，强调了教育的启发性和适时性。《学记》中对此进一步阐释，认为教育应引导，而非强迫，应激励，而非压制，应启发，而不完全开示。这要求教师在教学中要充分认识到学生的主体性，激发他们的内在动力和学习兴趣。教师的任务是通过精心设计的教学情境，引发学生内心的思考和探究，同时保持对学生个体差异和学习基础的敏感，确保教学情境既贴近学生的实际生活，又具有适当的挑战性，以激起学生的认知冲突，并保护其学习积极性，形成一种富有成效的教学互动。

（二）探究环节——以问题为中心原则

学习是探索未知的旅程，始于好奇心的激发，通过提问引导，发展至深入的思考和创新的产出。问题导向的学习方法贯穿教学的每一个环节，使学生在寻找答案的过程中主动探究，通过小组合作的方式，既锻炼了学生之间的沟通协作能力，也增强了他们分析和解决问题的能力。问题的设计应紧密围绕课程的核心目标，使学生在解答问题的过程中能够触及学习内容的核心；此外，问题还应该采取由浅入深的递进方式，以适应不同水平学生的需求，激发学生积极参与课堂讨论的兴趣。

（三）解释环节——以学生为主体原则

在此阶段，学生的主动参与尤为重要。经过一轮小组合作的探索后，教师应该为学生们提供一个向全班展示其研究成果的机会。以小组形式进行，成员轮流在讲台前，使用准确的地理学术语阐述他们的研究过程

和对问题的解答。这一做法不仅能够锻炼学生的公开表达能力，还便于同学们互相学习，丰富和完善对于问题的见解。此外，教师也能通过学生的展示了解他们的认知水平，进行适当的引导和总结，深化学生对问题的理解。

（四）精致环节——理论联系实际原则

教学的目的是将知识应用于实际生活中，解决实际问题。教师应当引入地理知识与学生生活紧密相关的乡土案例，设计新的学习情景，引导学生运用已学知识对本地区存在的地理现象和问题进行深入分析。通过在多个实际情境中应用所学知识，提升学生的综合思考能力和人地和谐相处的能力，实现知识的有效巩固和应用。

（五）评价环节——发展性原则

在此阶段，评估应旨在审视学生的学习成果，通过反馈机制让学生识别自己的不足，鼓励其发挥长处并克服弱点，以促进个人的全面发展。通过此次评估获得的反馈，教师不仅可以对学生的学习进展进行精准辅导，特别是对表现不佳的学生提供更多支持，而且能通过学生的反馈发现自身教学方法的不足并进行调整，以期达到教学和学习的双向优化。

五、5E 教学模式在高中地理课堂教学中的应用策略

（一）引入环节教学策略

1. 立足学情，精心设计

在 5E 教学模式与地理实验教学的融合中，启动阶段扮演着至关重要的角色，其质量直接决定了整节课的教学效果。教师在设计课程的初步阶段时，需从学生的真实需求出发，深入了解他们当前的认知水平，并紧密结合课程标准，选择适宜的教学内容。在此基础上，教师应根据学生的最近发展区，制定科学合理的教学步骤和实验方案，确保新课引入环节既切合学生实际，又能高效地引领学习过程。

2. 创设情境，引发认知冲突

高中学生在学习之初并非一张白纸，通过之前的学习，他们已经建立了一些基础概念。5E教学模式精心设计的引入部分旨在揭示学生已有的知识框架，通过精心设计的学习情境挑战这些既有观念，激发学生探求新知的渴望。构建贴近学生现实生活经验且逻辑性强的学习场景，对促进学生的学习兴趣和动机起到关键作用。以"河流地貌发育"为例，该单元涵盖了多个专业术语，在学习过程中，学生易陷入僵化记忆，为此，教师可以利用视频展示、实地考察等多元化的教学手段进行课程导入，直观地展现河流地貌的自然特征，使学生在趣味横生的学习过程中，自然而然地把新旧知识串联起来，进而更好地为深入的实验探索打下坚实基础。

（二）探究环节教学策略

在地理教学中，学生作为课堂的中心，其学习动力往往源自对知识的好奇和对问题的疑惑。正是基于这样的理解，课堂应该成为学生的舞台，让他们在探索和学习中主动寻找知识的答案。对于学生在学习过程中遇到的各种疑问，教师应引导学生通过合作探究的方式进行解答，无论是在同桌间还是小组内，都应该鼓励学生发挥各自的优势，共同讨论问题，通过互助合作促进思想和情感的交流，从而培养学生的团队合作精神。鉴于学生之间存在知识水平的差异，教师在设计探究式教学活动时应采取多种形式，如合作探究、自主探究、辩论、访谈等，旨在激发学生的学习主动性和创新思维。教学活动应是教师与学生共同参与的创造性过程，教师在其中不仅是组织和引导的核心，更是课堂活动的观察者和指导者，适时对学生进行引导和点拨。

考虑到每位学生的学习基础、学校教师的教学水平以及学校硬件设施的不同，教师在构建探究式教学模式时，需根据实际情况进行调整和设计。教学内容和活动的设计需充分考虑学生的实际水平和需求，确保问题的设计既能切中学生的兴趣所在，又不超出他们的认知范围。在问题设置上，应遵循实用性原则，即问题应贴近学生的生活实际，既新颖，又不脱离学生的认知水平，以确保学习过程既有效，又有吸引力。

（三）解释环节教学策略

在 5E 教学模式的解释阶段，主要展现的是通过实验活动和思维交流来揭示和确认新知识点的过程。此环节强调学生基于自身探索得到的初步理解进行深化，他们在探究的基础上，经过提出问题、假设设立、论证验证及最终结论，形成自己对知识的理解和见解。学生之间进行充分的意见交换，各抒己见，通过对比分析不同的观点和方法，深入探讨和理解科学概念。此过程既有助于促进学生间的互动学习，又有助于强化他们的表达和推理能力。在讨论和辩证的过程中，学生学生不仅锻炼了自己的思维能力和实验操作能力，也促进了批判性思维和综合性思维的发展。

（四）精致环节教学策略

课堂氛围的和谐以及师生关系的融洽对于教学活动的顺利进行有较大影响，建立在尊重和爱护学生基础上的师生关系促进了教学活动的民主平等、亲密和谐，并实现了教学的互动共享与双赢局面。教师在角色转变中扮演着引导者和启发者的角色，从而由传统的教育管理者转变为学生学习过程的引领者，成为课程开发与研究的先行者，以及学生学习的组织者。

在 5E 教学模式的迁移环节，教师通过创设新情境，使学生将之前归纳总结的地理知识应用于新的实际情境中，如探讨家乡的气候、地形、交通建设与资源等地理问题。这一过程不仅促进了学生对家乡地理环境的了解和关注，也助力学生在实践中提升区域认知能力、综合思维能力及地理实践能力。地理学科作为融合文理知识的学科，理论性和专业性较强，因此，运用现代教育技术，如增强现实（AR）、虚拟现实（VR）技术，将动画、声音、文字等多媒体元素融为一体，可以极大地丰富教学内容，提高学生对地理信息收集与分析的能力。借助现代技术手段，教师能有效地将复杂的地理现象简化，使学生在愉悦的学习氛围中掌握知识。

（五）评价环节教学策略

在 5E 教学模式中，评价作为教学过程的重要环节，根据其在教学活动中的具体功能，可细分为诊断性评价、形成性评价和总结性评价三种形式。其中，诊断性评价主要发生在教学活动开始前，旨在评估学生的学前认知状态和学习需求；形成性评价则伴随整个教学过程，通过教师的实时观察和反馈，对学生的学习进行即时调整和指导；总结性评价则在教学的最后阶段进行，总体评估学生的学习成效。此外，评价不仅担负着诊断、激励和调节教学的重任，而且依据评价主体的不同，分为学生自我评价、同伴互评以及师生互评等形式，通过多元化的评价方式，深化学生的思考，促进其思维的发展。

教学评价应采取多样化的方法，尤其在探究与解释阶段，针对知识基础较弱、参与度不高的学生，教师应着重采用正面评价，通过及时的表扬和鼓励，增强学生的参与感和成就感。在日常教学中，教师还应重视表现性评价的应用，利用观察、提问、小测试等手段，对学生的学习态度、课堂参与度等进行全面、客观的评价，提升学生的自信心和自我效能感。

第二节　O2O 教学模式在高中地理课堂教学中的应用

一、O2O 教学模式的内涵

O2O（Online to Offline）概念在电商领域的成功运用促使其概念和模式被引入教学领域，形成了所谓的 O2O 教学模式。该模式秉承线上与线下互补融合的原则，通过数字化、信息化手段打通传统课堂的时空限制，构建一个跨界互动的学习平台。在这一模式下，线上学习主要依托网络平台，通过微课视频、动画、PPT 等丰富资源，为学生提供灵活多样的学习方式，从而激发学生的自学能力和探究兴趣。而线下学习紧密依托传统的课堂教学，侧重巩固线上学习内容，强化师生间、生生间的互动和交流，促进学生能力的全面发展。

O2O 教学模式强调的是教学资源的优化配置和教学方法的创新应用，通过线上线下的有机结合，实现了教育教学活动的多样化和个性化，为现代化教学提供了新的思路和方法。其核心在于利用信息技术打破传统教育的局限，拓展教学的时空维度，并且更加重视学生的主体地位，鼓励学生主动参与学习过程，通过实践探究提升个人能力。该模式以建构主义学习理论为基础，倡导通过"学中做、做中学"的方式激发学生的学习兴趣和探究欲望，实现知识的主动构建。其独特之处在于"二三二"结构的设计，即教学设计围绕教师与学生两大主体展开，涵盖准备、教学、评价三个关键阶段，以线上和线下两种形态为载体，深化建构主义的教学理念，促使教学方式从传统的讲授法向引导、探索法转变，使学生从被动接受者转变为学习的主动参与者，如图 3-2 所示。

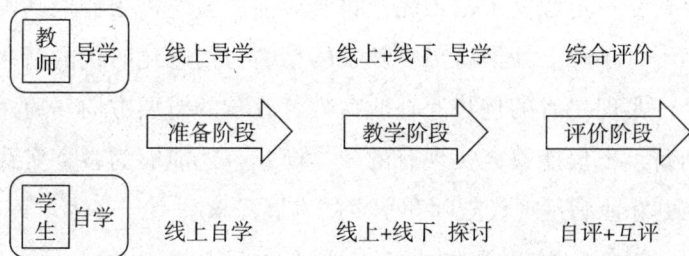

图 3-2　O2O 教学模式

二、O2O 教学模式与高中地理教学融合的必要性

（一）提升线上教学效率的需要

虽然线上教学为学习提供了时间与空间上的灵活性，丰富了教学手段，但其与传统线下教学相比，在教学深度、学生参与度、教师监督等多个方面存在一定不足，这些限制影响了线上教学效果的最大化实现。如何在保留线上教学优点的同时，提高其效率成为优化线上教学策略的关键。O2O 教学模式的提出为解决这一难题提供了新的方向。该模式有效结合了线上与线下教学的优势，通过在不同教学阶段和针对具体教学内容的精准施策，增强了线上教学的吸引力和控制力，特别是在高中地理教学领域，该模式的实施极大提升了课堂教学的实用性和有效性。

（二）丰富线下教学模式的需要

随着科技的进步和社会的发展，教育领域迎来了前所未有的变革。新兴的教学方式如慕课、微课及翻转课堂等为教育模式的创新提供了丰富的可能性。在这样的背景下，学生的学习需求和心理特点也发生了改变，对知识的获取和学习方式提出了新的要求。这就促使教育工作者面临一个关键任务：既要更新教学内容，以适应时代变化，又要在保持传统教学优势的基础上，探索和实践新的教学模式和形式。虽然传统的线下教学模式在一定程度上已不完全符合当前的教学需求，但其固有的教育价值仍不可小觑。如何将传统教学的精髓与信息化时代的新兴教学方式相结合，实现二者的优势互补成为教育改革的重要方向。通过这样的融合与创新，不仅能够充实现有的教学模式，还能够为教育实践注入新的活力，更好地满足现代教师和学生的发展需求。

（三）高中地理教学形象化的需要

在高中地理的教学中，面对学科知识的逻辑结构和地理原理的抽象性，使得理解和掌握成为一项挑战，因此，寻找有效的方法将地理知识形象化和生活化成为教学的关键。O2O 教学模式融合线上线下教学资源，

提供了一种创新的解决方案。通过这一模式，教师能够引入多媒体资料，如动态图像和视频，使抽象的地理概念和原理直观化，例如，在探讨水循环主题时，动态展示水分在地球表面的运动和变化过程，使学生不仅能够直观理解各环节，还能够自主控制学习节奏，如随时暂停视频以深入探讨。

（四）突破地理教学重难点的需要

教师应有效把握学生集中注意力的前 20 分钟，利用丰富的教学资源精准讲解课程的关键和难点内容。考虑到学生对于课堂中提及的重难点掌握程度的差异，教学策略应结合课内的小组合作探究和课外的线上学习进行深化。这样的教学设计旨在通过多渠道和多形式的教学手段，帮助学生更全面地剖析和理解关键知识点，促进知识的深度内化，提升学生对知识的整体把握。

三、O2O 教学模式与现阶段高中地理教学的融合

为了促进O2O教学模式与现阶段高中地理教学进行更深层次的融合，可以从以下三个方面进行融合：

（一）地理教学目标融合

通过地理学科的核心素养培养，高中地理课程旨在实现立德树人的教育目标，具体体现在提升学生的区域认知、综合思维、地理实践力以及建立正确的人地协调观。O2O教学模式强调地理能力和思维的发展，以及地理课程的现代性，将地理的核心素养作为课程发展的核心。在O2O教学模式的指导下，地理课程目标分为三大类：自学式目标、体验式探究目标和拓展式分层目标目标。

1. 自学式目标

自学式目标聚焦学生能够通过课本学习、独立探索，以及利用微课、视频资料等方式基础性地理解和掌握知识。此目标作为教学与学习过程的基石，要求教师在设置时充分考虑教材内容的层次性，确保学生能够

在自学过程中达到 80% 的掌握率。实现这一目标需教师深入分析学生的学习状况、个性特征和发展阶段，精准把握学生的学习基础。通过对班级具体情况的适应性调节和目标设定，满足学生对自我效能的感知，并创设接近学生最近发展区的学习任务，有效提升学生的学习动力和兴趣。

2. 体验式探究目标

体验式探究目标旨在让学生通过教师引导的深度交流、合作探究、角色扮演等活动，以实际体验和深入理解来解决自主学习阶段遇到的问题，并归纳出相关规律和结论。这类目标建立在自学式目标之上，补充和强化了自学阶段的基础知识，进一步引导了学生探索教学内容的深层含义，通过问题情境构建或贴近生活实际的背景，激发学生主动探究，发展其知识体系和多方面的能力。教师需密切关注学生的学习动态，因材施教，巧妙地将地理学习与实际生活相连接，以促成富有体验性的课堂环境。

3. 拓展式分层目标

拓展式分层目标鼓励学生根据个人兴趣和能力，主动选择学习的深度和广度。这种目标设定允许学生在基础学习之外，探索更多地理知识的领域，实现个性化的学习路径。通过这种方式，不仅为能力较强的学生提供了深入探究的机会，增加了学习的趣味性和深度，也能激发其他学生的学习兴趣，鼓励他们向更高层次发出挑战。教师在实施拓展式分层目标时，需针对学生的不同特点和需求，提供相应的指导和资源，帮助学生实现个性化发展，有效促进每个学生的全面进步。

（二）地理教学过程融合

地理教学的实施是一个互动性强的双向过程，涉及教师指导和学生学习的相互作用。O2O 教学模式通过整合线上和线下的教学资源和环境，有效延展了地理教学的时空界限，优化了教学流程。该模式将地理教学过程细分为三个阶段：课前、课中、课后，各阶段均着重教学内容的深度整合、多样化教学媒体的应用及灵活多变的教学形式。

1. 教学内容

在高中地理教学中，内容跨越自然、人文及区域地理多个领域，每个部分的知识特性不同，因此选取的教学策略也需因材施教。O2O 教学模式通过线上与线下的结合，实现了自主学习、互动探究及知识应用的多维教学流程。在这一模式下，教学活动被划分为课前预习、课中深入探究与课后知识拓展三个核心阶段，旨在对接不同知识点的认知需求。课前阶段，学生通过线上资源自主预习，了解基础概念；课中阶段，在教师的引导下，学生通过小组讨论等互动形式深化理解；课后阶段，学生则通过项目作业等方式将所学知识应用于实践，实现知识的深化和拓展。此模式强调各阶段的灵活过渡和相互补充，以学生为中心，促进学生在多样化学习方法的引导下，全面提升地理学科素养。

（1）课前预习阶段

本阶段聚焦地理基础概念与初步原理，目标是让学生通过网络资源、阅读材料等方式独立完成基础知识的预学，同时保留一定难度的内容以激发学生思考。内容安排需要针对学生的实际情况做灵活调整，既有所删减，也有所增补，以确保教学内容既能挑战学生，也能落在学生的最近发展区内，从而增强学生的自信心和学习动力。

（2）课中深入探究阶段

重点关注课程的核心难点，围绕地理原理和地理现象展开深入探讨。此部分既涵盖课前预习中学生感到困惑的内容，又应深挖课程内容的深层次意义。教师根据学生的预习反馈，适时丰富和扩展教学内容，注重实例的引入和生活联系，通过探究活动和实践体验，促进学生对地理知识的深入理解和掌握。

（3）课后知识扩展阶段

此阶段作为课程学习的延伸和补充，旨在对课堂内容进行进一步深化和扩展。内容可涉及课程相关的跨学科知识或前沿地理学科知识，教师应根据课程内容的内在联系和学生的成长需求精选拓展材料，同时考虑学生的兴趣和发展特点，有目的地进行知识拓展，既丰富学科内涵，也拓宽学生视野。

2. 教学媒体

数字化教育的快速发展促进了教育平台资源向中学的开放，O2O教学模式紧跟时代潮流，利用数字化资源丰富教学手段，不再限于传统的教科书和纸张材料，而是积极探索包括大数据、人工智能、虚拟现实在内的先进技术，以实现教学内容与媒体的有效结合。在选择和应用教学媒体时，应紧密围绕具体教学内容，根据内容特点做出恰当选择。O2O模式的实施强调线上线下教学资源的整合使用，不局限于传统教学工具，如投影仪、计算机等，还应考虑如何将现代科技如大数据、人工智能技术等融入地理教学，以达到教学内容与媒体深度融合的效果。为了推进O2O教学模式的应用，教师可以利用现代软件工具根据课程需求自主制作微课，设计多样化的教学任务和活动，借助多媒体资源丰富线上和线下的教学实践。

3. 教学形式

运用O2O教学模式，教学形式融合线上线下互动，构建以学生为中心的学习环境。课前阶段，主要采用自主学习引导法，充分挖掘和利用各类学习资源，激发学生自主学习与探索的热情。课堂上，以问题为核心，创设情境，鼓励学生通过体验和探究来深化理解。课后通过线上平台和线下讨论，引导学生针对学习内容进行深入交流与思考，旨在打造一个开放、互动的地理学习空间。

（三）地理教学评价融合

在融合O2O教学模式的地理教学评价中，采取综合多维度的评价标准，包括学生的知识掌握水平、能力发展、习惯形成及日常表现等。具体评价方式多样化，线下部分通过课堂测验和作业反馈等形式对学生的知识吸收和理解进行量化评估；线上部分则通过电子问卷等工具，综合评价学生在学习前后的变化和表现。采纳学生之间的互评、教师的直接评价以及家长的反馈，重视评价过程中学生的成长与进步，旨在构建一个全方位、多角度的评价体系，促进学生全面发展。

1. 评价主体

在结合 O2O 教学模式进行高中地理教学时，实行多元化评价体系至关重要，这种评价体系不仅涵盖了学生自我评价和同伴互评，还特别强调家长和教师的积极参与。对于家长而言，他们被鼓励在教学的前期准备和后期反馈中，通过观察孩子的学习态度和作业完成情况，为教学效果提供客观评价。学生自评应穿插在整个学习过程中，特别是在单个知识点或学习单元结束后，通过自我反思，对照预设学习目标，学生可以深入理解自己的学习进展。互评主要发生在课堂互动中，以评估团队合作和个人表现为主，促进学生之间的正向激励和支持。教师的评价角色则更加全面，覆盖课前的学习指导、课堂的互动讨论和课后的成果反馈，确保评价的全面性和公正性。整个评价过程旨在通过家长、学生和教师的共同努力，促进学生全面发展，增强自我管理和学习能力，以实现高中地理教学的最优效果。

2. 评价方式

在融入 O2O 教学模式的高中地理教育中，采取多样化的评价策略，特别强调过程和表现的评价，并辅以终结性的成果评价。为了更有效地跟踪和支持学生的个人成长，建议建立在线学习档案系统，允许学生、教师及家长共同访问和评估。通过集成的在线平台，运用多样的评价工具，如问卷调查、定量分析和定性反馈等，提供全面的学习反馈。此外，还应引入评价结果的可视化表示，如成长图谱，直观展示学生的进步和成长趋势，为学生提供坚实的数据支持，促进学生的自我认知和教育参与者间的有效沟通。

四、高中地理教学中 O2O 教学模式的构建

（一）课前线上教学，师生资源共享

利用 O2O 教学模式，线上学习部分通过集成丰富的教学资源和灵活的学习时间，为传统课堂教学提供了坚实的知识基础和资源补充。教师依据学生的学习情况和课程内容，精心策划适合学生自学的学习计划，设定具体的学习目标。通过整合多样化的学习资源，如在钉钉平台分享微课视频、动画、Google Earth 图层等，使得复杂的地理概念和原理通过具体化、形象化的方式得以呈现，同时扩展学生的知识视野。钉钉平台提供的线上课堂既支持直播授课，又提供课后视频回放、资料链接共享等多种学习方式，有效地拓宽了教学资源的应用范围和深度。通过线上测验、作业等形式，加强对学习过程的监控，有助于学生形成良好的学习习惯。此外，平台的互动功能，如直播连麦，增强了师生间的互动和交流，多元化的交流方式促进了教学的互动性。教师可利用平台提供的数据统计功能，对学生的学习行为进行监测，以实现教学活动的有序进行和有效管理。

在现代教育模式下，学生拥有了前所未有的学习自由度，他们可以通过电子设备如电脑、平板电脑、手机等接入网络，灵活安排自己的学习时间和地点。这种学习方式的一个显著优势是学生遇到不明白的问题时，可以通过截图或重复观看视频的方式深入理解学习材料。学习过程结束后，学生有机会在教学平台上表达自己的见解或提出疑问，并参与一个互助共享的学习社区，通过网络资源丰富自己的知识库。

这种课前线上自主学习的方式让学生能够更直观地掌握学习内容，预先了解课堂讨论的方向，并且激发了他们的学习积极性和主动探索的意愿。对于教师而言，他们可以通过学习平台收集的数据，了解学生的学习情况和疑惑，据此优化课程设计，调整教学策略，实现更为精确的教学目标，进而在线下课堂教学中达到更高效的教学效果。

（二）课中线下教学，师生问题共研

面对面的教学模式因其独特的互动性、情感传递能力和思维激发特点而成为教育中不可或缺的一部分。在这种传统的教学环境中，教师的一言一行甚至一个眼神都能有效传达知识与情感，使得师生之间的交流更加直接和生动。课堂变成了一个共同创造的空间，师生通过互动交流，不断地碰撞思想、交换观点，使得学习过程充满了发现和惊喜。在这样的教学场景下，建立一个以学生为中心的学习环境变得尤为重要，教师通过引导和支持，让学生在自主学习和小组合作中培养探究精神和合作能力。这样的课堂除关注知识的传授和疑问的解答外，还重视学生对知识的应用、思维的拓展和能力的提升。特别是在地理教学中，教师扮演的是一个引导者的角色，激发学生去发现地理现象、分析地理问题，并引导他们探索解决方案。

1. 教学目标分级管理

在现代教育中，教学的有效性往往取决于教学前的准备和对学生学习情况的了解。在课前，教师会细致梳理学生可能遇到的难题及相关学习材料，基于课程的标准和要求，明确设定课堂目标和任务，让学生对所学内容有清晰的认识，并确保教学内容与学生的实际问题相吻合，实现知识的有效传递。

2. 问题情境真实合理

为了让学习更接地气，选取或构建的问题情境必须贴近实际、合乎逻辑。这样的情境既可以来源于日常生活中的实际问题，也可以是设计的虚拟场景。通过将学习内容置于这些情境中，学生能够更好地理解知识的应用价值，激发他们探究的兴趣。

3. 学生汇报问题共享

课程中，学生的主动汇报是学习过程的重要环节。在教师提供的学习框架指导下，学生能够根据自己的学习情况选择并汇报能够解答的问题，帮助巩固已学知识，明确学习目标和差距。对于那些学生未能解决的问题，

教师通过启发式指导帮助学生思考，鼓励其对未解之谜的进一步探索。

4. 小组合作探重难点

在探索学习的深渊时，教师通过设计富有挑战性的活动，如角色扮演、分组讨论等，引导学生们共同攻克学习中的重难点。小组内成员通过讨论分配任务，共同协作，促进学习的深入，增强团队合作能力。在这一过程中，教师随时关注学生的讨论动态，提供即时的指导和支持，确保讨论的高效性。而学生的主动性和思维能力在讨论中得到显著提升。

5. 思维拓展巩固应用

学生被鼓励将所学知识与实际生活相联系，通过联想和应用扩展其思维。教师通过提供开放式问题和实际案例，激发学生的创新思维，引导他们深入挖掘知识的本质和应用价值。

6. 学生参与课堂小结

教师展示课堂的整体结构，让学生参与课堂总结，部分学生被邀请分享自己的学习体会或总结要点，同时，全班学生共同探讨，提高了学生的总结概括能力。这一环节既巩固了学习内容，也让学生从多角度思考问题，培养了他们的综合能力。

（三）课后梳理拓展，家校评价共促

课程结束后，教师利用钉钉平台进行全面的课程回顾，上传总结资料并布置相应的课后习题，旨在加深学生对课堂知识的理解和应用。通过钉钉平台的作业功能，教师能够灵活设定作业的提交时间和格式，而平台上的自动提醒功能确保学生不会错过任何作业。学生在完成作业后可在线提交，教师则可以实时监控作业提交情况，并进行在线批改，提供个性化的反馈和评语。这种模式不仅提高了作业批改的效率，也保障了学生作业的原创性，防止了抄袭现象的发生。

钉钉平台的另一大特色是能够支持教师与学生、家长之间的有效沟通。通过发布在线调查问卷或协作作业表格，教师可以便捷地收集学生及家长的反馈，进而根据学生的课堂表现和课后习题完成情况进行全面评价。这种评价方式不仅关注学生的学术成就，更综合考量学生的性格、情感和学习态度，旨在全方位促进学生的个人发展。

此外，钉钉平台还鼓励教师和学生共同丰富课堂内容。在平台的讨论区中，大家可以自由讨论、补充课本之外的学习材料，这不仅为教学提供了更多资源支持，也为学生提供了一个展示自我、深化理解的平台。通过这种互动式学习，学生能够更好地吸收和内化知识，教师则可以根据学生的讨论情况及时调整教学策略，优化教学流程。

第三节 支架式教学模式在高中地理课堂教学中的应用

一、支架式教学概念

支架式教学，又被喻为教学的脚手架，源自建构主义的教育理念，其核心在于教师为学生搭建一个个概念上的"脚手架"，引导学生通过自我探索和小组合作逐步攀登，以此构建起完整且系统的知识架构。这种教学模式把握了学生的当前知识状态和潜在发展空间，通过精心设计的学习任务，促进学生由浅入深、循序渐进地掌握和理解新知识。

在支架式教学中，教师需要对学生的基础知识、学习习惯和个性特点进行深入了解，这样才能针对性地设计出既有挑战性，又不超出学生能力范围的学习任务，例如，对于复杂难解的学习内容，教师会先将其分解成若干更小、更易于理解的单元，这样不仅能够减轻学生的学习压力，还能够引导学生逐步构建起对复杂问题的理解和解答能力。支架式教学强调学生的主体地位，鼓励学生通过自主探索和与同伴的合作探究，主动攀登知识的脚手架。在这一过程中，教师的角色转变为引导者和助手，他们会根据学生的学习进度适时提供必要的指导和帮助，确保学生能够顺利完成学习任务。当学生在某一阶段的学习中取得进展后，教师会适时撤回已经搭建的"脚手架"，激励学生独立完成更高层次的学习挑战。

支架式教学的美妙之处在于：它能够激发学生的内在动力，培养他们面对问题时的解决能力。在自主学习和合作探究的过程中，学生既能够深化对知识的理解，又能在解决问题的过程中发展自己的思维能力和创新精神，这种教学方式为学生提供了一个充满挑战和探索的学习环境，让学习变得更加生动有趣，更加富有成效。

二、支架式教学模式的特征

（一）以最近发展区为基础

在有效的教学策略中，教师必须从学生的当前认知水平出发，巧妙地构建支架，紧密围绕学生的最近发展区，这一概念指的是学生在适当指导下能达到的潜在学习水平。通过精心设计具有递进性的教学内容和问题，教师能够逐步引导学生扩展认知边界，激发学生的内在潜力，并为他们进入下一个发展阶段铺平道路。这种教学方法已被实践证明能显著提升学生的学习兴趣和能力，因此，捕捉并利用学生的最近发展区对于设计有效的教学支架至关重要。

（二）以学生为中心

支架式教学法重新定义了传统高中地理教学的框架，将学生置于学习过程的中心，激发其主动参与和充分发挥的空间。在这一模式下，教师不再是知识的单向传递者，而是变成了学生学习旅程的助力者和指导者。他们依托学生的先前知识和经验，考虑到每个学生的兴趣和能力差异，巧妙地设计了既能促进个人独立思考，又能鼓励团队合作的学习任务，有助于实质性地提升学生构建知识的技巧。

（三）以互动为桥梁

每个学生的实际能力与其潜能之间存在一定空间，这个空间并不是固定的，而是因人而异的，要有效缩小这一差距，学生间的思想交流与互动显得尤为关键。支架式教学法倡导通过小组讨论和集体学习的方式促进深层次的知识理解，这种以互动为纽带的学习过程可以促进学生之间、学生与教师之间的沟通，激发学生内在变化的连锁反应，使他们在探索学习的旅程中成为主动的追求者。在这样一个开放和民主的学习环境中，学生共同构建知识的含义，从而深化他们对学科内容的理解和掌握。

三、搭建支架的原则

（一）有效性原则

在实施支架式教学模式的过程中，应理解并应用最近发展区理论，这一理论强调，在教育活动中，教师的任务是识别并定位学生当前能力与其潜能之间的距离，确保教学策略能够填补这一空缺，推动学生向前发展。教学内容不应远离或过于超前学生的最近发展区，避免采取一种适用于所有学生的教学方法。为了实现这一目标，首先教师需要深入了解每位学生的具体学习状况，包括他们的认知水平、兴趣爱好、学习态度及能力等个体差异。这样，教师在制订教学计划时才能够为每位学生量身定制合适的学习路径和方法，通过分层次的教学和个性化的学习支持，确保每位学生都能在其最近发展区内获得有效学习和成长。

随着学生认知水平的不断提升和个性化需求的增加，支架式教学的实施显得尤为重要。在这一教学模式下，教师通过构建丰富多样的学习活动，如独立学习和小组合作，为学生提供恰当的学习支持和引导。这些支架不仅应与学生的学习基础和认知差异相匹配，还应能够随着学生能力的提升而逐渐拆除，鼓励学生独立思考和协作解决问题。当学生在这一过程中遇到困难时，教师应及时提供反馈和指导，帮助学生正确理解知识点，进一步巩固学习成果。

（二）适时性原则

在教学活动中，恰当地引入支架对于学生的学习成效至关重要，其时机选择宛如航海中的灯塔，为学生的学习之旅提供必要的指引和支持。为了最大化支架的效用，首先教师需要深入理解教学内容的难易程度与学生的当前认知水平，确保所提供的支持与学生的需求相匹配。只有当学生在学习过程中遇到挑战而难以自行解决时，教师及时介入，提供合适的指导和帮助，学生对知识的理解才能得到加深。这种策略有助于学生克服学习障碍，加深对学科内容的理解与掌握。然而，若支架过早介入，可能抑制学生独立思考和解决问题的能力；反之，延迟提供支架可能影响学生的自信心，减弱其学习动力。

进一步，拆除支架的时机同样需要精心把握，提前拆除可能导致学生未能彻底掌握所学知识，过晚拆除则可能造成学生对支架的过度依赖，影响其自主学习能力的培养。考虑到学生认知发展的阶段性和螺旋式上升的特征，在整个教学过程中，教师应根据学生的具体情况和学习进展灵活调整支架策略。对于不同基础和能力的学生，教师需要设计不一样的学习支架，以确保每位学生都能在适宜的挑战中实现自我超越。

（三）动态性原则

在教育过程中，教师面对的是一个充满变化的教学环境，其中学生的认知发展水平和学习需求不断变化，这就要求教师在设计和实施支架式教学时，必须采取一种动态和灵活的方法。不同于建筑中直到结构完工才拆除的固定支架，教学中的支架应该随着学生能力的提升而逐步撤去。这意味着教师需要时刻关注学生的最近发展区，并根据学生的实际发展和反馈信息调整教学策略。通过将学习内容按难易程度逐级分解，教师能够更有效地引导学生从当前的认知水平顺利过渡到潜在的发展阶段。在这个过程中，支架不仅作为学习的助力，而且是推动学生认知发展的催化剂。

为了保持教学的活力和效率，支架的设计和实施必须是动态的，能够敏感地响应学生学习过程中的变化。与工人使用的脚手架有所不同，教学中的支架是根据学生的学习进度和理解程度不断建立和拆除的，旨在促进学生积极探索、主动学习，而不是被动地接收知识。通过这种方法，学生能够在吸引他们注意力和兴趣的环境中学习，从而提高其创新能力和思维灵活性。

四、不同支架在高中地理课堂教学中的应用策略

（一）范例支架

在教学过程中，引入具体例子作为范例是一种促进学生学习和理解的有效方法。这种方法不只是举例说明，更是一种通过实例来触发学生思考、链接已有知识与新知识的策略。在构建学习支架时，每一个实例都作为一种情境的创设，激发学生利用自身的经验和知识体系去深入探究学习内容。比如，通过比较青岛和新疆的气候特点来分析降水如何影响地域差异，或者对比海南与哈尔滨的温度和光照条件，解释它们在地理位置上的不同特征，甚至通过登泰山时感受到的气温变化来理解垂直地带性的概念。由此可见，范例教学法主要通过生动实际的内容链接学生的日常经验与学科知识，旨在帮助学生更加深刻地理解课堂上的教学内容，增强学习的兴趣和效果。

（二）问题支架

运用问题支架是一种激发学生主动学习和深入思考的有效策略，通过将教学内容分解成一系列具体问题，教师能够引发学生的好奇心，促使他们主动探究未知的知识和技能。这种方法不仅具有很强的实践性，而且注重学习过程中的细节探索，许多具有丰富教学经验的教师倾向构建这类支架，以便从多个维度和层次出发，帮助学生面对并解决学习中可能遇到的难题。例如，在讨论地理位置对气候差异的影响时，教师可能让学生探究为何我国不同地区的气候会有所不同，通过引导学生思考

这些城市之间的气候差异及其成因，深化其对地理分异规律的理解。

类似地，在案例学习中，通过提出问题"为何春天富士山顶尽管更接近太阳，却依然被积雪覆盖，而山脚下却是春意盎然？"，不仅能激发学生的探究欲，还能够促进他们通过小组讨论和个人思考找到答案。而利用图像和图表作为辅助工具，解释地表与太阳辐射之间的关系可以帮助学生理解大气受热的过程。通过这种方式，问题支架在地理学习中不是让学生回答问题那么简单，更重要的是通过问题的探索过程让学生逐步掌握其背后的地理规律和原理，进而实现知识的深层次构建和理解。

（三）建议支架

建议支架的核心在于为学生的学习过程提供明确的建议和指导，帮助学生在遇到难题时快速找到解决思路，从而顺利推进知识的构建过程。这种方法实际上是将问题引导转换为具体的操作建议，通过教师的直接点拨，帮助学生避免不必要的迷茫和探索，进一步更加高效地完成学习任务。例如，在探讨地理现象的教学中，如果学生需要理解赤道至两极的气候分异，教师可以直接建议学生从温度和阳光照射角度出发进行分析，以缩短学生的思考路径，并确保讨论的方向正确有效。

通过将问题支架转化为建议支架，教师在学生面对较为复杂的学习内容或当思考方向不明确时，能够提供清晰的思考方向和关键点的指导。这种做法不仅节省了课堂时间，还增强了教学的针对性和有效性，特别是在学生独立思考或小组合作学习过程中遇到瓶颈时，建议支架能直接指引学生绕开障碍，快速达到学习目标，促进知识的深入理解和掌握。

（四）工具支架

地理学的学习需要空间想象和直观理解。因为地理是一门融合了综合性、空间性和地域性特征的科目，其内容跨越从地球概论到具体的国家地理，要求学生具备较高的空间想象能力。文字在表达复杂的地理现象时往往力不从心，不足以帮助学生形成对远离生活环境地域的直观印象。因此，将PPT、模型和多媒体工具等辅助教学手段融入地理教学过程，能够显著提高信息的表现力，使学生更容易吸收和理解抽象的地理概念。

举例来说，使用图形和模型可以更形象地说明一些地理概念和错误观点。例如，我们认为地球上东部地区的日出时间比西部地区早，实际上这是一个错误的观念。通过图形辅助，展示太阳光照覆盖地球的方式并强调纬线的概念，可以清晰地向学生解释时间的早晚应当在同一纬度上进行比较，这样才具有意义。再如，在探讨热量辐射的例子中，利用一盆水和不同大小的石块模拟，观察不同大小石块引起的水波纹变化，形象地说明能量强弱与辐射波长之间的关系，强能量对应短波辐射，弱能量对应长波辐射。

五、支架式教学模式对师生的影响

（一）支架式教学模式对教师的影响

引入新教学模式，特别是支架式教学，对教师而言既是挑战，也是机遇。在备课阶段，教师需透彻理解每个学生的学习基础与潜能，设计符合各个水平学生需求的支架，这不仅考验教师的深度思考和广泛知识积累，也意味着更大的前期工作量。但是，这种模式能够显著提升教学内容的逻辑性与系统性，助力教师高效备课，避免教学过程中的机械重复。在课堂教学中，支架式教学鼓励学生通过小组讨论等形式合作学习，不仅要求教师具备出色的组织和协调技巧，还需要其能够有效激发学生的学习热情和创造力，确保学习环境的积极和谐。对教师来说，尽管这是一次不小的挑战，但为提升教师职业技能、优化教学方法提供了宝贵的机会。

（二）支架式教学模式对学生的影响

支架式教学模式通过激活学生的主观能动性和兴趣，对学生产生了显著的正面影响。在实施过程中，通过精心设计的教学支架，学生能够更深入地理解那些容易被忽视或混淆的知识点，这些支架通常与学生的日常生活紧密相关，从而在学生遇到学习难题时，能够有效降低解决问题的难度。尤其对于学习成绩不佳的学生而言，支架式教学除能提升他们对地理学习的热情外，还有助于促进其学业成绩的整体提升，让他们在学习过程中感受到成功的喜悦，增强学习的自信心和动力。

第四节　对分课堂教学模式在高中地理课堂教学中的应用

一、对分课堂的概念

2014 年，复旦大学的张学新教授基于实践经验，首创了对分课堂这一教学模式，旨在有效平衡教师讲授与学生互动讨论的时间。这种模式独辟蹊径地将课堂时间一分为二：一部分用于教师的直接讲解；另一部分留给学生通过讨论来进行深入学习。其创新之处在于：不同于传统教学的连续性讲授或纯讨论课堂，对分课堂通过错开讲授与讨论的时间，采取了延时讨论的策略，为学生提供了一个个性化的学习吸收阶段。这一教学法被简称为 PAD 课堂，涵盖了讲授（Presentation）、内化吸收（Assimilation）和讨论（Discussion）三个关键环节。此外，随着在线教学的不断进步，对分课堂也与互联网技术相结合，演变成了在线对分（Online PAD，简称 OPAD）模式，拓宽了教学的边界和可能性。对分课堂模式如图 3-3 所示。

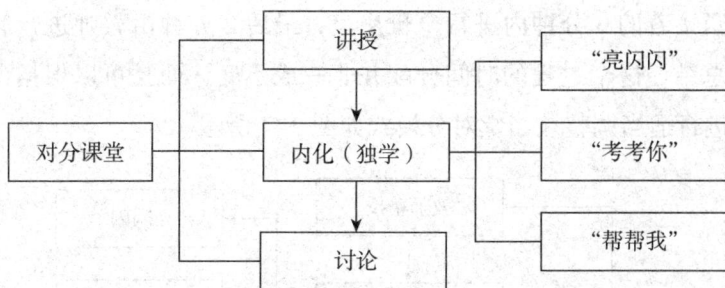

图 3-3　对分课堂模式

对分课堂模式通过创新性地将学习过程分解为五个步骤：教师的精讲、学生的独立自学、个人作业完成、小组内的深入讨论以及全班范围的知识交流，形成了一个完整的学习闭环。在这个模型中，教师首先通过讲授为学生提供学习的框架和重难点指导，接着学生在独立学习阶段对所学知识进行内化，通过个人作业加深理解。之后，在小组讨论环节通过合作探究深化问题解决能力，最终在全班交流中由教师统一答疑，整合知识点。

此外，对分课堂还引入了"亮考帮"这一独特的学习与作业形式，促进了学生间的互助与挑战。学生通过总结课堂上的"亮点"知识，挑战同学解答自己设计的问题，以及在遇到难点时寻求帮助，构成了学习的三个关键环节。这种方法鼓励学生展现自己的学习成果，激发解决问题的积极性，营造了一个学生间互相学习、互相帮助的良好氛围。

二、对分课堂的类型

（一）当堂对分

在单节课内完整运用对分课堂模式称为当堂对分，其中，教师将前 20 分钟用于集中讲解核心知识点。讲解结束后，学生利用接下来的 10 分钟时间，通过完成教师提供的任务单、习题或参与"亮考帮"活动进行个人学习。此后，小组讨论环节持续 5 分钟，学生围绕讨论主题相互交流。紧接着的 3 分钟内进行全班交流，最后 2 分钟由教师进行答疑和知识点总结。这个过程的时间分配并非一成不变，而是可以根据课堂实际情况进行适当调整。当堂对分模式如图 3-4 所示。

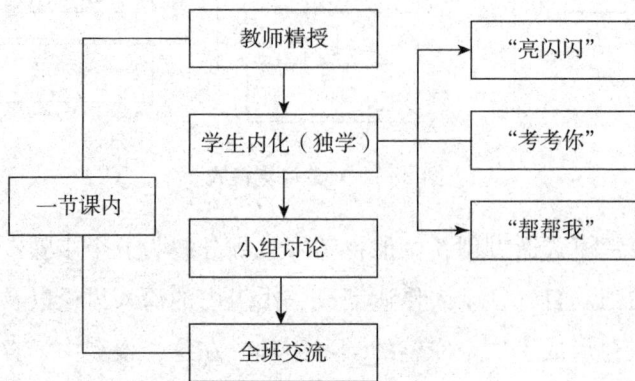

图 3-4　当堂对分模式

（二）隔堂对分

隔堂对分是一个跨越两节课程实施的对分课堂策略，其中教学和学习过程被安排在两个不同的时间段内完成。具体来说，教师在第一节课的后半部分进行重点讲解，之后学生利用课余时间独立完成作业，以实现知识的内化和吸收。在接下来的第二节课前半部分，学生通过小组讨论和全班交流来加深理解，促进知识的共享。分时的教学模式让学生有足够的时间在非课堂时间里深入思考和理解学习内容，有助于提升学生独立完成作业的效果和质量。隔堂对分模式如图 3-5 所示。

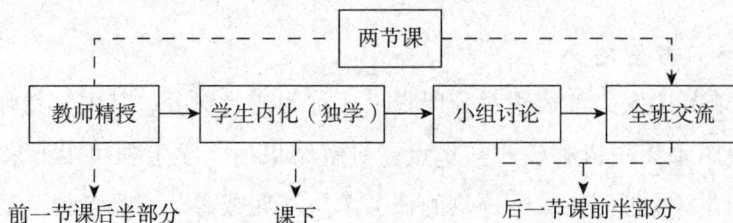

图 3-5　隔堂对分模式

（三）混合对分

混合对分课堂模式融合了两种教学策略：一方面结合传统教学与对分教学，让一部分课程内容通过对分模式进行，为学生提供独立思考和讨论的机会，而其他部分保持传统教学方法；另一方面，将当堂对分与隔堂对分相结合，根据课程性质和安排灵活选择合适的教学形式。

三、对分课堂的理论依据

（一）人本主义学习理论

人本主义学习理论强调每个人都拥有独一无二的个性和自主意志，认为学习的核心目的在于自我确认和自我实现。该理论主张学习应当源自学生的内在动力，而非外部强制，认为内驱动的学习过程能够充分激发个体的潜力，促进个体成长。罗杰斯的学习者中心理论进一步强调了学习过程中学生情感体验的重要性，指出满足学生自我实现的需求是促进学习的关键。在这样的教育理念指导下，对分课堂模式应运而生，它通过平衡师生之间的权责，赋予学生更多的学习责任，鼓励学生积极参与学习过程，实现自主学习。对分课堂深受人本主义教育理念的影响，尊重学生的个性和需求，通过创造积极的学习环境，促进学生情感和意志的发展。此外，该模式注重学生在学习过程中的自我驱动和自主探索，要求学生通过完成"亮考帮"等个性化作业，作为学习的主体，从而在内在动力的驱动下实现自我成长和对知识的深入理解。

（二）结构主义教学理论

结构主义，亦称作发现学习理论，强调在教学过程中创设问题场景，促使学生通过自我探索揭示问题的本质及其背后的原理。在对分课堂模式下，教师不再是知识的单向传递者，而是转变为学习的协助者，通过提问和布置特定的学习任务激发学生的求知欲。学生利用课内外时间，借助特定的任务指导进行深入探究，通过讨论交流，一方面解答既有疑问；另一方面触发新的思考，实现知识的逐层深化和逐步构建。

（三）学习金字塔理论

爱德加·戴尔提出的学习金字塔理论经美国缅因州国家训练实验室的进一步研究与深化，揭示了不同学习方法对知识留存效果的差异性影响。该理论分类了七种学习方式，按照学习效果从低到高排列分别为听讲、阅读、视听学习、演示、小组讨论、亲身实践和教授给他人知识。知识留存率从塔尖至塔底依次提升，分别为5%、10%、20%、30%、50%、75%和90%，如图3-6所示。这一理论强调，主动参与和以学生为中心的学习方式，如小组讨论、实践操作及教授他人等，能显著提高学习的有效性和知识的留存率。

在课堂教学中，鼓励学生通过小组合作的形式，围绕"亮考帮"活动深入讨论，特别是在处理自主学习阶段遇到的问题时，组员之间相互教授，既促进了问题的解决，也通过教学相长的过程强化了个人对知识的掌握和理解，进而有效提高了学习效果和知识的长期留存。这种教学和学习的互动方式完美契合了学习金字塔理论的核心观点，即通过增加学生的主动参与度和互动性来提升学习的深度和持久性。

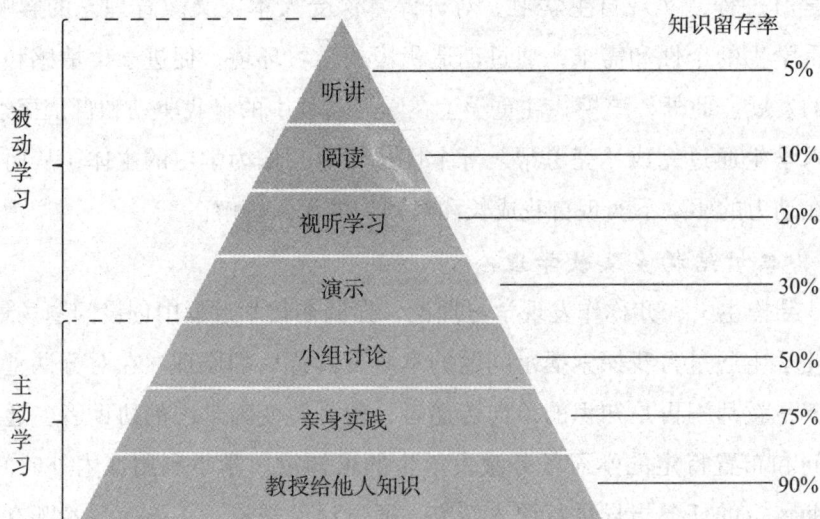

图3-6 学习金字塔理论

四、对分课堂教学模式的实施原则

（一）精讲留白原则

过去，教师往往会对教学内容进行全面而详尽的准备，并尝试在课堂上向学生展示这些内容的全部，希望通过大量作业来加强学生的学习，然而这样往往不能有效激发学生的学习兴趣和积极性。与此相反，对分课堂模式提倡在课堂讲授阶段实行精讲留白的教学策略。

精讲留白策略旨在优化课堂讲授的内容和方式。其中，精讲部分聚焦帮助学生明确学习目标、理解学习的价值和掌握有效的学习方法。具体来说，教师应重点解析课程的关键点和难点，并向学生阐述学习内容的实用价值及其在现实生活中的应用，进一步，教师需要指导学生学习技巧和策略，引导他们通过自主学习来构建知识。留白则是指在有限的课堂时间内，教师有意识地留出空间让学生自我探索和思考，这样既能鼓励学生主动探求知识，也能让他们在自主学习过程中深化对课程内容的理解。

在实施对分课堂模式时，如何平衡精讲与留白的比例需根据学生的学习基础和班级实际情况灵活调整。例如，对于基础较好的班级，可以增加留白的比例，让学生有更多机会进行自我探索和挑战；而对于基础较弱的班级，需要适当增加讲授的内容，以减轻学生课后的学习负担。

（二）权责对分原则

在传统的教育模式中，教师主导着课堂，担任知识的传递者，在这种模式下，学生往往处于被动接受的位置，导致学生在课堂上的参与度低，学习动力不足。而对分课堂的实施要求对师生角色进行重新界定，倡导一种平等的师生互动关系，并明确双方的权利和责任。在这种新的教学模式中，教师的角色转变为学生学习的促进者和协作者，与学生共同参与教学活动，实现权利和责任的平衡分配。

具体到对分课堂的实施，教师在课堂讲授阶段要确保教学内容的有效传达，并引导学生进行深入理解和思考；学生则需要主动听讲、参与互动，负责记录重点和整理学习材料。在独立学习阶段，学生享有自主探索和消化吸收知识的权利，教师则通过提供资源和辅助材料支持学生自学。当进入课堂讨论阶段，学生成为讨论的主体，积极发言和交流见解，而教师扮演组织者、引导者的角色，不仅需要为学生提供良好的讨论环境，还需要对讨论内容进行点评和总结，确保讨论的有效性和深度。

（三）简明分层原则

遵循简明分层原则的教学策略是基于学生的认知能力和心理发展水平进行教学设计，旨在通过差异化的问题设置和作业布置促进学生的个性化学习和发展。在实施过程中，教师首先需要在课堂提问中根据学生不同的学习能力进行分层，确保问题难度与学生的最近发展区相匹配。在自主学习阶段，不同基础的学生采取不同的学习策略，基础牢固的学生可在掌握课堂知识的基础上，通过额外资料的查询等方式进行知识拓展；而基础较弱的学生应专注复习和巩固课堂内容，必要时再尝试知识的扩展。

对分作业的布置同样体现了简明分层原则，要求教师根据学生的具体情况安排作业任务。对于成绩较好的学生，在完成基础作业的同时，可以鼓励他们在"亮考帮"环节提供多元化的内容，以便在后续的讨论中能够抛出更具挑战性的问题；对于基础较弱的学生，则应确保他们首先完成基本作业要求，之后酌情参与"亮考帮"活动，以适应其学习节奏和能力。在课堂讨论环节，同样应用简明分层原则，通过组织不同层次的讨论问题，使所有学生都能在讨论中找到适合自己的位置，简单问题由学生相互解答，复杂问题则由教师引导解决，这样既促进了学生之间的交流，又保证了学习的有效性和深度。

（四）多元评价原则

在对分课堂的教学模式下，评估学生学习的过程和成效采用了多元化的评价方法，包括课堂观察和学生访谈等，以全面了解学生的学习状况。教师可以利用随机抽样的方式进行学生访谈，同时结合自我评估、小组内评估以及教师的直接评估等方式，借助特定的评价量表来综合评价学生的学习表现。这种评价体系的建立旨在为教师提供反馈，帮助他们调整后续的教学策略和内容，提升教学的有效性。

对于教师的评价，则涉及通过观察量表对教学行为的系统观察，在这一过程中，学生与教师共同参与评价过程，强调了学生学习成效对教师教学效果评估的重要性。为了精确捕捉学生的学习成果，教师需要对学生的作业进行仔细分析，并利用数字化平台（如学习通、微信群或者云存储服务）记录学生作业的电子版或纸质版。学校方面通过对这些数据的抽样分析，能够评估教师的教学技能和效果，从而更加准确地反映学生在学习过程中的能力和素质提升。

（五）能力、素养兼并原则

在地理学科的教学中，最为关键的目标是提升学生的地理能力和整体素养，这一目标在对分课堂的实施中尤为重要。对分课堂强调学科能力和素养的双重发展，要求教学着眼学生对地理基础知识的掌握与理解，更重要的是能够将所学知识应用于实际情境中，实现知识的迁移与创新。为此，课程设计时应综合考虑教材内容和额外的地理信息，选择适当的案例、教学材料和习题，以确保教学内容的广泛性、实用性和相互关联性。教学设计需紧扣培养学生综合地理能力与核心素养的目标，确保学科教学的深度与广度。

五、对分课堂教学模式在高中地理课堂教学中应用的可行性

（一）高中地理教材提供了对分课堂讨论环节的基本素材

在高中阶段，地理课程扮演着构建学生知识体系的核心角色，而教材是课程实施的主要媒介。当前我国高中地理教材设计呈现出层次分明、多元化、基础性强以及紧跟时代发展的特征，注重以学生为本，促进学生全面成长。特别是新课程新高考实施以来，山东省作为首批试点大省，

四个版本的高中地理教材在山东省各地市均有使用。新教材为对分课堂的实施提供了丰富的讨论资源，成为课堂讨论不可或缺的素材，既丰富了教学内容，又为教师在实施对分课堂时设计课堂"留白"提供了指导，使学生通过这些素材在课堂上能够进行深入的交流和合作学习，有效促进知识的探究和理解。

（二）对分课堂利于实现地理学科的育人价值

地理教育的核心在于适应学生的成长需求，致力于提供必要的知识体系和培养学生的关键技能及地理素养。这种的教育价值在于帮助学生发展审美观、合作精神、探究心态和创新能力，同时确保学生能够掌握地理学科的核心知识和技能。

对分课堂的实施是一种将学生置于学习过程中心位置的教学模式。在这种模式下，学生被视为课堂的主导者，他们在教师的引导下，通过深入讲解和理解学科的关键点和难点，主动构建知识框架，这一过程促进了学生与教师的互动，加深了学生对知识的理解和记忆，提升了他们的综合思考能力。在自主学习环节，学生需要进行大量的资料收集，完成教师布置的开放式任务，包括完成指定的作业，以及对学习内容的进一步探索和延伸，这样的学习方式有助于学生增强自我学习的能力，提升他们对地理知识的实际应用能力及综合分析能力。课堂讨论环节重视学生中心的学习体验，通过鼓励学生之间的沟通与合作，促进了他们的交流能力，增强了他们的团队协作和问题解决能力，进一步巩固了地理核心素养。

在对分课堂教学模式下，教师的角色转变为学生学习过程的导航者、协调者和评估者，他们通过创新的教学方法和策略，旨在激发学生的学习兴趣，引导学生主动探索知识，实现地理学科教育的最终目标。

六、对分课堂教学模式在高中地理课堂教学中应用的策略

（一）提升教师专业素养，打造高效对分课堂

在新时代的教育改革背景下，对教师队伍建设的要求日益提高，特别是在高中地理教学中，教师的专业素养成为构建高效对分课堂的关键。教师的专业素养涵盖了深厚的专业知识、熟练的专业技能以及积极正面的专业态度。

为了成功实施对分课堂教学模式，首先教师必须深入了解学生的学习背景，包括他们的学习基础、自主学习能力以及各自的学习需求，以便在课堂上能够针对性地提供精讲和留有一定探究空间的留白任务。这要求教师不仅对课程标准和教材有透彻的理解，而且能预见课程可能遇到的挑战，设计出有效的评价策略和工具，确保教学目标的实现。当面对学生在课堂讨论中提出的超出预期的新颖或具有挑战性的问题时，教师的专业知识和应变能力尤为重要，教师需要不断更新自己的知识库，利用多种资源，如分析不同版本的教科书、上网收集资料、参与专业讲座和教师培训，以确保能够在教学过程中为学生提供准确、丰富的知识支持。

（二）合理设计与布置对分作业，注重因材施教

对分课堂构成了课堂互动讨论的基础。事实上，学生的作业完成质量在很大程度上决定了课堂讨论的质量，从而直接影响了教学效果。因此，作业的安排在对分课堂的教学过程中占据着核心地位。考虑到近年来教育政策的变化，特别是"双减"政策的实施，以及学生日益增长的学业压力，对分作业的设计应更加注重质量，而非数量。一种有效的方法是从近几年的高考和学业水平考试中精选试题，确保这些试题与高考的题型和难度保持一致。

为了满足不同水平学生的需求，作业应该分层设计，具体来说，课后测试应包括基础题目和拓展题目两个部分，其中，基础题目帮助全班

学生巩固知识，而拓展题目为那些能力较强的学生提供了提高的机会。至于"亮考帮"作业，初期的布置应当简化难度，引导学生逐步熟悉并参与这种作业。起初，可以让学生尝试完成"考考你""帮帮我"或"亮闪闪"的任务。随着对分课堂实践的深入，学生对这种作业形式的理解会逐渐加深，这时"亮考帮"作业的数量可以适当增加，并且在题目的深度、价值和意义上提出更高要求。当涉及课堂内的作业安排时，鉴于课堂时间的有限性，作业应尽可能保持简洁，教师可以在课程讲解完毕后，通过课件添加 2～3 个精选题目作为课堂检测。对于"亮考帮"作业，考虑到时间限制，每位学生可以选择完成一个"考考你"或"帮帮我"的任务。

（三）规范学生课堂讨论行为，提高学习效率

要确保对分课堂讨论环节的效率与价值，精心组织和细致规划是关键。首先，构建高效讨论小组的基础是合理的小组分配，按照"组内成员多样化，组间能力均衡"这一准则，小组的组建应依据学生的学习能力进行，通常每组由 4～6 名成员组成，确保每个小组内部成员在学习能力上既有高手，也有初学者。此外，每组需要指派一名表现出色且具有责任心的学生作为小组长，小组长的职责在于帮助教师维护课堂秩序以及激励组员进行深入讨论。其次，要想让课堂讨论更具成效，创建一个良好的讨论环境和维护课堂纪律是不可或缺的条件。在讨论开始前，教师与学生应共同建立一套课堂规则，并基于学生在课堂上的表现实施奖惩机制。对于在讨论中表现出积极性、乐于助人，并且能提出独到见解的学生应给予表扬，而对于那些在讨论过程中表现出漠不关心或不愿意交流的学生应进行适当的口头警告。通过这种方式，不仅能够鼓励优秀学生在班级中发挥示范作用，还能激励那些较为内向的学生勇敢地表达自己的观点。在讨论进行中，教师需要保持课堂秩序，营造一个轻松愉快的讨论氛围。在学生讨论时，教师应巡视课堂，及时发现并指导学生解决讨论中的问题或引导学生讨论回归正确的方向。

第五节 项目式教学模式在高中地理课堂教学中的应用

一、项目式教学的概念

项目教学法作为一种创新的教学模式，着重通过实际项目的完成来促进学生学习。这种方法通过涉及多个学科领域的"项目"来设置教学内容，目的是培养学生在解决实际问题过程中的综合能力。在这种教学模式下，学生被赋予主导地位，负责从信息收集、方案设计、项目执行到最终评估的全过程，教师则扮演着指导和支持的角色，转变传统的教育模式，让学生从实践中学习，体验到从开始到完成项目的每个关键步骤。

项目教学法倡导"实践先行，教学随行"的原则，强调学生通过实际操作来掌握知识，提倡学生的自主学习和积极参与。这种方法可以激发学生学习的积极性和创造性，而且通过将学生置于项目的中心位置，有效地促进了学生自我学习能力和创新能力的发展。通过这种方式，学生在教师的引导下，能够全面理解和把握项目实施的整个流程及其每个环节的关键要求。

二、项目式教学要素

项目式教学要素主要包括四个部分，如图 3-7 所示。

图 3-7 项目式教学要素

（一）内容

合适的项目主题和明确的学习目标直接关联现实世界的问题和课程的学习标准。这个过程要求教师围绕学科的核心概念和原则，挑选那些能凸显学科知识、体现学生学科素养和关键技能的主题。通过分析这些主题，教师需要识别学生的知识基础、面临的挑战以及成长的潜力，进而理解教学主题对于学生能力提升和素质发展的重要性。接着，教师将学科内容进行主题化整合，并全面规划项目的学习目标。通常项目式学习的起点是阅读相关资料，而某些项目需进行深入调研，因此，在项目启动前，教师必须根据项目的教学内容、学生的当前能力与经验、课时分配以及教师自身的能力来界定项目的实施范围。

（二）活动

在项目式学习中，由于每个项目的主题不尽相同，其既定的目标及活动范围也会有所差异，故教师在设计项目时需先进行细致的分析，以确立具体的活动单元、任务以及评估方案。这一过程包括明确项目的学习目标，并根据这些目标挑选合适的项目活动形式，如进行调研、开展实验、制作模型或编排情景剧等。此外，教师还需制订详细的项目计划，并准备所需的教学资源。这样的筹备工作旨在为项目的顺利实施打下坚实基础，确保活动的顺利进行。

项目活动的组织注重三个方面的"完整性"：第一，教师需要引导学生经历整个项目实施的全过程，让学生在实践中深刻体会项目的意义和价值，激发他们完成项目的热情和动力；第二，教师应确保学生能够全面而深入地学习项目相关内容，借助小组合作和交流，共同构建项目展示的思路和内容，最终达到呈现成果的目的；第三，教师需强调学生对特定主题或成果的整体展示，避免在教学过程中采用碎片化的展示方式或仅限于教师与学生间的问答式教学。

（三）情境

在项目式学习中，构建一个探索型学习环境至关重要，目的是激发学生的探究欲望和好奇心，吸引他们积极投身学习过程。一个理想的学习环境应围绕真实的问题或任务而展开，提供丰富的学习资源和工具，以支撑学生的探索活动。

（四）结果

在项目式学习方法中，学生的成果主要通过作品来展现。这些项目设定了明确的学习目的，目标在于通过完成特定的活动，让学生获得知识并提升技能。学习成效通过各种形式的项目作品得以呈现，包括但不限于实际制品、模型、研究报告、学术论文、设计方案或艺术创作等。

三、地理项目式教学特点

（一）以项目为主线，以真实情境为背景

项目式教学在地理教育中采用了一种独特的教学策略，即将学习活动围绕真实世界的项目进行组织，这一方法与传统的以课程体系为中心的教学模式形成鲜明对比。在这种模式下，教学不再是简单依赖教师的讲授或以问题为驱动的学习，而是通过将学生置于实际探究项目中，使他们主动探索和学习。教师从课程知识体系中挖掘探究点，根据学生的实际学习能力设计探究项目，并将这些项目分解为具体任务交由学生完成。在探究项目的过程中，学生不仅学到了课程知识，还扩展了课外知识，通过分析、思考和合作探究问题，最终形成了深入的探究结论和成果。

地理项目式教学强调以真实情境作为学习背景，目的是增加学习的实际操作性，确保探究活动的深刻意义。正如约翰·杜威在其《民主主义与教育》一书中所强调的，教育活动需要紧密结合实际生活环境，不能在与现实脱节的情境中孤立地进行。地理学科的实际问题内容丰富，与学生的日常生活和学习密切相关，适合符合学生年龄和心理特点的教学。通过项目式教学，抽象的地理知识被置于真实情境中，使得这些知识与学生的生活紧密结合。

（二）课堂教学与课外实践相结合

项目式教学法与传统的教育模式在教学场地的选择上存在显著差异。传统教学主要在教室内通过讲解、感悟和讨论等方式进行，而项目式教学打破了这一局限，将学习活动扩展到教室之外。这种教学方法既包括在教室内的学习，又大量涉及课外学习，尤其社会实践活动，将学习环境从封闭的教室转移到开放的自然和社会环境中。通过这种方式，学生可以直接观察和体验地理知识，例如，在学习月相变化时，项目式教学鼓励学生在适当的条件下，亲自观察月相的变化，比起在教室里通过模型图和视频学习，这种亲身经历更加生动和实在。通过实地观察和探究，学生不仅能够更加深刻地理解月相变化的原理，还能增强自身地理实践力和区域认知。

在课堂内容的安排上，项目式教学同样与传统教育模式有所不同。在项目式教学中，课堂时间被用来展示学生的探究成果和结论，讨论探究过程中遇到的问题，这些问题既可能涉及课程知识体系内的内容，也可能是在探究活动中拓展出的新知识点。与传统教学相比，项目式教学更加注重在保持教学效率的同时，让学生掌握课本以外的知识。

（三）教师授课与自主学习相结合，模块学习与分散教学相结合

地理项目式教学强调学生在开始探究之前对相关课程的基础知识有所了解，这有助于降低项目探究的难度。在理想情况下，可以通过集中授课方式为学生介绍与项目相关的知识，为学生提供项目内容的概览。

但是，鉴于高中课程的广泛性和紧密的课程安排，从已有的课时中划拨时间进行项目前的铺垫显得尤为困难，所以，仅依赖传统的集中授课方式进行项目式教学既不切实际，也不符合项目式教学的本质，这要求教师和学生采取集中授课与自主学习相结合的方法进行。在这种教学模式下，学生的自主学习变得尤为重要。学生需要利用课外时间，依托学校提供的项目预习材料，对项目相关的基础知识进行预学，这既可以是个人学习，也可以是小组合作学习的形式。通过这样的准备，学生既可以熟悉相关的课程知识，掌握项目的基本方向，又可以整理出学习过程中遇到的问题和难点，为后续的集中授课效率和小组合作打下基础。

采用分散教学法将项目相关知识渗透其他课程的教学中也是一种有效的教学策略。例如，在开展"振兴 ×× 地区茶产业——区域农业可持续发展"项目时，可以将气候、地形等相关知识穿插在其他学科的学习中。学生在学习气候课程时，可以提前接触本地的气候特征，或者在学习地理时了解地形对产业发展的影响。这样的教学方法能够让学生在日常学习中积累对项目有用的知识，为项目式学习提供坚实的知识基础。

通过结合集中授课和学生的自主学习，以及在不同学科中穿插项目相关知识的分散教学，这种多元化的教学方法既增加了教学的灵活性，也为学生在探究项目前对背景知识的理解提供了保障，有效地为项目探究的顺利进行铺平了道路，消除了学生在知识掌握上的障碍，为地理项目式教学的成功实施奠定了基础。

（四）全员参与项目与小组探究共存

地理项目式教学的核心目标在于让每位学生通过参与项目探究活动，培养批判性思维能力，丰富地理知识，并提升对地理学科的核心理解和应用能力。根据《普通高中地理课程标准（2017 年版 2020 年修订）》的指导，地理教学应鼓励学生通过自主、合作及探究式学习，在接触自然、社会和日常生活真实案例的过程中，进行一系列地理实践活动。为此，地理课堂将学生分组进行深入探究，通过教师的精心指导，保障每位学生的积极参与和收获。在教学的每一个环节中，学生都将全面参与，包括分享他们的研究成果、讨论在探究过程中遇到的问题，并从小组工作中学习到知识，确保整个班级成员能够达到良好的学习效果。

为了适应不同学生的学习需求和发展水平，地理项目式教学创设了两种不同类型的探究小组：基础型探究小组与深入型探究小组。其中，基础型探究小组主要面向那些刚开始接触项目探究或对地理学习有初步兴趣的学生，这种小组的形成与项目的启动密切相关，项目结束则意味着小组的解散。这类小组侧重让学生通过参与具体项目，如"大气污染及其防治——春节烟花爆竹影响研究"，掌握与项目直接相关的地理知识，提升地理实践力。在此过程中，学生将执行如空气质量测量等实践活动，通过数据收集和分析，探讨不同因素对空气质量的影响，最终形成结论并完成项目探究。

相较之下，深入型探究小组则针对那些具有较强学习兴趣和能力的学生，旨在对选定的地理项目进行更为深入和持久的研究。这种小组的工作范围更广、研究深度更深，能够使学生在地理知识的学习、区域认知以及实践技能上获得更全面的提升。以大气污染防治项目为例，深入型小组会扩展研究的时间和内容，既可以分析春节期间大气污染的变化，又能考察长期趋势以及其他潜在因素（如秸秆焚烧、汽车排放）对空气质量的影响。

四、项目式教学模式在高中地理教学中的操作流程

项目式教学模式在高中地理教学中的操作流程如图 3–8 所示。

设计评价方案，
诊断素养水平

⑥

设计活动任务，
实施科学探究

⑤

根据项目主题，
选择项目素材

②　　　④

设计学习支架，
提供实施保障

③

①

梳理项目内容，
进行问题拆解

分析教学内容，
确定项目主题

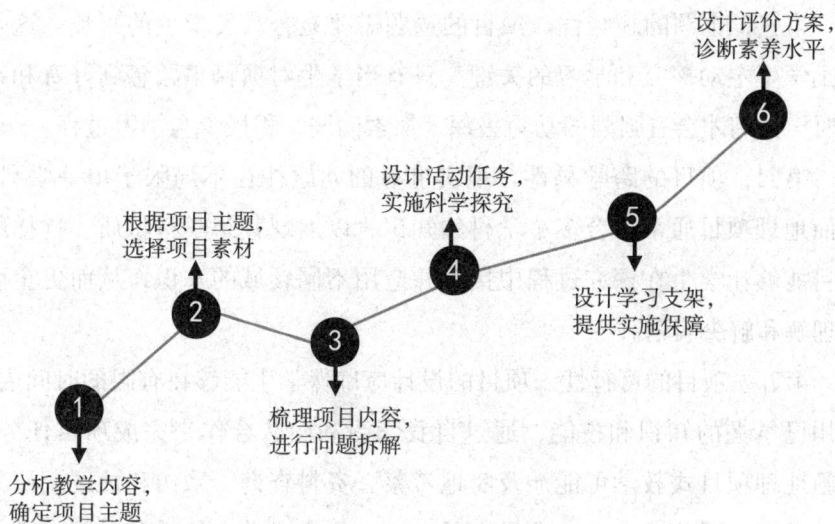

图 3-8　项目式教学模式在高中地理教学中的操作流程

（一）分析教学内容，确定项目主题

选择合适的地理项目主题对于实施项目式教学至关重要，这一过程需基于地理课程标准进行精准的教学内容分析。精心挑选的地理项目不仅应具有开放性，还要富含趣味性，并且必须考虑学生的认知水平与兴趣点。在设计高中地理项目主题时，应遵循以下原则：

第一，项目的目标性。项目主题的设定必须清晰地反映教学目标，这要求教师首先深入理解地理课程标准，确保选取的项目内容能够反映地理学科的核心知识和原则。项目主题应避免仅聚焦表层的名词解释、数据记忆或事实罗列，而是应通过地理课程标准中的核心概念和原理，细化为具体的学习点，确立教学的具体目标。

第二，项目的真实性。地理学科与学生的现实生活密切相关，因此项目主题的选取必须基于现实生活的实际情境，以确保学生能够在日常生活中直接观察和感受地理现象。通过处理贴近生活的地理问题，学生可以在解决问题的过程中增强实际操作能力和解决问题的技巧。

第三，主题的趣味性。项目的选题需要充分激发学生的兴趣，这是激励学生主动探究和学习的关键。只有当学生对项目主题感到好奇和兴奋时，他们才会有强烈的动力去深入探索问题，积极参与学习过程。

第四，项目的跨学科性。现实世界的问题往往不局限于单一学科，因而地理项目通常融合多个学科的知识，以展现其跨学科特质。这样的项目能够让学生在探究过程中接触并应用不同领域的知识，从而更全面地理解和解决问题。

第五，项目的可行性。项目的设计应确保学生能够在有限的时间内，利用已掌握的知识和技能，通过自我学习和团队合作来完成项目任务。实施地理项目式教学可能涉及实地考察、资料查询、采访和社区调研等多种活动。因此，在选定项目主题时，必须考虑学生的学习时间、学校的课时分配、教师的经验以及控制教学过程的能力。理想的地理项目应尽可能在学校附近或学生的生活环境中进行，以优化时间管理并确保学生安全。

明确项目主题不仅是启动项目式教学的首要步骤，也是为学习活动指明方向的重要环节。一旦项目主题确定，教师可以根据实际需要，将大的项目主题细化为更具体的子项目，不仅能够帮助学生更好地理解项目内容，也便于他们进行后续的规划和实施。

（二）根据项目主题，选择项目素材

1.挖掘地理教材素材

在地理项目式教学中，充分利用教材中的资源是构建项目的基础。尽管教材通常通过阅读材料和活动的形式简要介绍相关内容，但通过对这些内容的深入分析和重新组织，教师可以挖掘出极具价值的教学素材。

2.甄选日常生活素材

地理项目式教学注重实际应用，通过将生活中的地理现象作为教学案例，既能够加深学生对地理知识的理解和应用能力，又能够使学生认识到地理学习在生活中的实际价值，增强用地理知识分析和解决现实问题的能力。

3. 提取乡土地理素材

乡土地理具有生活性、实践性、开放性和综合性的特点，非常适合作为项目式教学的内容。通过乡土地理的教学，学生不仅能够提升自己的实践操作能力和问题解决技巧，还能够加深对家乡的了解和爱护，培养对可持续发展的认识和责任感。

4. 改编高考真题素材

高考地理试题以其独有的学科视角和明显的特色，广泛选取材料，成功地将课本知识与现实生活相结合。这些试题不仅可以促使学生在理性思考与人文情感间碰撞思维火花，还能鼓励他们通过地理学的视角去观察和理解周遭世界，深入反思人与自然的深层次联系。

（三）梳理项目内容，进行问题拆解

1. 层层递进拆解框架问题

为了确保学生在探究过程中逐步深入理解和应用地理知识，问题可以分为三个层次：内容问题、驱动问题以及核心问题，每个层次针对的焦点和目的有所不同。

内容问题关注构建学生的知识基础和基本技能，这类问题直接源自课程的学习目标，聚焦具体的事实性知识和技能的掌握，是学生思维能力发展的起点。内容问题的设置旨在确保学生能够获得必要的事实信息和技能训练，作为进一步探究的基础。

驱动问题作为地理项目式教学的核心，引导学生主动投入项目探究中。这种问题通过直接关联地理学的实际应用场景，激发学生的学习热情，引领他们朝向明确的项目目标前进。设计良好的驱动问题不仅能够吸引学生的兴趣，还能够促使他们应用并扩展在内容问题阶段获得的知识和技能，进行信息的收集与分析，进而深化对问题的理解。

核心问题是所有问题中最具有开放性和挑战性的，它指向地理学科的核心概念和关键议题。核心问题在驱动问题的基础上拓展，要求学生既要解决具体的项目任务，更要理解和掌握跨越具体实例的学科核心思想和原理，为他们的长期学习和发展奠定基础。核心问题与驱动问题之间存在着层次上的联系和递进关系，前者为后者提供更深层次的探究方向和学科内涵。

2. 基于学情进行拆解

对项目进行拆解时，必须深入分析学生的学习情况，包括他们的知识背景、兴趣点以及已有的技能水平。通过这种基于学情的拆解，教师能够更准确地定位每个学生或学生小组可以参与项目的起点，确保项目内容既不超出学生的理解范围，也能充分挑战他们，促进他们的成长。

在拆解过程中，教师应将复杂的项目任务分解为更小、更具体的子任务，这样学生在面对整个项目时不会感到力不从心。例如，在一个涉及气候变化影响的地理项目中，可以将项目拆分为研究特定地区气候数据的收集、分析气候变化对该地区自然环境和人类活动的影响等较小的任务单元。每个子任务都应紧密连接学生的实际学习水平和兴趣，同时促进他们对地理知识的深入理解和应用。

（四）设计活动任务，实施科学探究

一旦确定了地理项目主题，每个小组需就选定的项目进行深入的交流和讨论，以制订出具体的执行计划。在这一过程中，任务的明确分配对于确保每位成员能根据自己的特长贡献力量至关重要。因此，制订一个详尽的学习任务计划对于地理项目式学习的有序进行是必不可少的。

在地理项目式教学中，合作探索不仅是关键步骤，有助于学生掌握必要的地理知识和技巧，而且是整个教学活动的中心。这种合作探索主要以两种形式展开：一是小组成员可能需要亲赴现场进行实地考察，比如访问博物馆、图书馆或进行现场调查和样本采集；二是小组成员可以选择在线进行研究，利用互联网资源，通过访问各种数据库和资源库，收集与项目相关的信息，加工数据，并确定解决方案。这两种探索方式都能使学生直接参与地理知识的实践探究，提高解决问题的能力。

在此过程中，教师的角色是监督和引导，确保学生探究活动的顺利进行。教师需要密切关注学生的学习进展，并在必要时提供指导和帮助，解决他们在探究过程中遇到的难题，鼓励学生拓宽思路，个性化展示自己的学习成果。

（五）设计学习支架，提供实施保障

1.合理组建学习共同体

在我国高中阶段，面对大班额教学的挑战，特别是在学生之间能力差异明显的情况下，构建有效的学习共同体成为实施项目式教学的关键。学习共同体基于共同目标的完成，鼓励学生在学习过程中通过沟通、交流和共享资源来相互促进、相互影响，形成一种积极的学习氛围，这种学习模式强调学生的主动参与和教师的引导作用，旨在帮助学生深入理解学习内容。为了适应学生多样化的学习需求，地理项目式教学中的学习共同体需要灵活多样地组织，这些共同体按照不同的需求和特点，可以分为同质小组和异质小组两大类。其中，同质小组由兴趣相投的学生组成，他们共同学习和进步；而异质小组根据学生的学习成绩、性格、能力等差异进行编组，以促进学生之间的相互学习和帮助。

在项目学习的初期，教师通常会采用问卷调查或讨论的方式对学生的学习情况进行评估，遵循"组内差异性，组间均衡性"的原则来组织学习小组，这种方法有利于提高项目学习的效率。对于简单或易于完成的项目，教师可以选择创建同质小组，以鼓励学生在相似的兴趣或能力水平上共同进步。

2.培养学生主动学习习惯

教师应将更多自主权交给学生。传统的学习模式往往导致学生对教师形成过度依赖，这种依赖心态会阻碍地理项目式教学的有效开展。项目式教学的精髓在于激发学生的主动性，若学生持续保持被动态度，则此教学方法的核心价值便会大打折扣。

学生主动学习的习惯培养与教师的教学策略紧密相关。为了促使学

生从被动接受信息转向主动获取知识，教师需在日常教学中加强与学生的沟通，建立一种基于相互尊重的师生关系，尊重每位学生的个性和差异，并采用有效的教学策略来激发学生的学习动力。此外，教师还应该根据学生不同的能力水平，采取差异化的评价方法，通过肯定学生的努力而非仅仅关注结果的对错来增强学生的自信，并逐步培养其主动学习的能力。同时，教师应指导学生掌握有效的学习技巧，如问卷设计、访谈技巧、撰写论文等，鼓励学生尝试新的学习方法并勇于质疑，以转变学生的学习习惯。

3. 灵活安排项目学习时间

地理项目式教学往往需要较长的时间跨度，这对教学安排提出了挑战，尤其在面对紧迫的时间安排和高考压力的背景下。因此，教师需在地理项目和常规课程之间找到平衡，确保两者的顺利进行而不相互干扰。合理规划地理项目式教学的时间安排变得尤为关键，需要避免与其他学科学习的时间冲突，并为不可预见的情况预留足够的时间缓冲。在具体实施中，教师应充分利用课内外的时间资源，明确区分哪些活动可以安排在课后或假期进行、哪些内容需要在课堂内进行交流和展示。这样的安排既能保障项目学习的连续性，避免因时间间隔过长而导致学生热情减退，又能确保学生在地理项目学习中保持高度的参与度和积极性。

4. 明确自身管理者角色

作为项目的核心指导者，教师需要在不同阶段承担相应责任，以确保教学活动的有效进行。教师的角色变化涵盖了项目的组织者、引导者和监督者等多方面。具体到教学实践中，意味着教师既要在项目启动时明确目标，随着项目的深入，又需不断强化这些目标，确保学生能够聚焦学习的核心。

具体而言，教师在项目启动阶段要明确选择与课程标准相匹配的主题，制订出符合学生能力水平的详细计划。在项目进行阶段，教师需指导学生根据计划执行学习任务，并提供必要的学习资源。在进行实地调研等活动时，教师还需对学生的行为进行有效监督，确保学生即使在无人监管的环境下也能自主学习。教师应定期检查学生的进展情况，及时提供指导和帮助，确保学生团队沿着正确的方向前进。为了增强学生的目标导向性，教师可以利用驱动问题来维持学生的参与热情。通过定期组织学生会议，教师可以让学生分享各自的项目进展，从而促进学生之间的互动和学习。在项目的最终阶段，教师指导学生完成项目成果展示，为学生提供展示的平台，并邀请观摩者参与，以增加学生的成就感。最后，在评价和反思环节，教师应对学生的表现进行评价，并鼓励学生进行自我评价和互评，以反思学习过程和成果。

5. 重视作品公开交流

学生创作的项目作品是此教学方法与传统教学方式显著不同的标志之一。通过团队合作，学生将探究过程中获得的信息和资源整合，制作出具体作品，这些作品形式多样，包括但不限于思维导图、研究报告、实物模型、宣传册、视频、PPT 演示、角色扮演或戏剧演出等。创作和展示这些作品能锻炼学生的表达、组织和协调等综合能力，而且对于提高学生的地理综合素养极为有益。

在公开交流阶段，除了学生外，还应邀请其他相关人群参与，为学生作品提供反馈，包括意见和建议。这样的交流不仅能够增加作品的社会影响力，也是衡量地理项目式教学成效的重要标准，即通过学生的思维提升和作品能否有效解决项目中的驱动问题来评判。对于物化作品的实用性和其在现实生活中的应用价值，由作品的观众群体和决策者来评估和决定。教师应积极创造机会，邀请作品的目标受众和相关决策人参与作品的展示和交流活动。

（六）设计评价方案，诊断素养水平

此教学模式提倡评价方式的多样化，重视对学习成果和过程的全面评价。具体而言，表现性评价成为评价体系中的核心部分，涵盖了对学生项目作品、项目从启动到成果呈现的全程实施以及学生在项目中的个人表现如人际交往能力、团队合作精神及解决问题能力的综合评估。由于地理实践活动本质上是实际操作、动态发展且具有体验性质的，因此教学评价不应只侧重最终的学习成果，而是应更多地关注学习过程的观察与记录。为了使评价更加目标导向和透明，项目式教学中采用"评价前置"策略，即在项目开始前向学生明确展示评价规则和标准，帮助学生明确学习目标，指引他们沿着清晰的路径推进项目，从而达成预定目标。

1.项目评价目标

在地理项目式教学中，评价目标贯穿整个项目的各个阶段，包括项目启动前对学生需求和能力的评估、项目进行中的进度监控与激励以及项目完成后作品及其展示的质量评价和对项目本身的深度反思。在项目启动阶段，教师需评估学生对项目主题的知识背景、态度、兴趣以及对关键问题的理解，以便精准设计项目活动。在项目进行中，通过评价能有效监督项目的执行情况，确保学习活动按照既定目标推进，帮助学生及时调整学习策略。在项目完成后，通过对学生最终产出和展示的评价，教师不仅能判断学生是否实现了学习目标，还能指导学生为将来的项目学习制订更加明确的计划。

2.评价方法与评价工具

评价方法包括问卷调查、观察、面对面交谈，以及学生维护的学习日志等，这些方式有助于全面收集学生在项目学习过程中的相关数据，对其学习过程进行全面评估。为确保评价的可靠性与有效性，教师往往结合多种评价手段，鼓励学生积极参与项目评价，不仅提高学生的学习积极性，也使评价过程本身成为教学的一部分。项目评价活动，如填写问卷、参与讨论、制作思维导图或撰写学习日志等，被融入项目学习的每一个环节，使评价成为项目学习的有机组成部分。选用合适的评价工具是实施有效评价的前提，其中包括检查表、提示问题或评价尺度等。教师可利用检查表对学生的具体行为进行评估，而学生也可以使用它进行自我评价和互评。例如，通过回答特定的提示问题（如"你在今天的团队学习中学到了什么？"），学生的反馈有助于教师监控学习进程和理解程度。项目式学习中常用的评价尺度多样，包括创造性评价、合作技能评价和成果展示评价等，这些尺度应用于整个教学过程，为学生提供了多角度的反馈和成长空间。

3. 制定项目评价方案

项目评价方案是项目式教学中不可或缺的一部分，它涵盖了项目评价的时间规划和具体的评价细节。初始步骤涉及制定项目评价的时间安排，旨在明确项目开始、进行和结束各阶段的主要评价焦点。这样的时间规划对于教师和学生来说极其重要，因为它提供了一个清晰的框架，确保评价活动的有序开展。通过设定评价时间线，教师和学生能够清楚地了解评价计划和目标，使评价过程更加透明和易于管理。

继时间线规划之后，项目评价方案需要进一步细化，即制订具体的项目评价计划。这个计划详细说明了在评价时间线各个阶段的关键评价点如何操作，以及各种评价目标的具体内容。这一阶段的工作是对评价时间线的深化和具体化，目的是确保评价活动能够针对性地检测项目进展，为项目提供实时的反馈和调整依据。

第六节　层级互动式教学模式在高中地理课堂教学中的应用

一、层级互动式教学模式的概念

层级互动式教学模式在教学设计上采用分层策略，以适应不同学生的学习需求，提升学习效率。教师首先依据课程标准和学生的实际学习状况，通过教师之间的沟通（师师互动）来界定学习任务，接着，考虑到班级学生的具体情况，教师将学生分组以促进有效的互动学习，核心环节为学生之间的交互（生生互动），包括同一层级的内部互动和不同层级之间的互动，旨在通过小组合作促进学习。每次互动后，学生都有机会展示自己的学习成果。课程的最后阶段通过教师与学生的互动（师生互动）来解答疑难点，对知识点进行整合和系统化，确保学生能够充分掌握课程内容。

此教学模式的分层主要有三个维度：互动分层、学生分层和问题分层。其中，互动分层指的是教师与教师之间、学生与学生之间以及教师与学生之间的交互方式；学生分层依据学生的成绩和综合能力将学生划分为不同的学习层次，如基础层、提高层和拓展层；问题分层则是教师在备课时，根据学生的学习情况和认知水平，对学习材料和问题进行分层处理，以适应不同学习需求。

层级互动式教学模式涉及三个主要阶段，分别为准备、互动和考核评价阶段。在准备阶段，教师的任务是确定教学目标和内容，同时引导学生建立互动学习的小组环境。学生需根据教师的分组安排，组成学习小组，并在小组内部培养合作氛围，加强组员间的相互依赖和支持。在层级互动阶段，互动活动呈现分层进行的特点。首先进行的是教师间的互动，即通过集体备课来完善教学计划和准备导学材料。接着，学生通过预习新知识并独立完成导学任务，启动生生互动，包括小组内部讨论及跨小组之间的交流；在这一过程中，教师扮演着课堂引导和支持的角色，确保学习活动的顺利进行。最后是考核评价阶段，教师通过在课堂上进行练习题目来掌握学生对课堂知识的理解和掌握程度。学生在课后既需要完成作业，又需要编写学习报告，而教师负责批改这些报告。评价总结环节则涵盖学生的自我评价、小组内的相互评价以及教师对学生学习成果的总体评价，这一阶段旨在全面反馈学生的学习效果，为今后的学习提供方向和改进建议。

二、层级互动式教学模式的基本特征

（一）整体性

课堂教育被视为一项综合性工作，其过程融合不同元素，依照特定顺序形成一个协调一致的教学体系。这不仅体现了一个完善的架构，也展现了一套周全的教学流程，这些都是以教育理念为根基，通过各种教育活动的有序安排而实现的。特别是在层级互动的教学模式中，这种整体性的需求尤为显著。在整个课程的教学过程中，教师需要运用整体性的思维来指导"分层次"的教学和学生之间的"互动"，确保教育理念贯穿教学活动的每一个阶段。

（二）自主性

作为课堂的主导者、互动的促进者以及教学探究的先行者，教师扮演着多重角色。他们的任务不只是点燃学生对已有知识的好奇心，更重要的是指导他们如何将所学应用于新知的发现。为此，教师需巧妙设计教学活动，通过构建神秘感、营造情境、提出问题以及鼓励互动讨论，从而有效激发学生的自我学习动力。在激发学生探索欲的同时，还需在课堂设计上紧密结合学生的个性化需求，采用个性化的教学策略，并在实际教学过程中根据情况灵活调整，采用多样化的层级与互动教学法。

（三）主体性

在教学互动的舞台上，学生扮演着核心角色，学习过程应以他们为中心而展开。教师的角色转变为激发者和指导者，旨在唤醒学生的学习激情，促使他们积极加入讨论和独立思考，确保他们在课堂上的主导地位。通过精心设计的课程，教师需将教学内容与学生的需求紧密相连，以激发他们的思考和探索精神为目标，并重视对学习方法的引导，帮助学生从被动接受知识转变为主动探索。培养良好的学习习惯不仅强化了学生的主体性，还在层级互动的教学中显示出教与学的双向活动，进一步促成了一种教师引导、学生主动参与的健康教学环境。

（四）创造性

教师在课堂上应当先行管理好自身的情感表达，与学生建立平等的沟通关系，尽量站在学生的立场上理解问题，以此确保学生感受到自己的价值被重视。在这样一个和谐且平等的课堂氛围中，教师与学生之间的情感联系将日益加深，自然而然培育出学生对教师的敬爱、对学习内容的信任以及对学习过程的享受。教师需要持续优化教学策略，主要侧重引导学生掌握学习方法，鼓励他们主动获取知识并独立思考，进而培养出探索和创新性解决问题的能力，为学生奠定创新思维的基础。最终，基于对自学的鼓励和通过设立分层互动的教学环境，学生的创新潜力得以充分展现和发展。

三、层级互动式教学模式在高中地理教学中的实施流程

（一）做好课前准备

教师需要明确本课的学习目标和具体内容，这一步是制订课堂活动计划的基础。基于教学目标，教师将挑选出章节中适合进行互动学习的

关键知识点，并准备相应的教学和辅助材料，包括书本、辅导资料以及互联网资源，并提前向学生明确将要讨论的主题和问题。为了最大化课堂学习的效率，学生被要求在课前完成预习，包括对当堂课的核心问题有一个初步的认识，并在教师的引导下识别关键难点和疑问，预先做好标记，以便在课堂上讨论。此外，教师还需进行细致的教学设计，这是实施层级互动教学法的关键环节，涵盖了课程计划、学习活动设计、作业布置及课堂互动策略的制定等。

（二）任务安排

在制定了预习任务之后，教师的下一步工作是精心组织学生进入小组学习，以确保每个章节的学习目标得以实现。这要求教师全面了解本学期的教学大纲和具体目标，深入分析学生的学习背景和能力差异，以便科学地决定小组的组成数量和每个小组的成员人数。通过巧妙地根据学生的学业水平和能力将其分组，每个小组内部能力能够实现互补，并保持各小组间的整体实力大致平衡。完成这些步骤后，教师就可以向各小组明确分配教学任务。

（三）课堂互动

在小组内的互动环节中，所有成员积极参与探讨课程中提出的问题，通过集体努力寻找答案，并在此过程中相互学习，共同达成对课程内容的理解，尤其对学习成绩不佳的学生给予额外支持，帮助他们掌握知识点。此外，小组互动的时间应恰到好处，避免过长或过短，以免影响效率。教师在互动中应适时巡视并给予指导，确保课堂秩序，通过多样化的方式为学生提供帮助。通过小组之间的互动，可以解决大家共有的疑难，而师生之间的互动有助于解决更广泛、系统性的问题。

（四）成果展示

互动学习阶段结束后，教师可策略性地从各小组中选取不同层次的学生进行课堂展示，特别鼓励成绩中等或较弱的学生参与，以此加强他们语言表述、逻辑思维和创新思维的能力。在展示过程中，成绩优秀的学生有机会提出新观点，而中等生能通过思考补充任何遗漏的部分。随后，教师将对讨论内容进行总结，强调并澄清课程中的疑点、关键点和容易混淆的概念，并将其明确展示于黑板上，帮助学生更好地理解和记忆。

（五）课堂评估

此环节旨在反映学生经过努力后所取得的学习成果，通过评估学生在课内外的整体表现来激励其学习进步。评估方式涵盖了教师与学生之间的相互评价、学生之间的互评以及学生对自己的自评，这些方式使学生成为评价过程的中心。自我评价部分需要教师引导学生围绕自己的知识技能掌握状况、课堂参与程度、是否能提出新见解或问题等方面进行深入反思，以便发现并弥补不足。在评估过程中，教师与学生平等交流，相互认可教学成就，同时指出并改进存在的问题。

四、层级互动式教学模式在高中地理教学中的应用策略

（一）教师科学合理地设置课堂问题

教师精心设计的问题不仅是课堂讨论的起点，也是推动学生深入思考的关键。成功的层级互动在很大程度上依赖教师如何巧妙地设置问题，这些问题需要根据教材内容、教学现实以及学生的个性特征，由浅入深逐步展开，旨在激发学生的思考。问题的设计要求分层次，逐渐加深，保证难度的递增，以避免课堂互动沦为形式或因难度过大而阻碍学生的参与积极性。

有效的问题设计既要与学生已有的知识框架建立连接，增加趣味性，又要有实践意义，确保学生能在解决问题的过程中感受到学习的实用价值。通过设置一系列问题，如基础概念的确认、知识的应用，再到探究型问题，教师引导学生从易到难，逐步深入探讨，形成一条难度逐级升高的问题链。在这一过程中，问题来源可以多样，包括教师预设的问题、学生提出的疑问，以及课堂互动中即兴产生的问题，旨在满足学生认知

发展的需求，同时不超出他们的知识理解范畴。

以《水资源的合理利用》为例，教师可以设计从简到难的问题链条，起始于水资源的基本概念，通过对水资源分布的探讨，逐步引导学生理解水资源量的衡量指标，利用图表分析我国及全球水资源的分布特征，深化到水资源对人类社会的影响与意义，最终探讨合理利用水资源的策略。这样的问题设置旨在初步由教材提供的信息触发学生的好奇心，然后通过更深入的讨论和互动，引导学生逐步揭示问题的多层面性和复杂性，激发他们解决实际问题的能力和创新思维。

（二）合理安排教学任务和时间，加强课堂组织管理

1. 制定课堂纪律，强化课堂管理能力

在层级互动式教学模式下，课堂管理采取与传统方法不同的策略，重点在于促进积极的发言和交流，并保持学生的高参与度。虽然课堂自由度较高，但讨论并非毫无约束，以避免缺乏组织和领导导致的混乱。为此，教师需在课下与学生进行有效沟通，并在讨论中进行观察、监督和参与，确保讨论的质量。为防止讨论偏离主题或纪律松散，课堂上应建立一套明确的规则，清晰界定可接受和不可接受的行为，避免学生间出现认真与懒散的分化。具体措施包括以下几点：①指定小组长负责分配任务，确保每个成员都有明确的责任和任务；②设立记录员对学生的纪律表现进行评分，实行明确的奖惩制度；③教师应及时对违反纪律的学生进行批评和纠正，鼓励所有学生积极投入互动讨论。

2. 合理做好任务安排，选择恰当的互动时机

教师在课前精心规划课堂活动，合理分配讨论和互动的时间。以40分钟的地理课程为例，前20分钟可用于开展互动讨论，利用学生课前完成的预习内容作为讨论基础；后20分钟则用于展示学习成果和教师的总结反馈，确保课堂内容的完整性和系统性。此外，教师还需准备好所需的教学材料和工具，以支持高效的课堂运行。

层级互动式教学既要求教师有前瞻性的规划能力，还需具备在不同

课堂类型（如新授课、练习课、复习课）中灵活调整互动时间的能力，强化教师的应变能力是此模式下的一个重要需求。教师在设计预习任务时，应详细说明每个小组需掌握的知识点，明确各小组成员的责任。

（三）任务开展增加互动环节，合理编排小组

1. 教师着重问题展示

每节地理课的新内容通常与之前学习的知识或者日常生活中观察到的地理现象紧密相连。通过回顾旧知识，教师引领学生在复习中发现新知识的线索。接着，通过探索式教学，引导学生挖掘新旧知识间的深层次联系，辅助他们通过比较和总结，理解新课内容的核心知识点。课程的这一阶段以教师事先准备好的一系列问题为核心，逐一向学生展开，旨在通过问题的层层递进，引导学生深入思考，促进学习的深度和广度。

2. 合理编排互动小组

有效的小组划分和合作学习策略的核心在于将学生个体间的直接竞争转变为小组内的合作与小组间的健康竞争。在此模式中，教师利用学生的参与和讨论，使其在问题解决过程中感受到成就感。

（1）小组的构成与角色分配

在小组构成过程中，教师联合班级管理团队，考虑到学生的学业基础、能力层次及性格特点进行小组分配，确保组内成员能够互补，同时保持各组间的整体实力大致相等。每个小组设置为六人，这一人数既能保证互动的密切，又避免了过多成员导致的沟通效率下降。在小组内部，成员角色分配明确，包括小组长、记分员、记录员以及讲解员等，各司其职，共同推进小组任务的完成。特别是，小组长作为协调者，需具备较强的组织与交流能力，负责指导小组内部的学习活动和成员间的有效沟通。同时，通过角色轮换，确保每位成员均有机会发挥其特长，并从不同角色中学习与成长。

（2）任务的分配与执行

依据教学内容的难度和特点，教师将任务层次化地分配给小组成员，包括资料收集、信息整理及问题发言等，确保每个成员都能参与学习过程。通过这种方式，既增加了学生的参与感和责任感，也促进了学生在合作中的主动学习和相互帮助。

（四）教师积极参与课堂，提升教师职业能力与素养

1. 教师积极参与课堂互动，及时指导

为了维持课堂互动的有效性，教师需在课堂上穿梭于各个小组之间，密切观察学生的讨论动态，及时为他们提供必要的支持和指导，包括解答学生的疑问、纠正错误观念，以及收集和评估来自不同能力层次学生的反馈。教师应特别关注那些学习成绩中等及以下学生的参与情况，确保每位学生都能在小组讨论中发挥作用，感受到被重视和被尊重。面对小组成员间的观点不统一或发生争执的情况，教师应及时介入，有效地调解分歧，引导学生学会如何理性讨论和尊重不同的意见。

2. 教师转变教学观念，提升教学能力

教师应秉持人本教学的观念，致力于激发学生的全面成长。相较于传统教学方法，层级互动式教学模式对教师的专业能力和综合素质提出了更高要求。因此，教师必须持续地进行自我提升，通过参加学校组织的培训、利用网络资源等多种方式来丰富和更新自己的专业知识。定期参与课题研究不仅有助于提高教学技能，还能增强教师的沟通、课堂管理和任务分配等多方面能力。随着时代的进步，教师需要不断地提升自我，以跟上时代的步伐。对于地理教师而言，除深厚的学科基础知识外，还应扩展对相关自然和社会科学知识的理解和掌握，以此来拓宽学科视野，促进学生的全方位发展。

（五）学生课堂积极发言，增强学习地理意志

层级互动式教学模式致力于促进学生在课堂上的主动参与和交流，将学生的预习效果及课堂提问直接纳入评分体系，旨在鼓励学生打破沟通壁垒，活跃课堂氛围，增加他们对地理学习的热情和坚持学习的意志。教师的角色是激发者和引导者，通过鼓励学生深入思考、联系实际生活经验与理论知识，使知识点更加生动有趣，进一步激发学生的学习兴趣。在课堂讨论中，教师应保持克制，避免不必要的干预，为学生提供充足的发言和思考空间，确保学生有充分的机会表达自己的观点和锻炼思维。学生作为课堂学习的中心，应主动担负起自己的学习责任，转变学习态度，从被动接受知识转变为主动探索和享受地理学习。

（六）适应层级互动模式，学生做好课前预习

教师通过提前布置讨论问题，激励学生进行深入的课前准备，这一策略不仅使得学生对即将学习的新知识有所预期，而且增强了他们听课的目标意识。利用导学案作为预习指南，学生可以系统地针对课堂中将要讨论的核心问题进行准备，进而在节约课堂时间和提升效率方面发挥关键作用。这一任务通常由班级代表负责传达。

预习阶段，学生的首要任务是认真阅读教材，标注关键点和难点问题，确保对教材内容有充分的了解并准备好参与课堂讨论。教材作为学习的基础，通过在教材上做标记，学生可以有效地为后续的讨论做准备。随着高考改革和教学要求的提高，学生还需要积极收集与即将学习的地理主题相关的其他资料，如地理图片和视频等，以丰富课堂讨论的内容。以《洋流》为例，学生通过课本案例了解到不同洋流如何影响地理环境的特征，如大西洋两岸的景观差异、北海道渔场的生物多样性，以及撒哈拉沙漠的地理特征等。为了弥补直观理解的不足，学生在预习阶段收集相关的图像资料有助于课堂讨论时更生动地呈现这些环境特征，促进学生对影响因素的深入思考与分析。

第四章　高中地理课堂多元化教学方法的应用

第一节　微课在高中地理课堂教学中的应用

一、微课的概念

微课是一种以视频形式为核心的教学方法，通过细致的设计聚焦特定的知识点或教学单元，实现了教与学的完整流程。这种教学模式超越了传统课堂教学活动的视频记录，融合了针对特定教学主题的设计、课件、反思记录、练习题目、学生反馈以及教师的评价等多种教学资源。这些元素按照特定的逻辑结构组织，共同构成了一个以主题为中心的、半开放式的学习小环境，为学习者提供了一种全面而丰富的学习体验。

二、微课的类型

（一）按照教学方法分类

1.讲授型微课

讲授型微课主要针对学科中的核心内容、学习难点以及考试重点进行深入讲解。在这类微课中，教师通过直接讲述概念定义、阐释原理及总结学习规律等方式，帮助学生掌握学科知识。这种微课类型是目前中小学阶段教师较为频繁采用的一种形式，因其直接性和高效性而受到教师们的青睐。

2. 讨论型微课

讨论型微课以探讨一个中心话题为核心，通过这一问题激发一连串深入的讨论。这样的微课设计旨在抓住学生的学习兴趣点，通过问题驱动的方式，引导学生在教师的引领下积极思考和探索。优秀的讨论型微课应该能够围绕一条主线贯穿始终，确保讨论内容既是学生感兴趣的，又是他们需要深入学习的问题，使学生感觉仿佛教师就在他们身旁与其一同探讨学习。

3. 演示型微课

演示型微课满足了实验教学的特定需求。在这种微课中，教师通过实际操作展示实验过程，旨在帮助学生观察、理解自然现象及其背后的科学原理和自然规律。通过精心设计的实验演示，学生能够直观地见证理论知识与实践操作的结合，深化对科学概念的理解和认知。

4. 习题型微课

习题型微课侧重通过精选的典型题目进行详细讲解，目的在于明晰解题策略和方法，助力学生克服学习过程中遇到的具体难题。这类微课因其紧扣特定知识点和解题技巧的特性，成为中小学教师频繁采用的微课形式之一。它不仅归纳总结了各类题型，还将文字描述的问题转换为图形或视频内容，使得解题步骤变得更加生动易懂。特别是在面对教学资源有限和课时紧张的情况下，习题型微课为教师提供了一个高效的教学解决方案，使学生能够在课后通过观看视频来巩固和提升自己的解题能力。

5. 活动型微课

活动型微课是在实际操作或实践活动中进行的录制，旨在通过实地活动的记录，为不能直接参与的学生提供学习和体验的机会。这种微课类型特别适合那些因时间、地点限制而难以让所有学生参与的活动。通过选取部分学生参与并录制他们的实践过程，活动型微课不仅扩大了教学的范围，也使得学生能够间接体验实践活动的过程和乐趣，进一步激发学生对知识的兴趣和探究欲。

（二）按照教学环节分类

结合微课与传统课堂教学，通过在不同教学阶段引入微课，能够有效增强学习体验，提升课堂效益。具体而言，微课的应用可分为几类：课前预习类微课、新课导入类微课、知识理解类微课、课后总结类微课、巩固提升类微课、知识拓展类微课等。[①]

（三）按照制作方法分类

1.PPT 类微课

在这种格式中，教师利用 PPT 软件的视频录制功能，结合语音讲解，将 PPT 课件转化为视频形式。这一方法操作简单，门槛较低，但要制作出高质量的 PPT 微课视频，则需具备较强的动画设计、图片处理及审美布局能力，以确保视频既丰富，又具有吸引力。

2.录屏类微课

此类微课通过屏幕录制工具捕捉 PPT 的展示及教师的详细讲解过程。教师可以根据教学内容的需要选择是否在视频中展示自己的影像。通过录屏软件的编辑功能，教师可以对录制好的视频进行后期编辑，进一步提升教学视频的专业度和观赏性。

3.电子白板类微课

这种微课依靠教师在电子白板上的操作和语音解说来完成视频的制作，不直接展示教师的形象，而是通过文字说明、数学公式演算、图形绘制及教师旁白等形式，辅助学生深入理解课程内容。这种方式特别适

---

① 张凯宇.微课在高中地理课堂教学中的应用研究[D].重庆：西南大学，2020：13.

用于需要大量图解和公式推导的学科，能够使学生通过直观的视觉效果更好地掌握知识点。

4.录像式微课

录像式微课通过使用视频录制设备捕捉课堂的实际教学场景，包括教师讲授的过程及师生之间的互动，之后通过剪辑工作制成微课视频。这类微课能够真实反映课堂氛围和教学动态，不仅为学生提供了仿佛身临其境的学习体验，还展现了教师的教学特点和学生的学习状态。

5.快课式微课

快课式微课借助特定的视频课件软件，强调课程内容与学生之间的交互性。这类微课不仅涵盖了视频讲解，还整合了互动测验和即时反馈机制，使得学习过程更加生动有趣，并促进学生的主动学习。通过游戏化的练习和互动，快课式微课旨在提升学习动力，确保了学习效果。

6.剧情式微课

剧情式微课是通过精心设计的剧本来展现课程内容，将教学情境与生活实际相结合，为学生提供良好的学习体验。在这一过程中，教师充当编剧和导演，通过选取演员和场地进行拍摄，并进行后期剪辑，创造出富有教育意义的微课视频。这种微课类型通过故事情节的叙述，引导学生沉浸在接近真实的学习情景中，有效地实现了情境教学和互动学习，增强了学生对知识点的理解和记忆。

三、微课应用的优势

（一）学习资源小型化

在传统的教学模式中，一节课通常持续 45 分钟，覆盖教材规定的相对广泛的内容范围，特点是课时较长、知识点多。然而，由于学生之间存在个体差异，包括知识吸收能力和注意力维持时间的不同，导致学生在一节课结束时对所学内容的理解和掌握程度参差不齐，特别是对课程中的关键点和难点的认识。与此相对，微课通常在 5 ～ 10 分钟专注阐释一个明确的知识点。这种格式更加专注讲解课程中的难点和关键内容，并且控制在学生能够集中注意力的时间内，更符合学生的学习习惯和规律。此外，微课的设计还融合了多种表现形式，如结合语音、音乐、文字、颜色和动画等多媒体元素，从视觉和听觉多维度激发学生的学习兴趣，有效增强学习效果。

（二）学习方式便利化

在传统教学设置中，学生的学习环境大多限于教室内，享受教师的直接指导和同学间的互助。而一旦离开这一环境，将所学知识应用于校园之外就变得不那么直接和方便。虽然网络资源丰富，但是它们的质量参差不齐，且往往缺乏与课堂教学内容的一致性。微课的出现改变了这一局面，为教师提供了一个将知识点系统化的视频资源平台，与传统课堂教学相互补充，构建起一个完善的教学体系。对学生来说，微课意味着可以通过手机、电脑或平板等移动设备，在任何时间、任何地点进行学习，不仅如此，微课视频的可控性（如暂停、回顾等功能）使得学习变得更加个性化，更好地适应每位学生的独特学习需求。简而言之，微课为传统教室提供了延伸，实现了真正意义上的"无墙课堂"，促进了学习的便捷性和个性化。

（三）学习需求个性化

在常规的教学模式下，教师往往依据整体教学计划及学生群体的普遍学习状况来布置课程，虽然这种方法均衡，但缺乏对个别学生差异化需求的关注。因此，这样的教学安排难以满足所有学生的发展需要，对于学习能力较强的学生而言，课堂内容很难触及他们的知识求知欲；对于学习基础薄弱的学生，仅凭课堂上的教学亦无法帮助他们充分理解并掌握所学内容。而微课的引入有效解决了这一问题，通过提供个性化的学习路径，满足了学生不同的学习需求。首先，在课堂学习中，学生可以通过预习微课来预先了解课程内容，并识别自身的学习难点。在随后的课堂讨论中，教师可以深入每个学习小组，根据学生的具体问题，为其提供个性化的指导。其次，从课后学习的角度来看，教师需构建多层次的微课资源库，为学生提供丰富的学习材料，并采取相应措施激励学生主动学习。学生在明确自己的学习水平后，可以自主选择合适的微课进行学习。

四、微课对课堂教学的辅助作用

（一）引导学生学习与自我检测

在新课程的引入阶段，教师可创建专为课前预习设计的微课，旨在为学生提供一个全面了解即将学习内容的平台。这种微课以教学大纲为基础，精心策划，既指导学生提前熟悉教材，又明确课程的关键和难点，帮助学生设定学习目标。通过这样的预习，学生能够将分散的知识点串联起来，从而有效提升学习效率，并激发其对探索地理知识的主动性。另外，这类微课也支持学生在课后自我评估，通过自我检测的方式，反馈学习成果，确保学习目标的实现。

（二）吸引学生注意力

在课程开头阶段，利用微课进行新课引入成为一种有效的教学策略。这类新课导入微课由教师策划并制作，精选引人入胜的问题或者材料，旨在立即吸引学生的关注，并为接下来的学习内容奠定基础。常言道，一个好的开端是成功的一半，通过微课的引入能够使课程起步阶段更具有吸引力。

（三）辅助学生掌握所学知识

理解型微课专注深入讲述教材中的关键点和难点，并通过再现复杂的地理现象，为学生提供了一个直观学习的平台。利用这种微课，教师可以在课堂上通过视频播放来展开教学，而非传统的口头讲解。这样做能够通过情景模拟使抽象的地理概念变得直观易懂，促进学生对地理知识的深刻理解。微课中的视听结合为学生提供了强烈的感官体验，激发了他们的好奇心，鼓励他们更加积极地参与学习过程，探索和吸收新知识。

（四）帮助学生建立知识体系

课后总结微课的设计旨在对一节课或一个学习单元的知识进行归纳和总结，目标是辅助学生在复杂的学习内容中识别关键点，理顺知识结构，进而构建系统的知识框架。这类微课特别适合那些在课程学习后感到知识点繁多且混乱，难以形成清晰知识体系的学生。通过观看这些精心准备的微课，学生不仅能够对所学内容有一个全面的回顾，还能在教师的引导下，通过思维导图等方法整理思路，明确自我学习的现状，识别知识掌握的薄弱环节，并有针对性地进行加强。

（五）帮助学生巩固并加深对知识的理解

当学生在课后练习中遇到难题时，教师可以依托自身的教学经验，精选包含关键和难点知识的题目，创作微课资源供学生自学。这些微课通过深入浅出的方式，对典型题目进行详尽的分析和讲解，旨在加强学生对于课堂所学内容的理解和掌握。在微课视频中，教师不仅会解析题目的具体解法，还会采用类比和扩展的方式，引导学生从多个视角审视问题，深化对概念和方法的认识。

（六）丰富学生的知识并开阔眼界

为了培养学生深厚的地理素养和良好的地理思维习惯，教师可以利用微课这一教学工具，将课本中的地理知识与生活实例紧密结合，创建知识拓展型微课。这类微课旨在引导学生在课后通过自学，不仅有助于加深其对课堂知识的理解，还能拓展他们的知识视野。现实生活充满了地理知识的应用场景，通过微课展示这些实际应用，能够使学生更直观地感受到地理知识与日常生活的密切关系，增强学习的实用性和趣味性。

五、高中地理微课开发模式

笔者在前人对微课的研究以及相关开发模型的基础上，结合高中地理学科的特性以及当前高中地理课程教学情况，设计了高中地理微课的开发模式，如图4-1所示。

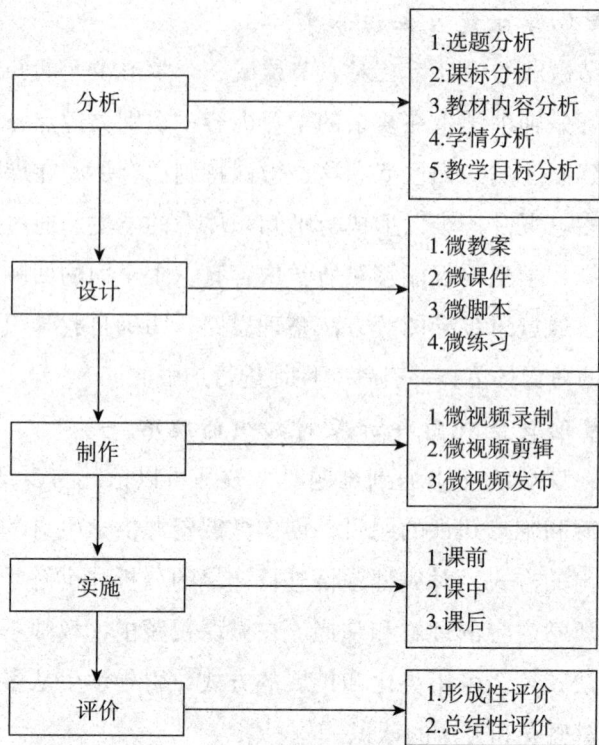

图 4-1　高中地理微课的开发模式

（一）分析

在微课的制作初期，选择合适的主题是确保其成功的关键一步。由于微课旨在提供针对具体知识点的紧凑教学资源，其选题需精准，既不可过于泛泛，缺乏焦点，也不能忽视教学的重难点。选题过程应该包括对学生特点的分析和学习需求的探究，确保选题紧扣课程的关键知识点和学生的实际学习困难。对于高中地理来说，课程标准为微课的教学目标和内容提供了明确指导。深入理解地理课程标准，明确其对知识和能力的具体要求是设计高质量地理微课的基础。在微课设计阶段，教师需要综合考量课程标准、教材内容及学生的实际情况，确保在有限的时间内采取恰当的教学策略，清晰传达核心知识点，使学生能够迅速而有效地理解和掌握重要知识。

（二）设计

微教案体现了教学设计的思路，对于提升微课的教学成效发挥着重要作用。在设计微教案时，教师需要对教学的核心内容如选题的适宜性、课程标准的要求、教材内容的精髓、学生的学习状态以及具体的教学目标等方面进行全面分析，并规划出完整的教学流程及教学后的反思。微教案的构建应遵循创新性、实用性和科学性的原则。

微课脚本的设计类似影视剧本，对微课的品质和教学成果有着直接影响。一个良好的脚本应涵盖课程的起始、过程和结尾等重要环节，除了详细的教学内容，其他部分应尽量精简。如果脚本能够巧妙地融入教师个人的魅力，以及幽默风趣的元素，将更加提升微课的吸引力和趣味性。

（三）制作

微课制作方式多样，根据不同的需求和技术条件，教师可以选择合适的方法来制作内容丰富、形式多样的微课。第一，录屏软件如Camtasia Studio 9.0提供了一种便捷的方式，允许教师直接在电脑上录制屏幕活动并进行剪辑，这种方式适合制作解析课件或软件操作的微课，无须高级视频处理技巧，特别适合快速制作教学内容。第二，通过实物拍摄，利用智能手机或其他摄像设备记录教师的实时讲解和动手演示，更能够展现教学的真实场景和师生互动的过程，为学生提供仿佛身临其境的学习体验。

在制作微课的过程中，清晰的音质、透彻的讲解以及适宜的语速是保证微课质量的重要因素。选择一个安静的环境进行录制可以有效减少干扰和杂音，减少后期编辑的难度。合理的版权使用和尊重知识产权是微课制作的基本原则，确保教学内容的合法性和正当性。教师在选择微课制作类型时应考虑自己的技术特长和教学需求，确保所制作的微课既符合教学目标，又能充分发挥个人的技术优势。

（四）实施

高中地理微课的实施在教学的不同阶段展现了其独特的价值，有效地支持了地理教学活动的全过程。

在课前阶段，利用微课进行预习成为强化学生知识准备的重要手段。通过微课，教师能够实现从已有知识到新课知识的顺畅过渡，为学生提供自主预习的途径，有效提升他们对新课内容的理解和吸收能力。在课堂内，微课的引入作为新知识点的导入工具，能迅速捕获学生的兴趣，增加课堂互动的动态性和教学的趣味性。对于地理学科中的抽象概念，通过微课的形象化展现，辅助教学，极大地促进了学生对关键和难点知识的理解。在课后，针对学生基础和理解能力的差异，地理微课提供了一个灵活的学习平台。学生可以根据个人需求，在任何时间、任何地点通过微课进行复习和深化学习，尤其对基础较弱的学生而言，这一方法能够助力他们进行有针对性的学习，从而促进整体学习成效的提高。

（五）评价

形成性评价主要关注微课设计与实施过程中的持续反馈，旨在及时发现问题并给予改进建议。这一评价方式侧重教师在微课设计及应用过程中的实时观察与分析，比如学生对微课内容的理解程度、参与活动的积极性等，通过收集这些信息，教师可以调整教学策略，优化微课内容，以提高教学效果。形成性评价的目的是在教学过程中形成正面的循环反馈机制，促进学生的持续学习与成长。

总结性评价则在微课设计实施后进行，通过对学生学习成果的评估来衡量微课设计的有效性，包括学生在地理学科知识、技能及地理思维习惯方面的提升情况。总结性评价旨在对整个教学过程及结果进行全面回顾，分析微课设计与实施的成功之处及需要改进的地方，为未来的教学提供参考。

六、微课在高中地理教学中应用的建议

（一）加强高中地理微课设计与制作的培训力度

高中地理微课作为一种新兴的教学资源，目前在我国的应用与发展处于初级阶段。由于教育管理机构及学校对于地理微课教学重要性的认识不足，地理教师参与相关培训的机会相对较少，导致许多教师只能依靠个人努力自行学习微课的设计和制作技巧。这种情况在很大程度上限制了地理教师在微课设计与制作方面技能的提升，影响了微课教学质量的提高。

当前，我国高中地理微课资源建设面临着资源稀缺、质量参差不齐以及知识体系不完整等挑战。在这种背景下，教育管理部门和学校应积极行动，定期举办微课设计与制作的培训活动，鼓励和支持更多地理教师深入了解并掌握微课的相关知识和技能。通过提高教师的专业水平，促进高质量地理微课资源的开发与创新，满足师生对地理微课教学的需求。

（二）根据教学需求设计开发类型多样的地理微课

高中地理微课教学在当代教育中展现出其特有的优越性，为地理教学提供了一种灵活多样的辅助手段。这种教学模式不仅能够有效提升课堂学习效率，还对深化地理学科中的重难点知识的理解发挥着积极作用。地理微课通过多样化的类型，能够灵活应对不同教学阶段的需求，解决各种教学挑战，同时满足学生个性化的学习需求。虽然地理微课具备众多优点，但目前其开发和设计主要集中在传统讲授型微课上，大量微课仅仅是对课堂教学内容的直接录制，这种方式与传统教学模式相比并没有显著的创新和改变。这种单一的微课类型对于激发学生的学习热情和专注度尚有欠缺。因此，为了充分利用地理微课教学的优势，亟须开发更加多样化的微课类型，如探究型和实验型微课，以更好地适应学生的学习需求，促进学生地理核心素养的全面提升，推动他们的综合发展。

（三）建立大型专业的地理微课交流平台

近年来，全国微课大赛持续保持积极的发展态势，其中高中地理微课也取得了显著成就。然而，目前网络上大量的高中地理微课资源主要与赛课活动相关，这些资源往往存在内容重复问题，而且质量参差不齐，这成为制约高中地理微课教学发展的关键因素。为了加快地理微课资源的建设和完善，可以鼓励和奖励教师参与微课的制作，为其提供适当的经济激励，促进高质量微课内容的产生。此外，政府和教育部门可以发挥主导作用，仿照"一师一优课"等活动，建立由官方主导的大型微课资源平台，通过全国范围内的推广和优秀微课资源的征集赛课活动，促进高标准微课资源的集聚和分享。

第二节　思维导图在高中地理课堂教学中的应用

一、思维导图的概念

思维导图，亦称心图，是一种将思维通过图形化手段展现出来的技巧，核心在于围绕一个主题或观点，通过分支延伸形式组织相关信息。它结合了图像、文字及色彩的元素，以直观且富有层次的形式呈现思维结构，旨在通过这种方式促进信息的整理和记忆。

在数字时代的推动下，思维导图已成为一种流行的思维和学习工具，广泛应用于教育、商业管理、项目规划等多个领域。它不仅改变了人们的学习习惯，还促进了人们思维方式的转变，帮助人们以更高效、创造性的方法处理信息和问题。思维导图融合了人的直觉思维和理性思维，通过图形和线条在视觉上捕捉思维的轨迹，激发左右脑的协同工作，显著提升思考效率和创新能力。这种方法不仅能够激发大脑的潜力，符合人脑处理信息的自然规律，还能够增强人的决策能力、创造力及记忆力。通过促进大脑全面发展，思维导图释放了人类学习的巨大潜能，为人们提供了一种全新的思维模式，有助于提升个体的智力水平和智慧层次，辅助人们进行创新思考，提高解决问题的能力，是一种适应现代社会需求的有效学习工具。

二、思维导图的特点

第一，构建思维导图的艺术围绕着一个核心主题而展开，该主题最佳的表现形式是图形，而非纯文字，以充分利用人脑对视觉信息的强烈记忆反应。这一中心图像应放置于导图的核心位置，并且可以通过特定标记来强调其所承载的问题或要点。

第二，从这一核心主题辐射出若干分支，这些分支反映了对主题的深入探讨和扩展。通过逐级深化的过程，每一层次的主题都在前一级主题的基础上展开，以此方式形成一个由中心向外逐步展开的结构。在这个结构中，分支的位置反映了它们与中心主题的紧密程度——距离越近，相关性越大。

第三，为了揭示这些主题之间的联系，思维导图中使用连线，并在这些连线上标注关键词，以简洁地说明不同主题间的关系。

第四，色彩的应用在思维导图中扮演着辅助记忆的角色，通过为不同的分支配以独特的颜色，来加强信息的记忆追踪。在设计导图时，那些具有相似属性的分支使用相同的颜色，这种色彩上的一致性能够激发大脑的条件反应，进而有效提升记忆效率。

三、思维导图应用于高中地理教学的理论基础

(一)左右脑分工理论

美国生物学界的杰出人物斯佩里提出的左右脑分工理论揭示了大脑

两半球的不同功能。①根据这一理论,人脑由左右两个半球组成,胼胝体负责连接这两部分,使其成为一个统一的整体。这两个半球有着各自的工作重点:左脑主导逻辑思维和抽象思考,而右脑擅长处理形象和具体的信息。尤其右脑,它被认为是人类创造力和记忆力的源泉,负责存储近期事件以外的信息。左右脑分工理论进一步证明了人脑的潜能是无限的,通过采用新颖的思维工具和方法,人们可以有效激活这些潜能,从而显著提升思考能力。思维导图恰恰就是这样一种工具,它通过结合左脑的逻辑思维和右脑的形象创造,以图文结合的方式记录和展示思维过程,促使两脑协同工作,释放大脑的全面潜力,增强脑功能。

在地理教育中,鉴于地理学科自身综合与抽象的双重属性,教学过程中不仅需要培养学生的知识面,还需要促进其逻辑思维的成长。利用左右脑分工理论作为理论支撑,通过运用思维导图这一工具,可以激活学生的全脑智力,促进他们对地理知识的全面理解和深入思考,既满足了学生对知识的综合性需求,又加强了学生的思维训练,实现了地理教学的高效与创新。

(二)信息加工理论

从心理认知学角度来看,学习被视为信息处理的连续过程,这个过程涉及信息的获取、编码、存储及检索等多个环节,类似计算机如何处理数据。在这一连续性的过程中,人脑不断地从环境中接收信息,并对其进行加工处理,最终形成可供决策使用的知识或信息。

思维导图在这一学习序列中起到的作用是促使学习者能够在大脑中积累并整合更多信息。通过使用鲜明的颜色、形象的图画、结构化的分支以及有意义的背景,思维导图极大地增强了信息对大脑的激活效果。颜色的使用帮助区分不同的信息类型,增加信息的可辨识度;而分支的

---

① 刘怡麟.思维导图在高中地理教学中的应用探究[D].石家庄:河北师范大学,2017:5.

结构则强化了不同信息单元之间的逻辑联系，有助于构建知识网络。

（三）多元智能理论

1983 年，美国著名心理学家霍华德·加德纳博士首次提出了具有开创性的多元智能理论，并随着后续研究者的深入探索而日渐成熟。[①]加德纳博士认为，智力并非单一维度，而是多样化的，可以被细分为数种基本类型。每个人在这些智力类型上的发展程度各不相同，并且每种智力在生活中的应用也展现出多样性。他强调，虽然个体的天赋为智力发展设定了极限，但实际上，人们很少能够完全达到这一潜能的极限。通过教育和持续学习，个体的智力发展有着极大的提升空间。

将多元智能理论应用于教育领域，意味着教师需要认识到学生间智力差异的存在，并针对性地开展教学活动，挖掘并优化学生的智力潜力。在高中区域地理的教学中，这一理论的应用尤为关键，因为区域地理的复杂性要求教师深入了解每位学生的智力特点，包括他们的共性和个性，并据此实施个性化教学策略。思维导图作为一种高效的教学工具，在此过程中发挥着重要作用，通过学生创建的思维导图，教师可以直观地观察学生的思考模式和他们在各智力类型上的偏好，例如语言理解、逻辑分析、视觉空间能力及自我反思等。学生在使用思维导图整理和深化知识点、进行色彩和图像的创意运用，以及与同伴的知识交流过程中，能有效地激发和加强特定智力领域的发展，进而促进其整体智力水平的提升。

（四）SOLO 分类理论

1982 年，基于皮亚杰的发展阶段理论，澳大利亚学者约翰·比格斯和凯文·科里斯提出了 SOLO（Structure of the Observed Learning Outcome）分类理论，旨在将学习者的认知进程和思维结构可视化地展现出来。[②]该理论认为，个体在吸收新知识的过程中会经历逐步深化的阶段，

---

① 侯煌超.高中区域地理教学中思维导图的应用研究 [D].重庆：西南大学，2021：13.
② 刘利花.学科思维导图在高中地理教学中的应用研究 [D].广州：广州大学，2022：12.

每个阶段都标志着认知能力的重大提升，并且个体的思维模式可以通过观察来识别和追踪。

SOLO 分类理论将学习成果的复杂度分为五个层次：前结构、单元结构、多元结构、关联结构以及综合抽象结构。这一分层模型体现了从简单到复杂、从具体到抽象、从无序到有序的认知发展路径。通过学生对特定问题的回答，教师可以评估学生当前的思维结构所处的层次，进而对学生的认知能力进行分类和评价。

在教育实践中，依据新课程标准，结合思维导图的应用，本研究提出将 SOLO 分类理论与地理学科特性相结合，构建一个基于思维可视化的地理学科思维导图评价指标体系。这一体系通过引入 SOLO 分类理论，为地理学科学习成果的各个维度提供了明确的评价标准和层次，使教师能够更准确地识别和评估学生在知识掌握、思维能力和技能上的差异。通过这种层次化、实质性的评价方法，教育者可以根据学生的具体表现，制定更有针对性的教学策略和改进建议，以促进学生认知能力的全面发展。

四、思维导图的绘制步骤

绘制思维导图的过程涉及几个精心设计的步骤，旨在通过视觉化的方式组织和展示信息，如图 4-2 所示。

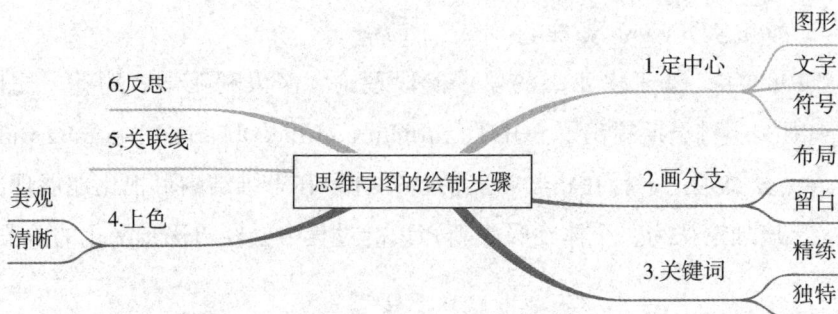

图 4-2　思维导图的绘制步骤

第一，中心主题的确立是启动整个思维导图的关键，它位于导图的心脏位置，代表了思维导图的核心思想或问题。中心主题的形式多样，既可以是一个引人注目的图形，也可以是富有意义的文字或符号。为了使其在导图中更为突出，设计时往往采用增大尺寸、加粗字体或应用鲜明色彩等方法。这一阶段的目标是确保中心主题能够立即吸引观者的注意力，并为后续信息的延伸奠定基础。

第二，分支的构建，这一步骤要求规划分支的整体布局，并预留足够空间，以便未来可能的添加或调整。每个从中心主题延伸出的一级分支都应向外自然展开，并在此基础上细化为二级分支，依此类推，形成一个分层次的信息框架。分支的设计旨在呈现思维的展开和深入，通过逐级细化，展现从中心到边缘的知识拓展。

第三，关键词的填充为思维导图注入了具体内容。这些关键词或图像是理解和记忆的桥梁，它们既概括了与主题相关的核心概念，也触发了深层的思考和联想。选择准确而简洁的关键词能够有效促进信息的快速把握和长期记忆。在实践中，分支的绘制与关键词的添加往往交替进行，以保证导图的逻辑性与流畅性。在此过程中，个人的理解和创造力开始显现，每个人根据自己的理解和偏好选择不同的表现形式，使得最终的思维导图既是信息的组织，也是个人思维方式的体现。

第四，给思维导图上色。该步骤不仅能让图谱更加生动鲜明，还能激发制作者的感官体验，提高注意力集中度，更为关键的是，颜色的应用极大地辅助了记忆过程。选择颜色时要追求既美观又清晰的效果，并保持同一分支内颜色的统一性。颜色的选择应遵循制作者的个人偏好，同时，为了促进知识的记忆与系统化管理，相似属性的知识点最好用相同颜色标示。对于刚接触思维导图的新手来说，最初可以使用单色笔进行基础勾画，待图谱初步成形后，再进行上色。随着经验的积累，建议在绘制过程中直接上色，这样做有助于加深对知识内容的理解与整理。

第五，关联线的设置，这一环节致力于揭示信息之间的层级关系和逻辑连接，同时用于强调和概括关键信息。在绘制关联线时，要细心考量其方向、粗细及颜色，以确保图谱既美观，又能清晰地传达信息。恰当的留白处理对于未来的修改和信息重构同样重要。

第六，对完成的思维导图进行反思和调整。通过个人反思、团队协作讨论或向教师求助等多种方式，学生不仅能够完善和美化自己的思维导图，还能够在反思过程中深化对自身思维模式的认识，识别其优势与不足。这一过程不仅有利于提升思维导图的质量，也是推动个人元认知能力发展的重要环节。

五、思维导图绘制的要求

（一）语言精练

在制作思维导图时，提炼精准的关键词是至关重要的一步，这不仅影响着导图的整体布局与视觉效果，更直接关系记忆的效率。使用复杂或冗长的关键词会使记忆过程变得困难。关键词的选择和简化不仅是一个深度的分析、整理和归纳的过程，还是开启记忆力和思维拓展的关键。在此过程中，关键词并非局限于文字形式，图形和符号同样可以作为有效的信息传达手段，这就要求制图者进行广泛的思维发散，以提升自身的创新能力。

（二）重点突出

显然，中心主题是导图中最核心的部分，而某些分支或关键词的重要性也不容忽视。在层级结构上，中心主题的重要性高于一级分支，一级分支又高于二级分支，依此类推，越是向外延伸的分支，其重要性越相对较低。为了有效地突出这些关键信息，常见的做法包括：随着分支由内向外延伸，逐步细化分支线条，减小字号。对于特别重要的分支和关键词，可以通过加边框、使用鲜艳的颜色或将其转化为图形和符号等方式进行强调。与纯文本相比，这些视觉元素更能吸引视觉注意力，增强信息的突出性和记忆效果。以"地球的宇宙环境"为例，如图4-3所示。

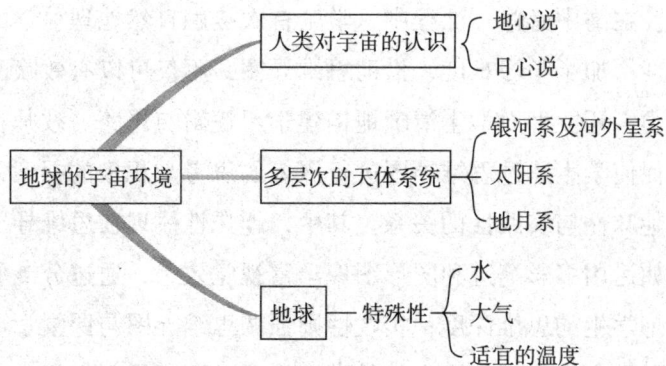

图 4-3　"地球的宇宙环境"思维导图示例

（三）图面清晰

一个清晰的导图布局不仅方便记忆，还能助力思维的系统化整理。在手工绘制思维导图时，规划分支的布局并预留适当空间尤为重要，以便未来对导图进行补充和修改。随着学习的深入，新的知识点或思考可能产生，这时候，一个具有良好布局空间的思维导图将更为便利地容纳这些更新。从细节层面出发，制图者需要关注语言的简练、信息的突出，以及纸张质量、线条流畅性、颜色搭配和图像选择等元素，力求通过精美清晰的视觉呈现，加强信息的组织和呈现效果。

（四）联想丰富

思维导图的优势之一在于激发创新思维和启迪灵感的能力，这要求绘图者在制作过程中广泛开展思维拓展和深化，将抽象的概念转换为形象的图像、符号甚至编码。通过这样个性化和富有创意的方式，每一份思维导图都将成为学习者独特思考模式的体现，不仅有助于增强学习动机和自信心，也能使学习者更加清晰地认识和反思自己的思维习惯，据此优化和提升个人的认知与思考能力。

（五）趣味性与实践性相统一

高中地理学科以其内容的抽象性和复杂性，常常给学生带来不小的学习挑战。在高中必修一课程中，学生首次接触自然地理科学的深奥知识，这无疑增加了学习难度，借助思维导图，不仅可以有效唤醒学生的空间想象力，还能助力学生清晰地构建学习逻辑与思路。教师在课堂引导下，应促使学生通过思维导图进行深入的思考与积极的探索，并且必须平衡好趣味性与实践性的关系。其中，趣味性体现在思维导图的创作过程中，如运用多彩笔迹和图形图像丰富视觉效果，通过分支的多层次展开来锻炼学生的思维深度；实践性则强调思维导图与课堂学习的密切结合，确保学生能将其作为有效的学习工具，不仅吸收知识，还能在实践中深化理解，发挥出思维导图在地理学习中的最大价值。

（六）笔记与课下复习并重

在紧凑的课堂学习周期中，学生的大脑处于高速运转状态，需要迅速摄取并处理新的知识点。由于记忆的机制分为短期和长期两种，学生在课堂中获得的信息多属于短期记忆，需通过课后复习才能转化为长久的记忆。因此，课堂笔记的作用不止于记录，关键在于课后的反复审视与丰富，这个过程对于加深理解与记忆至关重要。鉴于课堂时间的限制，学生不可能完全掌握所有教学内容，必须依靠课后基于笔记的自学，对于课堂上未完全吸收的知识进行再度学习。

在传统课堂环境中，学生往往采用文字笔记作为捕捉教师讲述知识点的主要方式。然而，由于课堂时间的有限性，这种笔记方法往往要求学生花费大量时间进行记录，不仅分散了他们对课堂内容核心的关注，而且在一定程度上阻碍了他们对知识深度的理解。传统笔记通常遵循教师授课的线性顺序，这样的记录方式并不强调学生对知识结构的自我构建，限制了学生的发散思维和知识归纳总结的能力。

相较之下，思维导图作为一种现代化的笔记工具，在记录课堂知识点时展现出显著优势。思维导图使学生能够迅速捕捉并记录课堂上的关键点和难点，有效把握整堂课的内容框架，极大地促进了学生的理解和记忆。在课堂中使用思维导图进行笔记，学生可以在教师讲解过程中概括性地记录下本节课的知识架构，课后针对性地将章节内的细节知识点填充完善。这一方法不仅有助于节约宝贵的课堂时间，让学生更专注教学内容，还能在课后通过笔记的补充加强记忆。思维导图使用多彩的颜色和图形，可以激发学生的视觉记忆，帮助他们在复习时回忆起课堂上的讲解内容，同时整理知识结构，清晰化思路。

六、思维导图在高中地理教学中应用的注意事项

（一）围绕教学主题归纳总结相关要素，掌握学习和探究地理问题的方法

在高中地理的学习过程中，特别是人文地理与区域地理的部分，核心任务是向学生传授地理实体及现象背后的关键要素。这些要素的探讨是对地理信息的汇总和整理，更重要的是对这些要素之间关系的理解和分析。高中阶段的人文与区域地理学习通常围绕特定的教学主题进行，从而使学生能够通过归纳和总结，深入了解与主题相关的地理要素。思维导图以其开放性和扩散性特点，成为一种促进学生理解主题与要素间关系，加强记忆和理解的有效工具。此外，利用思维导图进行反向思考还可以增强学生的分析能力，帮助他们通过已掌握的知识进行类比和推广。

（二）提炼教材教学主题，整体联系系统学习

高中地理教学材料的组织架构设计得相当细致，每个章节不只包含丰富的知识点，而且这些知识点之间存在着密切联系，按照不同的层级和难度进行了有序排列。这种层次性和难度分级在一定程度上与思维导图的逻辑性和分层特性相吻合。以地理学科的学习主题作为核心，采用思维导图的形式，可以将章节中的知识体系根据不同层次进行有效的组织和分类，如将主要的概念或理论作为一级标题，相关的细节信息或应用作为二级或三级标题等。

通过这种方式，学生不仅能够更清晰地看到章节内知识点之间的关

系网，还能够方便地对章节内容进行有效归类和记忆。在实际教学活动中，教师可以引导学生从章节的主要教学主题入手，深入次级话题，逐层解析，直至形成完整的知识框架。这样的教学方法不仅有助于学生全面理解各个知识点之间的内在联系，构建起章节的知识结构图，而且能够通过对教材内容的深度挖掘，有效提升教学的质量和效率，确保学生能够准确掌握章节的核心内容和重难点。

（三）对比同级教学主题，提高教学效率

在高中地理的教学实践中，教学内容常按照自然地理、人文地理、区域地理三大领域来组织。这三个领域内部的知识点相互关联，互为补充，构成了一个相对完整的知识体系。然而，对于学生来说，随着课程难度的提升，要想清楚地把握这些知识点之间的内在联系和差异性并不是一件容易的事情，尤其在面对复杂问题求解时，学生往往难以有效地利用已有知识进行答题。如果能将这三大体系的知识点围绕主题进行系统整理，以发散思维的方式建立起知识点间的联系，形成独立的学习单元，将对学生构建知识体系、拓展思维空间以及提升解决问题的能力具有重大意义。对于那些在不同主题中出现的相似知识要素进行细致的归纳和对比，提取共性，对于学生在面对相关类型问题时快速做出反应具有极大帮助，这样不仅锻炼了学生从结果反推过程的思维模式，也有助于他们形成清晰的解题策略，进而逐步规范和成熟自己的思维方式，增强独立思考和解决问题的能力。

因而，在高中地理的主题教学过程中，利用思维导图工具，把那些有紧密联系且属于同一教学层级的主题进行整合和对比分析显得尤为重要。通过思维导图的形式，教师和学生可以直观地识别和比较不同主题之间的共性与差异，这种直观的对比不仅能够显著提升学生的地理逻辑思维能力，激发他们的学习热情和主动性，而且对培养学生的逆向思维具有实际的教学价值。

（四）使用地理要素解决地理问题

在高中地理教育中，对地理要素的深入掌握至关重要，这些要素作为理解和解析地理问题的基础，要求学生能够透彻分析地理现象背后的各种因素。通过对这些基本要素的学习，可以促进学生综合评价地理事件的能力，显著提升他们的总结和归纳技巧。笔者将主要的地理要素进行了总结归纳，见表4-1。

表4-1　地理要素分析表

分　类	内　容
位置要素	包括纬度位置、海陆位置与其相对位置
地形	主要包括平原、山地丘陵、盆地和高原
气候	主要包括光照、热量、降水、年温差与日温差
水源	临近河流、湖泊或降水多，水源充足
土壤	土壤的肥力、面积、结构、质地、厚度等
水文特征	水位、流量、流速、含沙量、结冰期、汛期、水能、径流
地质环境	地质构造的稳定程度，易发生的自然灾害
自然环境	自然环境的可持续和保护
市场	面临的主要消费人群和消费需求，以及对应的国内市场和国际市场
运输条件	低温冷藏技术以及保鲜技术、交通通达度等
资源	原料、矿产等
交通	临近河或湖，水陆（海陆）交通便利或河流交汇处，内河和海上航运发达
	运输成本
劳动力	劳动力数量
技术	科教发达或临近高等院校或科研院所，劳动力素质高
政策	国家政策的支持（扶持、鼓励）

续　表

分　类	内　容
历史	历史的政治中心、文化中心等
个人行为	如海外华人、华侨的投资
习惯	人们长久以来的生活习惯
工农业基础	地区发展的主要动力

第三节　短视频在高中地理课堂教学中的应用

一、短视频的概念

在当代社会，随着信息技术的迅速发展，短视频已经成为人们日常生活中不可或缺的一部分。这些视频内容多样，包括了旨在娱乐观众的轻松愉快视频，以及充满教育价值的学习类视频，不仅丰富了人们的娱乐生活，也为知识传播提供了新的途径。

对于短视频的具体定义，依据不同专家的研究，主要从视频时长这一维度进行划分。李听怡将短视频视为与长视频相对的一个概念，通常时长不超过 30 秒。[①]雷攀学者认为，短视频通常是指那些在电子设备上拍摄的，时长在 8 ～ 30 秒的视频作品。[②]而朱旭光等在其研究中则将短

[①]李听怡.短视频时代，来了[J]传播与版权，2016（2）：112-113，116.
[②]雷攀.社交网络进入短视频时代[J].西部广播电视，2014（16）：4-5.

视频定义为时长不超过半小时，但至少超过 1 分钟的网络视频。[①]凌巍的看法则是短视频的时长介于 5 ~ 8 分钟之间，内容涵盖范围广泛。[②]综上所述，短视频可以被界定为一种适应移动互联网时代的，时长较短、制作简便、内容多样、便于即时分享的视频形态。

二、短视频的特点

短视频之所以能够受到人们的青睐，就是因为其自身特性，具体来说，其特点主要表现为以下几个方面，如图 4-4 所示。

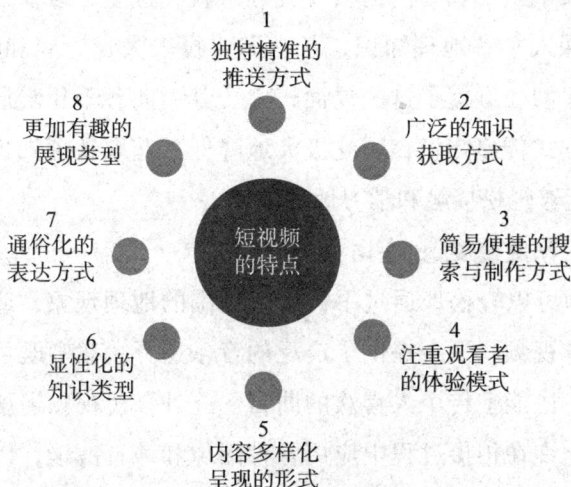

图 4-4　短视频的特点

（一）独特精准的推送方式

短视频应用程序通过一套高度定制化的推荐算法，依据用户偏好与互动行为，从广泛的视频库中筛选并推荐用户可能感兴趣的内容。这种

[①]朱旭光，梁静，关萍萍，等.网络视频产业的业态融合与行业治理 [M]. 北京：中国广播电视出版社，2014：4.

[②]凌巍.移动学习环境下的微视频资源研发及编创策略探微 [J].中小学电教，2012（11）：70-72.

算法的精准性让每位用户在浏览时都能获得独特的、个性化的视频流，实现了内容的"千人千面"。用户通过在视频下方或右下角的关注、点赞、转发、评论等互动，向平台反馈其兴趣，平台据此调整内容推荐，使其更贴近用户喜好。对于教师而言，这意味着能在轻松的环境下接触与地理相关的教育资源，并在不经意间完成学习和知识的更新，有效促进了教师的自我提升。

（二）广泛的知识获取方式

传统上，对于学生和其他对地理学感兴趣的人来说，获取地理知识的途径主要限于图书和专门的教育视频平台，这些方法往往显得单一且乏味，要想深入了解地理知识，常常需要投入大量时间和精力。然而，短视频的兴起彻底颠覆了这一局面，由于其面向各个年龄层的观众，以浅显易懂的方式传递知识，因此极大地降低了获取地理知识的门槛，使得普罗大众能够轻松接触和学习地理知识。

（三）简易便捷的搜索与制作方式

地理教师可以轻松地通过手机记录周围的地理现象，或者结合照片和音乐来创作视频。平台提供了广泛的音乐选择，教师既可以使用平台内置的音乐，也能上传个人喜欢的曲目。此外，短视频还融合了美图等编辑功能，允许在拍摄过程中应用各种图像和声音滤镜，以及丰富的视觉特效，使得即使是简单的地理短视频也能变得引人注目和充满乐趣。通过这样的方式，教师不仅能与学生分享生动的地理知识，还能将学习内容与学生的日常生活紧密联系起来，有利于激发学生的学习兴趣和探索欲，提升他们对地理学科的参与感。

在课堂教学中，适当的视频长度是关键，太长的视频容易使学生注意力分散。而短视频恰恰能满足这一需求，它不仅时长适中、焦点集中，而且获取方式简单便捷，教师和学生都可以通过下载应用程序轻松访问这些资源，例如，通过在短视频平台上搜索"地理"相关关键词，便可以迅速找到专门提供地理科普知识的账号。这类平台上的地理短视频资源丰富，可以直接下载至手机，极大地方便了教师的教学准备，减少了寻找教学素材的时间，提高了教学效率。

（四）注重观看者的体验模式

在短视频平台上，与传统教学视频相比，内容创作者不只着眼知识的全面传递，还极为重视形式的吸引力和观众的参与度。短视频平台具有社交属性，视频的受欢迎程度通过点赞和评论的数量得以体现，直接关系博主的知名度和影响力。因此，在创作短视频时，博主在确保知识传达的完整性的同时，更加注重视频的表现形式，力求使内容既富有教育意义，又能激发广大观众的兴趣和好奇心。

（五）内容多样化呈现的形式

在短视频平台上，广泛的用户基础为各类专业领域的知识分享提供了可能，例如，对于那些渴望了解火山知识的观众来说，他们可以在这个平台上找到来自专业教师的系统讲解，亦可观看旅行爱好者亲身探访各地火山的实拍记录，这种丰富多样的内容让学习变得更加立体和广阔。同样，对于对冰川冰山充满好奇的人来说，平台上不仅有科普类的教育视频，还有勇敢探险者的亲历分享，呈现了冰川世界的壮丽景色。

短视频的表现形式千变万化，不限于任何特定的内容范畴，从美食、舞蹈、音乐到戏剧、亲子和教育等各个方面都有所涉及。以地理学科为例，一位名为"地理老师王小明"的博主就通过幽默的语言、动听的背景音乐，以及富有创意的视频内容，使枯燥的地理知识变得生动有趣。虽然有些视频内容本身较为平淡，但加入合适的背景音乐和精选的图像之后，整个视频便焕发了新的活力和趣味性。比如，在介绍青藏高原的视频中，优美的背景音乐和令人震撼的青藏高原图像相结合，不仅让地理知识的讲解信息量丰富起来，而且富有感染力。如果这样的短视频平台能够得到有效利用，无疑将为学生扩展地理知识视野、激发学习兴趣提供极大帮助，并且会为教师提供一种新的教学资源获取和知识传递方式。

（六）显性化的知识类型

知识主要分为两大类：一类是通过文字、图像或公式等形式直观展现的知识，即我们通常所指的显性知识，这类知识容易通过言语或书写传递，是知识共享的基础；另一类知识，因其依赖个人的经验、直觉或感知而难以通过直接言语表达，被称为隐性知识。如同冰山理论所述，显性知识仅为冰山之顶，而隐性知识深藏于水面之下，占据着更加庞大的比例。

教学过程不仅是显性知识的传达和理解，更是一个将隐性知识转化为显性知识，以便进行讨论、完善和应用的过程。短视频作为一种新兴的知识传播工具，以其直观和具体化的特点，特别适合隐性知识的显性化表达。它能够将抽象的概念以形象化的方式呈现出来，让学生能够更直接地理解和感受知识的内涵。将隐性知识显性化的过程有助于知识的深度挖掘和边界扩展，丰富人们的认知视野，而且在教学中，能大大缩短学生对复杂概念的理解时间，提升教学效率和知识的传播效果。

（七）通俗化的表达方式

短视频平台，如抖音，涵盖了广泛的观众群体，覆盖各个年龄段。特别是在教育内容上，制作者们尤为注重内容的普遍可接受性，力求做到易懂简明。教育类短视频的核心价值在于其浅显深入的传授方式，通过直观、生动的演示，将那些平时显得乏味且难以捉摸的知识点变得易于理解。

（八）更加有趣的展现类型

相较于传统的教育视频，短视频以其短小精悍的特点，迅速抓住了学生们的注意力。这种新型的教学方式以其制作灵活、风格多元的特色，既能引发学生们的欢笑，又能让他们感受到一种前所未有的酷炫体验。通过配合动感的音乐、精美的图像以及幽默轻松的讲解，地理知识变得生动有趣，与以往那些单调的纪录片或 Flash 教学视频形成鲜明对比。

三、短视频应用于高中地理教学的理论基础

（一）视听教学理论

早期美国的教育领域便引入了视听技术，开启了一场深刻的"教育视听革命"，在这场运动中，教育技术专家戴尔的贡献不可忽视，其著作《视听教学法》里提出的经验之塔理论尤为突出，戴尔将人类获得知识的过程划分为三种基本经验：实践性经验、观察性经验以及抽象性经验，并细分为十个层级，形成了从实践到抽象的递进结构。

地理科学因其广泛的研究对象和复杂的空间关系，学习起来颇具挑战，传统的课堂学习模式往往受到时间和空间的限制，难以全面展现地理知识的丰富性和实践性。因此，利用短视频等现代教育手段，将外部世界的地理现象引入课堂，不仅能拓宽学生的视野，还能促进学生通过观察外界环境来学习和理解地理，进而在直观和认知的过程中深化对地理科学的理解。

（二）注意理论

注意力的种类主要分为主动的有意注意与被动的无意注意两种形式。有意注意，亦称主动注意，是指个人基于特定目标或需要，主动集中精神进行观察、学习或处理任务的一种注意状态。它通常需要个体主动付出努力，受意识控制，体现在对某一目标或任务的主动追求和持续关注中。有意注意的发挥受到三方面因素的影响：一是个体的主观努力程度，二是个体对于所从事活动目标和意义的理解深度；三是个体对于任务是否具有间接的兴趣。例如，当教师在课堂上提问并引导学生思考时，学生通过逐步分析和解决问题的过程中展现的集中注意力便是有意注意的体现。特别是在学生成功应对自身不太感兴趣或相对困难的学习任务时，有意注意的作用尤为明显。

与之相对的无意注意，又称非自主注意，是指个体在没有预设目标和意图的情况下，由外界刺激自动引发的注意集中现象。无意注意的特

点在于其自发性和无预期性，如课堂上意外的声响、视觉变化等突发事件都可能成为无意注意的触发因素。无意注意的优势在于较少引起疲劳，因为个体不需要付出额外的努力即可自然转移注意焦点。无意注意的影响因素主要包括外界刺激的性质（如刺激的强度、新奇性、动态变化和对比度等），以及个体的内在状态（包括情绪、兴趣、经验以及对事物的预期和心理预设等）。

在高中学习阶段，激发学生的兴趣和满足他们的好奇心既影响学生的有意注意，也触动无意注意，因此，教师在课堂教学中应巧妙地引入吸引学生注意的元素，通过富有创意的教学方法和引人入胜的教学材料，既主动培养学生的专注力，又利用各种外部刺激自然引起学生的关注。

（三）地理教学理论

地理教学理论深入探讨了教学活动中的自然规律和特殊规律，揭示了教与学过程中地理元素相互作用的机制，这些规律不仅指导着地理教学的具体实践，也为提升教学效率和学科素养提供了理论支持。具体到教学实践，这意味着应用短视频等现代教学工具时，需充分考虑地理学科的特点，如空间信息的解析、地理现象的解释等，确保教学活动既遵循地理学的一般性规律，如促进学生对空间概念的理解，又体现其特殊性规律，如强化对特定地理过程和理论知识的掌握。

四、短视频应用于高中地理教学的优势

（一）增添学习形式，丰富教学内容

短视频作为一种流行的教育资源，已广泛应用于地理教学的各个环节。通过在新课程讲授前分配短视频作业，不仅可以激发学生的学习兴趣，而且可以引导学生自主预习，进而将观看中遇到的疑问带入课堂中求解，这样做既增加了学习的针对性，也提高了课堂的互动性。课程结束后，通过推荐相关的地理短视频，有助于学生巩固和扩展知识，同时能高效利用他们的业余时间。为了更好地融入短视频资源，教师应根据

教学的实际需要，精心挑选和制作各类短视频，如将日常生活现象或特定问题转化为短视频内容，以此丰富教学资源，提升学生的学习动力和视野。

（二）培养学习意识，锻炼思考能力

通过培育良好的学习习惯和兴趣，以及积极的情绪态度，短视频的引入能够显著提高学生在课堂上的参与度，并促进其协作能力的发展。这种方式不仅满足了学生对自我表达的需求，还为他们带来了积极的情感体验，使得学习过程从被动接受知识转变为主动探索知识。特别是在自然地理的教学中，利用短视频构建问题导向的学习情境可以更深入地促进学生的探究学习，将认知与情感、挑战性问题结合在一起，引领学生进行主动思考和探索。

（三）营造课堂氛围，激活地理思维

短视频作为地理教学的辅助新媒体资源，展现了其生动直观和强烈冲击力的特点，有效地提升了学习氛围。通过视频的直观表现，学生能够清晰地观察到地理事物和现象，激发他们积极投入地理的探究过程中，体验学习的乐趣，掌握地理学习的方法，并且更理性地投入地理情境的学习中。地理学科旨在研究事物的成因、变化过程、事物间的联系以及事物发展变化的规律，这些内容的学习要求学生具备强大的地理思维能力。借助短视频的力量，师生可以共同打造一个高效的地理学习环境。相较于传统教育方法，短视频的时空超越性和直接触动人心的视觉，能更有效地唤醒学生的地理思维。

（四）激发学习热情，培育探索精神

教师通过精心选取的短视频创建生动的教学情境，这样的做法既深化了学生对自然地理知识的理解，也缩短了师生间的距离。利用媒体的情感影响力可以唤醒学生的探索欲望，使他们更加主动地参与问题的探讨，这种主动性的提升对于地理学习尤为重要。短视频凭借其特有的视角，使学生得以窥见大自然的神秘与壮丽，体验课堂之外的地理奇观，从而激发其对地理学科的热爱和探索精神。

五、高中地理教学中短视频选取的原则

（一）科学性

在地理课堂中，使用短视频辅助教学需确保视频内容的科学性和准确性。教师应细致挑选，确保视频中介绍的地理概念、规律及原理精确无误，图像与图片质量科学，遵循核心价值观，忠实反映客观事实，并与教科书内容相衔接，以确保短视频能有效支撑教学目标，促进学生学习。

（二）针对性

在地理课堂上应用短视频时，要紧密结合教材内容，确保其满足具体课程需求，避免仅为营造氛围而偏离教学主题，将课堂转化为视频欣赏时间。考虑到与同一课程内容相关的短视频资源众多，教师需要精挑细选，优先考虑与课程紧密相关、内容精准的视频，以确保其在教学中的实用性和针对性。

（三）时效性

高中地理教学随着时代进步而持续更新，相应的教材内容也在不断革新。这要求教师在选用地理课堂短视频资源时，应选择那些与当前社会热点相结合的素材，确保教学内容既丰富，又贴近实际。例如，在解析荒漠化问题时，可引入反映蚂蚁森林公益项目的视频；在探讨四川西部地形特征时，借助网络红人丁真的相关短视频作为切入点；而在讨论青藏高原地理现象时，选择展示该地区最新地理研究成果的视频材料。

（四）适合性

虽然地理短视频是课堂教学的有益补充，却不能完全取代传统教学与多媒体资源的角色。它作为一种辅助工具，对于教师讲解和学生学习来说都具备一定的辅助作用。在使用短视频时，教师应侧重质量，而非数量，一堂课引入 1～2 个短视频为宜，避免反复播放或使用与教学点

不相关的内容。短视频虽短，却能精练地扩展到 1～3 个，前提是保证内容的精准性和相关性。另外，匹配学生的认知水平与思维能力，选择合适的知识深度至关重要。

以"荒漠化的防治——以我国西北地区为例"为例，平台上多个相关短视频提供了不同角度的内容。例如，国家林业和草原局展示的我国荒漠化防治成果视频，展示了荒漠化防治的积极进展；"聚焦中国"展现的荒漠化治理转变；"大国重器"介绍的蚂蚁森林对阿拉善地区荒漠化改善的影响，以及用户分享的实地荒漠化情况。教师应根据课堂重点和学生兴趣选择合适的内容，若目的在于激发兴趣，可引入蚂蚁森林的改善案例；若目的旨在总结，可选用展示荒漠化防治成果的视频，提升学生对地理学科的认识和兴趣。正确选择并适时运用短视频，依据教学重点和学生实际情况，能极大提升教学效果。

六、高中地理教学中短视频选取的策略

（一）课前选取策略

1. 符合教学目标

在设计教学方案及应用短视频于中学地理教育时，深度分析教学材料、课程内容及学生的学习状况是基础。首先，教材分析作为教学设计的核心环节，通过细致评估教材内容，教师能全面理解课程的核心思想及其在整个教学体系中的位置，深入的教材分析有助于识别教学内容的承接与启示，从而精准定位短视频的使用场景，确保教学活动既融入教学大纲，又呈现内容连贯。其次，明确教学内容对于短视频的选择至关重要，确定利用短视频作为教学资源后，要对课堂主题进行精确解析，以确保所选视频与课堂教学目标紧密相连，确保资源使用的针对性与有效性，避免与教学主旨偏离。最后，学生学习情况的了解同样不容忽视，教师需准确掌握学生的知识基础、学习兴趣及难点，根据学生的具体需求选取合适的短视频资源，既能针对性地解决学习中的问题，也能提升

学习的积极性与效率，优化教学效果。

2. 按照教学作用分类

视频资源在地理教学中的运用策略需基于对学生学习状态的深入分析及对课程内容的精准掌握。以下是视频在地理课堂的分类及其作用：

（1）新课导入

视频在新课导入阶段扮演的角色是创造轻松愉悦的学习环境，激发学生的兴趣与好奇心。视频材料可以是一则引人入胜的故事、一段引发共鸣的影片、一幅启发思考的图片或者一首富有感染力的歌曲。这类视频能够有效抓住学生的注意力，使他们自然而然地融入学习状态。

（2）解析难点

针对课程中的重难点，此类视频主要在课堂中播放。考虑到学生在学习初期可能对某些地理概念和规律理解不深，选择适当的视频帮助学生突破认知障碍尤为关键。特别是当面对抽象或复杂的知识点时，精选的视频资源能够为学生提供直观的解释，促进其理解与吸收。

（3）拓宽知识视野

当前地理教学不仅着眼课堂内的知识传授，更强调将学习延伸至课外，拓宽学生的地理视野。教师应策划引入与课程内容密切相关、能够拓展学生认知的科普视频，让学生在趣味中学习，从而在自然而然中掌握更多地理知识，增长见识。

（4）课堂知识总结

课程结束阶段的视频播放旨在帮助学生对所学知识进行系统化的回顾与总结。缺乏有效总结的学习易导致知识快速遗忘。通过播放能概括课堂主要内容的视频，不仅可以提升学生复习的兴趣，还能帮助他们在课堂结束时对知识有更清晰的理解和记忆，进一步增强学习效果。

（二）课中使用策略

1. 利用短视频营造良好氛围，激发学生学习地理学科的兴趣

新课引入环节对地理教学的影响至关重要，其独到之处在于立即吸

引学生的注意力，提高他们对新知识的兴趣。根据调查反馈，与传统教学视频相比，短视频的趣味性显著，能够快速打造积极的学习环境。这种视频形式具备吸引力，能使学生在最初的几分钟内将注意力集中到课程内容上，消除上课初期可能存在的困惑或分心状态。

短视频引入地理课堂分为两类场景：第一，短视频能够呈现地理现象的直观画面，帮助学生克服课本文字和图片的局限性。例如，《普通高中教科书 地理 必修 第一册》开篇介绍"地球的宇宙环境"，旨在激发学生的学习兴趣，但内容简单，需要避免深入讲解而造成混淆。此节仅用文字和图片简述天体难以展现它们的动态美。相较之下，短视频通过具体展示天体特征，不只是静态展现，而是深入介绍相关知识，使学生对宇宙和地球产生兴趣。通过抖音的"科学旅行号""银河系讲解员"等账号，以及快手的"探索宇宙科技奥秘""星空猎人"等账号提供的90～150秒的视频，既丰富了学生的知识，也增强了对地理学习的兴趣。这类视频的时长适中，避免占用过多课时，同时减少教师解释的需求，快速吸引学生注意，营造积极的学习环境。第二，短视频能够营造与生活密切相关的学习背景。根据建构主义，学习是学生通过主动探索在特定情境中构建知识的过程，强调知识学习与实际生活场景的紧密联系。例如，《普通高中教科书 地理 必修 第二册》介绍农业区位选择时，可通过西瓜视频平台"V科技奇趣"发布的东北三省粮食收割视频为教学内容提供生动背景。这段近2分钟的视频配合轻快音乐，快速带领学生感受农业机械化对农业的影响，立刻吸引学生的注意力，为地理学习营造了一个积极向上的氛围。

2.利用短视频掌握重难点，提高学生地理课堂学习效率

在地理教学中，利用短视频解释课程重难点是提高教学效率的有效手段。以《普通高中教科书 地理 选择性必修1》中的"地球的自转和公转"为例，对学生而言，昼夜交替与晨昏线的概念较为抽象且难以理解，直接影响后续知识的学习。针对这一难点，教师可以选择展示地球昼夜

交替及其对灯光变化的影响的短视频，不仅展示了地球的美丽，还直观地显示了昼夜更替和晨昏线的科学原理。这种约 20 秒的视频通过其震撼的视觉效果和柔和的背景音乐，让学生对昼夜交替和晨昏线有了深刻的理解和记忆。

3.利用短视频开阔学生眼界，培养学生地理学科核心素养

地理知识在短视频平台上展现形式多样，覆盖了自然、人文、政治及旅游地理等多个方面。教师在课堂教学中可以挑选与教学内容紧密相关的短视频，向学生介绍更广泛的地理科普知识。例如，学习《普通高中教科书 地理 选择性必修 1》中关于"常见地貌类型"时，教师可播放展示冰川、海岸、风成地貌的短视频，这些独特的地貌风景通过短视频形式呈现出来，更能使学生产生身临其境的体验感。同样，在讲授《普通高中教科书 地理 选择性必修 2》中"资源枯竭型城市的转型发展"的课程时，播放介绍焦作多方面信息的短视频，如煤炭资源、农业特征、旅游景点和古建筑等，能够丰富学生对该地区的认知。这类短视频不但能够丰富课堂内容，也无须占用过多教学时间，同时为学生提供了额外的地理知识，有助于拓展他们的视野，鼓励学生跳出学校固有的学习环境，探索更加广阔的世界。

通过短视频深化学生的综合分析能力在地理教学中占有重要地位。以《普通高中教科书 地理 选择性必修 2》"与国家粮食安全"为例，教师可播放关于"中国粮仓"特色的短视频，时长约 50 秒，有效链接地区实际与国家粮食安全。该视频深入介绍东北地区作为国家粮仓的自然与地理优势。一是东北地处温带，粳米一年仅一熟，大米生长周期长，利于土壤恢复。二是日夜温差使大米营养丰富。三是东北水源充足，灌溉用水清洁。四是东北拥有世界稀有的黑土地，提供了肥沃的土壤环境。教师引导学生从多角度考虑在国家粮食安全大背景下东北粮仓的重要地位，促进学生大概念认知与区域认知的结合。

教师利用短视频加强学生的地理实践力，向学生介绍野外求生的知

识，增强其实际应用技能。抖音等平台上的野外探险爱好者分享的短视频涵盖了丰富的地理知识与技能，例如，视频教授如何使用自然界的线索判断方向，包括通过地物影子、植物生长方向，以及北极星来定位。教学内容还包括识别即将发生的自然灾害的迹象，如通过云的形态预测台风，以及泥石流避难技巧。此外，视频也会介绍寻找水源的多种方法，如利用温差冷凝、观察动物行为、寻找干枯河床或植物生长情况。这些技能的学习不仅可以让学生了解如何在自然环境中生存，也在有限的校园环境中提高了学生对地理知识的应用能力，培养学生积极探索和实践的精神。

4. 课后反馈与总结策略

课堂结束时，教师通过播放精选的短视频进行知识总结，能够有效巩固学生对整堂课内容的理解和记忆。尤其在 40～45 分钟的课程后期，学生往往会出现注意力分散、感到疲倦的情况，此时一个吸引人的短视频能迅速唤醒学生的兴趣和注意力。以《普通高中教科书 地理 选择性必修 2》中讨论"生态脆弱区的综合治理——以我国西北荒漠化为例"的课程为例，播放展示中国荒漠化防治成果的短视频"三秒倒计时，看中国治沙奇迹"便是一个极好的选择，视频不仅展示了西北地区气候的特点、治理措施和显著成效，还通过感人的叙述"中国行动，让绿色覆盖大地。正是勤劳智慧的中国人，书写了国家的伟大"这样富有感召力的语句加深了学生对荒漠化防治知识的印象，激发了他们的民族自豪感和爱国情绪，使课堂总结环节不只是知识的回顾，也成了情感的共鸣。

第四节 问题式教学法在高中地理课堂教学中的应用

一、问题与问题式教学的概念

（一）问题

在教育领域，问题被视为推动教学进步和学生成长的关键。通过提出问题，教师能够激发学生的好奇心和探究欲，引导他们进行深入思考和学习。具体到地理学科，教师依据地理学的基本原理和实际情境，提出问题，旨在促进学生运用所学知识解决问题，同时培养他们的批判性思维能力和实践技能。这种以问题为核心的教学策略有助于帮助学生建立问题意识，鼓励他们积极探索，通过自己的努力找到问题的答案。

（二）问题式教学

问题式教学聚焦通过精心设计的问题激发学生的思维活力，促进其主动探索和批判性思考的能力，进而在解答过程中展现个人见解，探索知识联系并构建系统的知识框架。此教学模式适用于各种教学形式，如项目式、单元式、主题式教学等。在地理教学中，这一模式注重利用地理学科特有的问题引导学生整合资源，通过探索性的问题链引导学生合作探讨，利用地理学的方法和工具寻找答案，并将所学知识应用于解决新的地理问题。此过程强调学生对知识的深度理解，旨在通过高阶思维的培养，实现地理学科核心素养的有效落实。

二、问题式教学的设计依据

（一）以素质教育为根本

在高中地理教学中的设计，问题式教学根植素质教育的核心理念。该教学模式强调学生全面能力的提升，旨在培养学生的自主学习能力、批判性思维能力及解决实际问题的能力。素质教育倡导教师引导学生主动探索、独立思考，而问题式教学通过提出开放性问题，激发学生的好奇心和探究欲，使学生在寻找答案的过程中，除积累地理知识外，还学会如何学习、如何分析问题，并应用所学知识于实践中。此外，该教学模式通过促进学生之间的交流和合作，强化了社交技能和团队协作能力的培养，这些都是素质教育所强调的关键能力。由此可见，问题式教学与素质教育的目标高度契合，是高中地理教学中推行素质教育的有效途径。

（二）以课程标准为指导

高中地理课程标准明确了课程的本质、指导思想、目标设定及内容范畴，并为地理课程的有效开展提出了具体建议。包括鼓励教师利用多样化课程资源，超越教科书的界限来实施教学；强调了学科核心素养及其发展水平的界定；为教学设计与评估提供了方向性的建议；设定了明确的学业成就标准。这些要求指导教师在准备问题式教学活动时，需精准掌握课程标准对于教学内容的精确要求，精心选择教学主题，目标定位于核心素养的培养，依据实施建议策划教学与评价方案，梳理教学内容，开发与整合教学资源，并设定评价准则。

（三）以学生经验为基础

学生步入课堂时，携带的是自身的知识与经验，这些已经掌握的知识是开展教学的重要基石。为了有效促进学生的地理思维和核心素养发展，教学中应该将新的地理知识与学生的先前经验相联结，通过提出问题的方式，在学生现有的知识框架内添加新的认知。以"城市内部空间结构"为例，在设计教学时，可以选取学生熟悉的大型商场分布作为切入点，借此激发学生探讨城市不同功能区的划分及其特点，从实际生活的经验出发，深入理解地理学的相关概念。

三、基于问题式教学的高中地理教学目标设计

（一）课程标准分析

高中地理课程标准为编撰教材和开展教学活动提供了根本指导，其中所明确的教学目标对设计问题式教学具有重要意义。在设计教学活动之初，教师需深入理解课程标准，掌握与教学内容相关的具体要求。虽然课程标准中的内容要求表述简明，但范围广泛，往往覆盖数节课程的教学目标，教师在解读课程标准时需将其细化，具体到学生的学习内容、学习方式及预期学习成果，清晰界定显性与隐性的教学要求。举例来说，对于"分析人口迁移的特征及影响因素"的内容要求，应拆解为明确的教学目标：首先，学生需掌握人口迁移的基本概念和分类；其次，理解影响人口迁移的各种因素；最后，探究国际与国内人口迁移在不同历史阶段的特征及其影响。

（二）教材分析

地理课程的教材，根据课程标准编撰，细化了标准的内容，为教学提供了具体指导。教师在教学前应深入分析教材，理解其内容深度、广度、呈现形式及编排逻辑，探寻编写者的设计意图。在教学过程中，教师不应完全依赖教材的结构安排，而是需要根据学生的实际认知水平，对教材内容进行重新整合和调整，包括对不同版本教材中的内容和案例进行比较，吸收其精华，丰富学生的学习材料。在有限的课时内，教师需明确课程重点，通过层次化分析，明确每节课的知识结构，使教学内容与学生的认知水平相匹配。

（三）学情分析

1.学生的认知需求

学生的认知需求反映在面对问题时的主动思考与探索欲望上。学生们对于知识的追求不尽相同：一部分学生乐于深入探讨与研究，自发地寻求知识，表现出较高的创造力和自我驱动力；另一部分学生可能更倾向接受已有的观点，较少进行自主思考。所以在课堂中，教师面临的挑战是激发每一位学生的学习激情，通过设计各种学习活动，激励学生积极参与，提升他们的自信。实践证明，合作与互助的学习环境能有效促进学生的认知需求。

2.学生的认知起点

从学生的已有知识出发，设计教学目标时需考虑学生的认知起点。例如，在《三圈环流》单元的学习中，学生已经对热力环流有了初步理解。基于这一点，教师应在学生已知知识的基础上，引导他们进一步探索，将教学目标设置在合适的认知层次，确保学生能够顺利接受新知识。

3.学生的个体差异

学生之间的差异性也是教师在教学设计中必须考虑的要素。学生的学习背景、兴趣爱好以及学习能力均存在差异，这要求教师采用多样化的教学方法。对于偏好团队合作的学生，可以通过小组讨论的方式提升他们的学习效率。此外，教师还需要关注学生对课程内容的偏好，采用个性化的教学策略，确保学习目标的实现。学生的学习能力差异意味着教学目标设置需要既不过高也不过低，以适应不同学生的学习需求，避免学习动力的丧失或学习压力过大。

教学目标的表达可以通过结合格伦兰内外目标的方法，清晰地阐述学生应达到的学习成果。该方法首先概述一般性的学习目标，接着通过具体行为例证来展现这些目标的具体化。例如，"掌握水循环的过程"作为一项概括性教学目标，描述了一个内部认知过程，但直接观察与评估较为困难。为使其更加明确，可以细化为"解释降水、蒸发和渗透在水循环中的作用"。这种教学目标的表述方法要求教师在编写时注重规范性，确保目标的清晰可度量，以及所有教学目标均聚焦学生，避免在描述时出现重复或模糊不清的情况。

四、基于问题式教学的高中地理问题情境设计

教学情境的构建旨在增强学生的学习动力，唤起他们对新知识的好奇心和探索欲。设计教学情境时，关键在于紧密结合学生的实际生活经验或者已有的知识背景，确保情境中融入地理学的元素，开启学生的探究之旅。这样，学生既能在已知的基础上扩展新的知识，又能学会如何将学到的知识应用于解决实际问题。情境应当穿插在教学的各个环节，始终围绕教学目标而展开，避免仅作为课堂的开始或完全依赖教科书，这种做法可能限制学生学习的深度和广度。因此，积累和利用各类情境素材，多样化情境的展现形式是提升地理教学效果的关键。高中地理情境材料的来源主要包括以下几个方面：

（一）社会热点

高中生对近期发生且与自己有一定接触或体验的热点事件格外敏感，利用这类时事作为课堂讨论的切入点，不仅可以激发课堂的活力，还有助于提高学生分析和解决问题的能力。在挑选这类热点时事作为教学内容时，教师需考虑学生的认识程度，简化专业术语，使之易于理解，并引导学生进行深入探讨。比如，在探讨"自然灾害与防治"课程中分析台风形成原因、危害及防御措施时，可引入台风"利马奇"作为实例。当学习"常见天气系统"时，引入最近天气预报视频为例，有助于学生对气旋、反气旋等概念形成更加清晰、直观的认识，增强学习的实际应用意识。

（二）视频资料

通常学生对于视觉资料如电影、短视频等展现出极大的热情，这类资料留给他们的印象深刻且持久。在地理课堂引入含有丰富地理信息的

影视片段，通常能有效唤起学生探究的热情。视频资源以其独有的方式，向学生呈现他们难以直接接触的地理环境和现象，生动展示地理规律，帮助学生跨越认知障碍，精确理解地理概念。在使用视频资料构建教学情境时，教师可让学生带着问题观看，最大化视频资料的教育价值。如通过《三国演义》中诸葛亮火烧赤壁和司马懿的情节，探讨上方谷之战为何会降雨，以及诸葛亮如何能"借东风"。此类讨论能够激发学生的探索兴趣，通过解释热力环流和天气系统控制下天气风向变化的知识点，学生能够得出自己的结论，加深对地理知识的理解。

（三）实验

地理实验通过设计、操作、观察及分析等步骤，使学生能够直观地感受自然地理现象，从而激发他们的想象力与创新能力。例如，通过地理实验，学生可以实地操作并观察风蚀、风搬运和风积作用的具体表现，理解这些作用对地形变化的影响。通过实验模拟，学生在观测自然过程的同时，面临问题，从而被引导进行深入的问题探究，如学生通过实验探索风力作用的地理过程，进一步掌握地理学的核心概念和原理。

（四）生活经验

陶行知先生提倡教育的实践性和生活性，强调教育应该植根于生活之中。因此，教师在进行地理教学时，应该充分利用学生的日常生活经验作为教学资源。例如，在探讨热力环流的概念时，可以借用暖气放置、热气球飞升或者切洋葱旁边点燃蜡烛的生活场景引入地理概念，让学生通过观察和分析这些熟悉的生活现象来理解地理知识。而乡土地理的引入不仅能让学生通过对熟悉环境的探究而加深对地理知识的理解，还能促进学生对本土文化的认同和情感链接。以学习农业布局和区位选择为例，选取学生熟悉的本地特产，分析其地理条件和区位优势，既深化了学生对地理知识的掌握，又增强了其对地方特色的了解和自豪感。

（五）认知冲突和矛盾

当学生在学习过程中遭遇与既有知识框架不一致的信息时，便会遇到认知的挑战，这种现象称为认知冲突。这类冲突能够促使学生积极寻找解决疑惑的途径，增强其自我学习和探索的能力。例如，虽然摩尔曼斯克处于极北纬度，冬季极寒，但其海域能终年不结冰，这一现象与学生对极地严寒的常规理解形成了鲜明对比。面对这样的认知冲突，学生会被激发出强烈的求知欲，此时教师可以提供全球洋流的分布资料，引导学生通过独立探索来解开这一地理之谜。

五、基于问题式教学的高中地理教学过程设计

问题式教学是一种以问题为中心，通过问题的提出、分析、解决和反思来推进学习的教学方法。该方法以明确的教学目标为基础，通过精心设计的问题引导教学全过程，促进学生对知识的深入理解和技能的有效构建。具体实施步骤包括：第一，创设相关问题的学习情境，吸引学生注意力；第二，进行问题的深入分析，让学生掌握问题的核心要素；第三，引导学生探讨并解决问题，在这一过程中，教师提供适当的指导和支持；第四，对学习过程进行评价，检测学习成果与目标的契合度；第五，进行总结反思，巩固知识，提升学习效率。在此过程中，教师和学生共同参与，共同促进知识的深入学习和技能的有效发展。问题式教学具体实施流程如图4-5所示。

教师活动	教学步骤	学生活动
创设问题情境引出核心问题	创设问题情境	感知情境
抛出问题链，引导提问	分析问题	分析问题、构建基础知识
课堂监控，指导交流	解决问题	合作交流、自主学习解决问题
评价反馈	作品评价、总结反思	评价反思

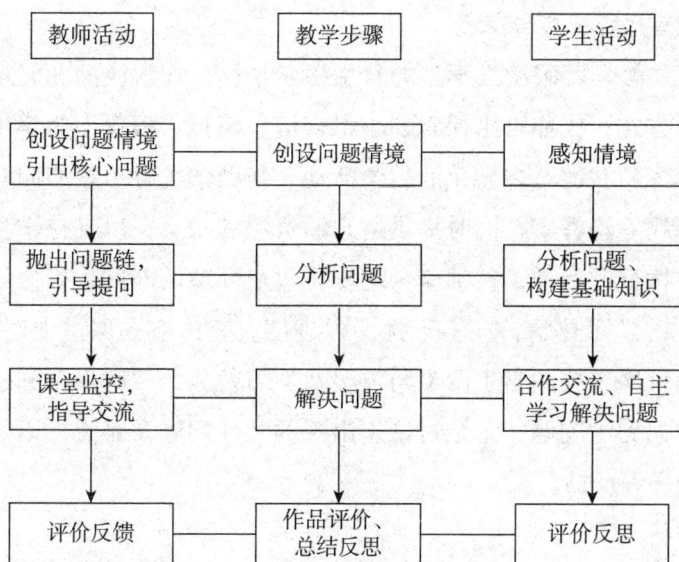

图 4-5　问题式教学具体实施流程

（一）问题式教学中教师活动实施流程

1. 创设问题情境，引出核心问题

通过构建引人入胜的问题场景，教师吸引学生的关注并刺激他们的学习动机。提出的核心问题直接指向教学的目标与内容，使学生清楚本次学习的方向。呈现问题场景的手段丰富多样，可以是教师的叙述、多媒体演示、实物展示、地理信息系统（GIS）应用、角色扮演等，有效地将学生置于情境之中。

2. 抛出问题链，引导提问

在教师构建问题场景之后，为引导学生清晰地把握学习方向，逐渐展开问题链，有助于学生掌握关键知识点，加深对核心概念的理解，为解答更深层次的问题奠定基础。对于基础性和常识性的问题，教师可以向平时较为内向或参与度不高的学生提问，给予他们充分的思考和讨论机会，增强他们的自信。

3. 课堂监控，指导交流

问题式教学着眼激发学生的自主探索精神，在解决问题时可以采用多种学习方式，比如自主探索、小组交流、模拟实践等，为学生提供丰富的学习体验。通过多元化的教学活动，帮助学生针对核心问题及其衍生的子问题寻找答案，同时提供适宜的资源和工具，以支持学生的探究活动。在执行过程中，教师应合理安排每个环节的时间，确保活动既能激发学生的学习热情，又不干扰课程进度。教师应在课堂中巡视指导，确保讨论秩序，关注学生的参与情况及学习效果，及时发现并解决学生在学习中遇到的问题，总结讨论中出现的共性问题及难点，以便进行针对性的指导和反馈。

4. 评价反馈

学生的学习成果结束后，教师需就他们的知识掌握、思考模式、学习态度以及参与讨论的热情等方面提出指导意见。在评价中，教师应保持公平和中立，根据每位学生的具体表现，对其展现出来的长处进行正面肯定。同时，对于表达不准确或未达到要求的部分，给予纠正和指导性的反馈，针对学习过程中遇到的难题提供答案和解决方案。

5. 总结反思

在问题式教学的最后阶段，进行教学总结是关键。利用思维导图或知识结构图引领学生对学习内容进行系统性梳理，帮助他们将讨论的主要问题转换成学习的核心内容，建立完备的知识结构。对于课堂上未充分讨论的或学生感觉难以理解的知识点进行必要的补充和强调。课后，教师需对本次课堂的设计和实施进行反思，包括情境的设定是否恰当、问题的设置是否适宜学生理解、提问是否均衡以及学生参与程度等，一方面不断优化问题式教学方法；另一方面为未来课程的成功开展积累经验。

（二）问题式教学中学生活动实施流程

1.激发学习情绪，同步心灵共振

当学生了解学习的方向后，教师利用生动的语言描述和情感传达，快速带领学生融入课堂情境。通过联系学生的亲身体验，触发情感共鸣，从而增强学生的集中注意力，提高学习热情，促使学生积极投身课堂互动之中。

2.问题探讨

建立轻松友好的师生关系对于激发学生主动思维至关重要。在此氛围下，教师应当鼓励学生自由地分析、询问并回答问题，促使学生勇于假设和质疑，这样不仅能激发学生解答问题的热情，也能促进学生对新知识的探索，打下坚实的学习基础，促使学生发展成为具有创新思维的个体。

3.独立及协作探究

在自主探究阶段，学生通过分析教师提供的情境和材料，独立思考解决方案。对于较为复杂的议题，则通过小组协作来提高解题效率。根据班级规模，将学生划分为 4 ～ 6 人一组，同时根据学生的学习能力、背景知识和兴趣爱好来优化小组成员配置，最大化小组协作的效果。为了确保课堂秩序，采取以下措施：一是小组内部明确分工，设置组长和副组长；二是组员间互相协作，共同查阅资料、交流信息，以集体智慧解决问题。

4.成果分享与反馈

开放式的地理课堂鼓励学生展示和分享，不仅有助于学生间的想法交流，而且能够增强学生的表达和呈现能力。每个小组指派代表进行成果展示，其他小组进行评论和补充，并记录下反馈信息。展示形式多样化，可以是演讲、PPT 汇报、制作思维导图等，以此展现学生的创新能力和团队协作精神。

六、基于问题式教学的高中地理教学评价设计

（一）结果性评价

在学生学习成果的评估中，主要运用书面测试的形式，通过教师精心设计或收集的试题来全面评价学生对地理基础知识、原理及技巧的理解和掌握程度。这一评估过程严格遵循既定的教学目标，这些目标在教学设计阶段就已经明确，涵盖了从基础到高级的多个层次，为准确评价教学成效提供了明确指导。此外，根据学业质量评价标准，对学生的答题表现进行客观评定。

（二）过程性评价

在传统的评估方法中，考试成绩往往是衡量学生学习成效的主要标准，这种方法侧重对学习成果的最终评价，而忽略了学生在学习过程中的表现和思维发展。相较之下，问题式教学强调在整个学习过程中进行持续评估，旨在实时监测学习进展，并向教师和学生提供反馈，以便及时调整教学策略。不同的评价主体将关注不同的评价内容，因此建立多元评价体系非常必要。对教师而言，评价内容涵盖了教学设计的多个方面，如目标设定的准确性、教材处理的适当性、情境创设的吸引力、问题设定的层次分明性等。在教学过程中，着重评价课堂氛围和提问环节的有效性。教学成果的评估侧重教师是否实现了课程目标。对学生而言，评价主要聚焦他们的学习过程和小组合作的成效。

第五节　诱思八环教学法在高中地理课堂教学中的应用

一、诱思教学的概念

诱思教学是一种旨在激发思考、引领探索的教育方法，是将传统的教与学模式转变为更加互动和探索性的过程。该方法着眼教师通过精心设计的问题情境，促使学生从被动接受知识转向主动探索与思考。赵邦宇强调，诱思应从单向教授转变为引导学生的发现之旅，使学生的学习过程成为不断探求与思考的旅程。[①] 于珍视诱思为教学互动的核心，其中教师的引导和学生的主动性共同塑造了充满活力的课堂环境。[②] 田思峰将诱思视为教与学的艺术，认为它融合了启发智慧和自我发现的过程，体现了教学策略与机制的融合。[③] 张雄飞教授则提出诱思与探究的结合体，提炼出诱思探究理论，强调通过三维教学目标的实现，推动诱思探究教学的发展。[④]

综合上述观点，笔者认为诱思教学就是教师有目的地设置疑问，旨在引导学生积极思考，完成教学目标，它不只是一种教学技巧，更是一种哲学，通过教师的精心设计和学生的积极参与，实现知识的深度学习

[①] 赵邦宇. 从《指数函数及其性质》一节看诱思探究教学 [J]. 科技创新导报，2014（10）：118.

[②] 于珍. 诱思探究论在高中地理教学中的应用：以人教版"自然地理环境的差异性"为例 [D]. 陕西师范大学，2014：12.

[③] 田思峰. 诱思探究教学法的应用 [J]. 科技信息，2009（28）：239-243.

[④] 张雄飞. 诱思探究教学导论 [M]. 西安：陕西人民教育出版社，1993：25.

与探索。

二、诱思八环教学法的内涵

诱思八环教学法是在新课程改革背景下创新提出的教学策略，该方法将课堂教学细分为八个阶段，旨在打破传统教育对学生思维的限制，引领学生明确学习方向。在此模式下，教师通过设置引人深思的问题场景，激发学生的好奇心和探究欲，引导他们独立思考和探索，掌握核心知识点。在此基础上，学生通过小组合作深化理解，教师则在关键时刻提供精确讲解，帮助学生攻克难点。诱思八环教学法还鼓励学生通过构建思维导图等方式对知识进行系统化整理，进而通过有目的的练习巩固所学，最后在教师的指导下拓宽知识边界，提升学习深度。

三、诱思八环教学法的基本流程

（一）八个环节

诱思八环教学法将课堂划分为八个环节，如图 4-6 所示。

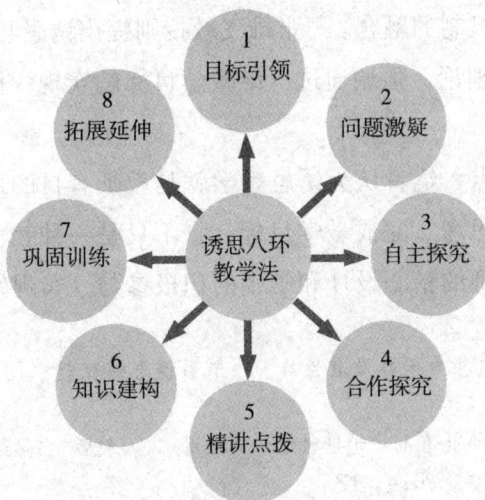

图 4-6　诱思八环教学法的八个环节

1. 目标引领

在教学的开端，确立明确的教学目标至关重要。通过使用多样化的多媒体资源，教师向学生展示本节课的学习目标，使学生了解通过本次学习能够掌握哪些知识、如何通过特定的学习策略提升自身能力，以及这些知识和技能的提高将如何积极地影响他们的情感、态度和价值观。这一过程基于课程标准、学业要求以及学生的当前学习基础和发展需求，旨在为学生设定既切实又能推动其最近发展的全面教学目标。

明确的教学目标既指明了教学的方向，又提高了教学的有效性，避免了教学的盲目性。在课程开始时明确将教学目标展示出来，有助于学生清晰地认识到他们的学习任务和目标，进而激发他们的学习兴趣和自我驱动力，为自主学习和协作学习打下坚实基础。同时，这一环节还能够激发学生的主动学习意识，延长他们集中注意力的持续时间，并为后续的学习评价提供明确标准。借此，教学资源得到了合理运用，促进了师生之间的共同努力，确保了学习目标的有效实现。

2. 问题激疑

在课堂教学的问题激疑环节，教师通过精心设计的问题情境，基于学生的具体学习背景和课程的核心目标，提出旨在引发深度探究的问题。这些问题既可以由教师直接提出，围绕着学生应达到的三维目标，也可以激励学生在探索过程中自发提出。通过这种方法，教师将学生引入一个充满好奇和探索潜力的学习环境中。

问题的提出是激发学生求知欲的关键，缺少了这一环节，学生的学习动力可能难以被唤醒，学习过程也就缺乏明确的方向和目的。通过紧扣课程目标，从学生实际情况出发提出的问题既符合学生的认知水平，也能激发学生的学习热情，促使他们主动参与学习过程。

3. 自主探究

课堂上的自主探究环节位于问题激疑和合作探究之间，为学生提供了一个专门的时段，依托教师设定或学生自行发现的问题，围绕教学目标和内容进行深入的个人探索。在这个过程中，学生的任务是解答由问题激发环节引出的疑问，掌握关键的基础知识，并记录下尚未解决的问题，这样不仅使得问题更加具体，也便于教师把握学生探究的成效，确保教学的针对性和效率。

自主探究活动对于实现新课程改革的目标至关重要，旨在将课堂的主导权还给学生，减少课后负担，赋予学生更多的自由时间，激发其天生的好奇心和探索欲。这一环节的设置一方面是在问题激发后引导学生进行深入思考的桥梁；另一方面是在合作探究前为学生搭建基础的平台。在此阶段，教师应提供适当的引导和参考材料，帮助学生有效地进行探索。若学生在自主探究过程中遇到困难，教师应及时调整教学策略，适当引导学生进入下一个环节，避免过度消耗时间。

4. 合作探究

在课堂的合作探究阶段，学生在前期自主探究的基础上进行小组合作，此环节旨在深化学生的理解和能力培养。在小组讨论中，学生围绕教师设置的探究问题和自主探究中未解决的疑惑进行深入探讨，共同寻找答案，积极分享各自的发现和见解，同时在小组内部归纳总结探究成果，对仍有疑问的部分做出明确标记。

该环节的核心目的在于通过小组协作促进学生思维的碰撞和发展，这不仅是对自主探究的深化，也是使课堂教学回归以学生为中心的教育理念。教师在此阶段的角色转变为引导者和协调者，深入各个小组，激发讨论，确保学生能积极参与交流，鼓励学生勇于表达自己的观点，营造一个自由开放的学习氛围。教师需留意讨论的质量和进度，若观察到学生讨论遇到困难或进展缓慢，要及时介入，指导学生解决困难或调整讨论方向，保证教学活动能够顺利进行。

5. 精讲点拨

在课堂的精讲点拨阶段，教师将站在讲台前，针对学生在自主和合作探究阶段提出但未能解决的疑难问题以及本课时的关键知识点进行详细解析和讲解。这一环节致力解答学生的疑惑，通过深入讲解加强学生对重要概念和难点的理解，同时引导学生掌握解题策略和思考方法，增强其解决问题的能力，尤其提升其语言表达和逻辑思维能力。

此外，教师还将对学生在课堂上的亮点表现进行积极反馈，对于存在的问题和不足提出建设性的指导和建议，这种及时的评价和反馈能够激励学生保持学习热情，促使他们在后续的学习中更加积极主动。

6. 知识建构

课堂上的知识建构环节位于自主探究、合作探究和精讲点拨之后，旨在帮助学生将吸收的新知识与已有知识体系相融合，形成完整的认识框架。学生在此环节将通过个人或小组的努力，整合课堂上学到的知识，创建自己的思维导图或知识结构图，以便更加深入地理解和记住学习内容。学生完成知识建构后，积极向同伴展示自己的学习成果，教师则选取部分学生的作品，利用投影仪进行展示，对学生的知识框架进行宏观上的指导和点评，引导学生在探究和总结中找到适合自己的学习方法，形成个性化的知识组织结构。

这一步骤的设计是基于认知心理学的原理，通过自主和合作的方式唤醒并优化学生对旧知识的认识，通过教师的引导，将新的学习内容融入学生的既有知识体系中，建立新旧知识之间的桥梁，促进学生的认知结构优化和知识内化。

7. 巩固训练

课堂上的巩固训练环节位于教学流程的倒数第二个阶段，此时，教师通过组织学生进行有针对性的练习，加深对课堂知识点的理解和记忆。为了确保知识的牢固掌握，教师可引导学生设计题目互相挑战，通过这种互动方式提升学习的深度和广度。

这一环节的目的在于通过实践操作让学生对新学知识进行复习和应用，检验学习成效，为未来学习活动做好准备。通过精心设计的练习，学生能够在充满挑战的环境中发现并填补自己知识的空白，避免学习中的挫败感，从而保持对学习的热情。此外，通过在课堂上完成练习，学生能够有效利用时间，减轻课后的学习压力，留出空间进行个性化的学习和兴趣探索。

8. 拓展延伸

课堂教学的拓展延伸阶段是整个教学流程的最后一环，此时，教师根据学生的学习背景、经验和认知水平，细致规划适宜的拓展内容。这一步旨在通过合理运用教育资源，引导学生将课堂知识与更广泛的知识体系相联系，实现知识的广泛应用和能力的全面提升。教师可以基于学生之前构建的知识体系，将本节课的内容嵌入更大范围的知识背景中，使学生在已有认知的基础上加深理解，拓宽知识视野。

此环节的设计旨在满足学生的知识探索欲，通过知识的拓展和延伸，激发学生学习的主动性和创新思维，促使学生从多维度、多视角对知识进行探讨和思考。教师通过巧妙地连接课堂知识与现实生活，引领学生探究知识背后的原理和应用，促进学生形成独立而深刻的见解，以适应新课程改革的要求和时代发展的需求。在拓展延伸的过程中，教师的角色转化为引导者和助力者，为学生提供一个宽阔的知识探索平台，帮助学生在已有的知识结构上进行有效拓展，加深对知识的理解和应用，实现课程目标的全面落实。

（二）流程示意图

诱思八环教学法的实施流程如图 4-7 所示。

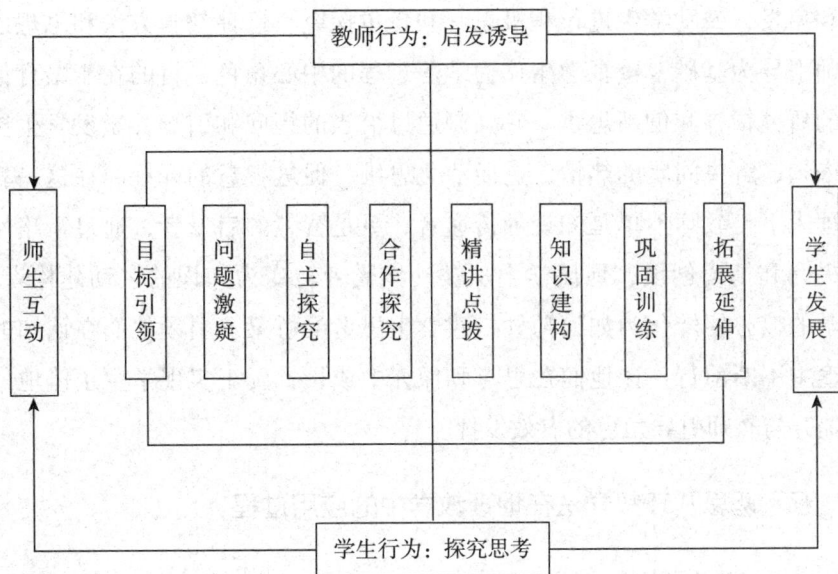

图 4-7　诱思八环教学法的实施流程

四、诱思八环教学法应用于高中地理教学的理论基础

（一）最近发展区理论

最近发展区理论提出学生发展存在两个关键水平：一是学生当前的独立解决问题的能力，二是在适当引导下他们能够达到的潜在发展水平，两者之间的距离定义了最近发展区。在这个理论的指导下，认识到学生的个体差异，帮助教师更准确地把握学生的学习需求，有效地指导学生。在学生心理功能接近成熟之际，单凭个人努力难以掌握新知识，此时，教师和同伴的适时介入显得尤为重要。他们通过提供"学习脚手架"，创造问题情境，让学生在理解已知知识的基础上建立新的认知链接，引领学生跨越最近发展区，实现知识和能力的提升。

（二）启发式教学理论

启发式教学是一种以激发学生主动学习为目标的教学方式，通过诱导和启发，鼓励学生进行积极思考和自主探究。这种教学方法和思想以教师引导为基础，重视学生作为学习过程的中心角色，目的在于培育他们的研究精神和创新思维。它强调通过恰当的提问和引导，激发学生探究未知、解决问题的热情，进而活化思维，促进智慧的开展。在这一教学理念下，教师不单是知识的传递者，更是智慧的启发者，通过策略性的提问和情境创设，促使学生从被动接受者转变为知识的主动建构者。教学的核心便转化为如何巧妙搭建学生思考的桥梁，引领他们在认知的旅途中不断前行，让他们在思考和探究中成长，真正实现学生主体地位的提升与教师引导角色的有效发挥。

五、诱思八环教学法在地理教学中的应用过程

（一）目标引领

在准备目标引导阶段，教师需深入了解《普通高中地理课程标准（2017 年版 2020 年修订）》的核心要义。该标准强调地理学的本质——探索自然环境与人类活动的相互作用，突显其在解读当前人口、资源、环境问题中的关键作用。教师在设定教学目标时，需贯彻课程标准的指导思想，全面理解教学内容的内涵，从学生视角出发，明确本课的学习内容和目标，进而将其拆解为详细的学习目标。这些目标分为知识与技能、过程与方法、情感态度与价值观三大维度，其中，知识与技能构成学习的基础，过程与方法为学习的桥梁，情感态度与价值观则是教学的高阶追求。进行目标引领时应当注意以下两点：

1. 目标要明确，切忌笼统

目标的明确性是实现教学成功的前提，只有当学生清楚未来的学习方向时，才能有效地规划和参与课堂活动。对此，教师在细化知识与能力目标时，应确保其具有实际可操作性，旨在使大多数学生能够通过课堂学习掌握特定的地理知识或理解某一概念。过程与方法目标应贴近学生的实际能力范围，并展现出与知识与能力目标之间的递进关系，通过

恰当的学习方法指导，如实验法或图解法，促使学生达到预期的学习效果。情感态度与价值观目标则需避免笼统和抽象，而应明确提出具体的期望行为，如培养节约资源和环保意识，将地理知识应用于实际生活中，进而塑造学生的地理素养。

2. 目标应结合学科特点而引领

高中地理的学习不局限于地理学科本身，还与历史、政治、物理、化学和生物等多门学科存在紧密的关联。特别是在目标引领环节，地理与政治学科的相互渗透尤为显著，政治学科的方法论，如一切从实际出发、对立统一的观点等，常被应用于情感态度与价值观目标的塑造上。物理和化学的实验结论常常被纳入地理的过程与方法目标中，所以，制定目标引领时，教师应深化学科间的融合，恰当引入相关学科知识。例如，在探讨"桂林山水成因——圈层相互作用案例分析"时，可将过程与方法目标设置为利用化学反应方程式探究喀斯特地貌形成的科学原理；而情感态度与价值观目标则可依托政治学科的观点分析方法，引导学生从多维度理解桂林山水的成因，培养对国家自然景观的热爱和自豪感。

（二）问题激疑

高中地理教师的任务远超过简单的知识传授，更关键的是引导学生培养思维能力，掌握有效的学习策略。在设计问题激疑环节，教师需通过精心构建的问题情境激发学生的学习动机，并引导学生主动提出或从教师给定的情境中挖掘探究性问题，为学生后续的自我探索奠定基础。在此过程中应考虑以下要点：

1. 基于对学生兴趣和需求的深入了解，定制问题情境

地理学科紧密联系实际生活，反映公民应具备的基本地理素养。因此，通过调研学生兴趣，教师应从学生日常生活中寻找切入点，创建贴近学生生活的问题情境。如赫尔巴特所述，激发学生兴趣是教学中不可或缺的环节，将学生感兴趣的内容转化为课堂学习的动力，能够有效提高学习效率。

2.利用地图作为问题情境的构建工具

地图不仅是地理信息的重要承载者，也是地理学习中的关键工具，融合了图像、符号、颜色和数据等元素，直观地展示地理现象和空间分布关系。地图读图能力是地理学科的核心技能之一，对于地理学习至关重要。结合地图的直观特性，教师可引导学生回顾旧知，探索新知，揭示知识间的内在联系，增强学生信息获取和处理能力，促进新旧知识间的有效衔接。

（三）自主探究

学生根据教师精心准备的自主探究案开展学习，这些探究案是教师基于学科要求、考试大纲精心设计的教学资料，旨在引导学生深入探索地理知识。自主探究案包含地理学科的基础知识，结构系统完整，旨在促进学生地理素养的全面提升。此环节要利用地理学科的逻辑性特征，层层递进地完成探究案内容。而学生则应依据教师的初步指导，积极展开自我探究。鉴于地理学科的特殊性，学生在学习中遇到的难题应即时记录在问题栏，以便教师了解并给予解答。在此过程中，需关注以下要点：

1.结合问题激疑环节教师创设的问题情境进行自主探究

在诱思八环教学法中，各个环节相互支撑，互为基础，特别是问题激疑环节，它通过精心设计的问题情境，不仅能够唤起学生的学习热情，还能够激发他们内心深处的求知欲。这些情境为学生自主探究中遇到的首个问题提供了切入点，而且考虑到地理学科内容相对于政史等学科来说，概念理解上的难度更大，教师的任务便是巧妙运用这些问题情境，帮助学生跨越理解上的障碍，有效推进学习过程。

2.发挥好教材的作用

自主探究案是为学生设计的，旨在引导他们系统学习地理基础知识，确保学习活动符合学生当前的认知水平。这种做法旨在激发学生的自信，为他们打下坚实的知识基础，促使他们在理解了基本概念之后，能够与同伴一起深入探讨，加深对知识点的理解。在此过程中，教师要在探究活动开始前为学生提供明确指导，比如指定学生阅读教材的特定章节，并且要确保学生在探究过程中的时间得到有效管理，及时进行必要的指导，使学生的学习既有目的性，又有效率。

（四）合作探究

合作探究环节是诱思八环教学法中至关重要的一环，它不仅促使学生综合运用所学知识，还凸显了地理教学的独特之处，与其他学科相比，具有明显的差异性。地理学科的特点如空间和区域的认知，实践参与的重要性，科学与人文的交融，综合与生态的视角，以及知识的具体形象性，为学生提供了多样的探究途径。这些特质要求学生在合作探究中采用不同的方法来探索地理现象，确保学习过程既充满挑战，又富有成效。

1. 观察探究法

地理学穿透日常生活的方方面面，与我们紧密相连，在合作探究环节中，教师可以利用生活中常见的地理现象作为切入点，将地理概念融入学生的实际经验之中。举例来说，当探讨热力环流的概念时，教师可以邀请学生分享和分析自家暖气和空调的设置原因，通过这样的实际观察，引发学生对于热力环流原理的探讨。

2. 实验探究法

由于地理学是自然科学的一支，它的很多自然现象和规律都需要通过实践和实验来具体理解。例如，在探讨大气运动的过程中，学生可以通过简单的实验亲身体验海陆风的形成原理。具体操作如下：准备两个相同大小的透明容器，一个装满沙子，另一个装满水，将它们同时置于阳光下，通过观察不同时间段内两个容器内温度计的读数变化，学生可以直观地感受到海陆热力性质的差异。这种实验不仅可以让学生通过亲身实践获取知识，而且能够深化对地理原理的理解和记忆，是理论知识与实际观察相结合的有效教学方法。

3. 调查探究法

调查探究法侧重将学生引入实际的社会环境中，对地理学科中的人文现象进行深入研究。这种方法与高中地理的教学理念——培养学生掌握公民必备的地理知识和能力——高度契合。以人文地理为例，学生可以通过社会调查的方式，实地考察和分析人口迁移、城市发展、产业布局等现象，如通过家访、问卷调查等方式收集数据，对本地或迁移过来的家庭成员的迁移背景和原因进行分析，从而理解人口流动的动因和趋势。

4. 文献探究法

地理学科的探究教学着重地理环境各要素之间的相互作用与关系，以及地表综合体的特性和演变规律的研究。由于地理学科的综合性和区域性特点，它强调对地理事物和现象之间内在联系的认识，这既有助于学生理解地理知识的广泛性和深度，也促进了学生对地理事物内在规律的洞察。在实施合作探究过程中，通过对教材、参考资料和相关文献的深入分析，比较研究可以揭示地理事物的相互关系和变化规律，有助于学生构建正确的地理知识体系，有效解决探究中遇到的问题。这种方法要求学生在教师的引导下，利用多种信息资源，开展深入的比较分析，进而发现和理解地理现象和过程的本质。

针对青春期学生的心理特征，教师在合作探究的引导中需要采取特别的策略。根据埃里克森的社会心理发展理论，青春期学生正处于形成自我同一性的关键时期，对自我形象和社会角色的探索充满了疑惑和挑战，他们可能因为害怕错误而退缩不前，担心在同伴面前失去面子。在这种情况下，教师在合作探究中的角色变得尤为重要，教师需要深入理解每个学生的心理状态和学习需求，通过积极的引导和鼓励，营造包容和鼓励的学习氛围，使得学生能勇于表达自己的见解。通过小组内的相互尊重和倾听，每位学生都可以在讨论中找到自己的位置，减轻内向或胆怯学生的焦虑感，增强他们的自信心和归属感，确保每位学生都能积极参与合作探究，展现自己的思维和创造力。

（五）精讲点拨

精讲点拨主要针对教学重难点展开，具体需要注意以下内容：

1. 确定教学的重点

在高中地理课程中，教师面临的一个关键任务是确保学生对一系列基本的地理概念、规律及其应用有一个清晰的认识和理解，包括那些频繁出现在课程大纲中、涉及广泛领域且对学生日后学习有着深远影响的知识点。这些知识点既包括需要通过记忆掌握的事实性信息，如特定的地理分布和变化过程，也包括需要深入理解和应用的概念性和规律性知识，如地理现象的成因。以地球自转和公转的概念为例，这两个过程在循环周期、速度及其对地理环境的影响等多个方面存在差异。为了加强学生的理解，教师可以在课堂讲解中利用多媒体教学资源，通过图像和动画辅助讲解，使这些抽象的地理概念变得直观生动，帮助学生构建起清晰准确的地理知识框架，确保学生能够区分和理解这些基本但重要的地理过程。

2. 确定教学的难点

高中地理教学中的难点通常涉及内容的复杂性、概念的抽象性、练习题的综合性以及在自主与合作探究过程中仍悬而未决的问题。在处理这些难点时，地理教师可以巧妙利用传统教学工具，如黑板绘图，虽然这种方法在新课程改革中逐渐被电子媒体所取代，但其在促进学生理解复杂地理现象方面的作用依然不可小觑。例如，在解释澳大利亚混合农业受限条件时，教师可在黑板上绘制澳大利亚的地形示意图，通过视觉呈现让学生直观理解墨累—达令盆地位于大分水岭雨影区的地理特征。

（六）知识建构

地理学科的学习与理解依赖对知识的系统构建，其中知识的互联和层次性尤为关键。在高中地理的学习过程中，学生必须在已有知识的基础上主动构建新知识，寻找知识之间的联系点是构建知识网络的核心。

地理学科的独特之处在于其强大的逻辑关系和综合性，学生要先掌握自然地理基础知识和人文地理知识，才能深入理解区域发展的内容。区域发展的内容实际上是前两部分知识的应用和实践，展示了地理学作为一门自然科学的应用性和实践性。地理知识的特点是它们相互关联，形成一个紧密相连的网络，任何一个知识点的理解都可能影响对整个学科的理解，教师在指导学生进行知识建构时，应提供清晰的宏观指导，引导学生通过思维导图等工具系统地整合和记忆知识，发现适合自己的学习方法，使得地理知识在学生心中形成一个连贯、系统的结构网络。

1. 原理性知识建构

地理学中的原理性知识体现了自然与人文现象之间深刻的内在联系和普遍规律，例如太阳直射点的季节变化、气候带的形成机理、城市化进程与人口动态的相互作用，以及资源配置与环境保护的平衡等。这些知识不仅阐述了地理现象的分布特征，还揭示了它们的发展过程、内部结构和人地相互作用的规律。为了有效地理解和记忆这类抽象的地理概念，可以利用视觉化学习工具，如思维导图和图表，将复杂的地理原理简化为图形和符号的组合，便于学生通过视觉化内容快速捕捉和链接知识点，帮助他们构建系统化的知识框架，加强对地理原理性知识的整体理解和长期记忆。

2. 区域地理的建构

在学习区域发展的内容时，学生面临的挑战在于掌握大量的知识点以及理解这些知识点之间的综合联系。教材通过区域案例的方式，要求学生既了解区域特征，又能从区域特征中抽象出地理学的综合规律，提升宏观思维和空间思维能力。为了达到这一目的，采用结构化方法对知识进行组织是一个有效策略，通过这种方法，学生可以在宏观层面上整理和链接各个地理概念，建立起知识之间的逻辑关系，从而形成一个清晰的、系统化的知识框架，使得区域地理学习更加条理化、系统化。

（七）巩固训练

在地理教学过程中，巩固训练旨在帮助学生深化对新知识的理解，并将其牢固记忆。随着素质教育理念的深入人心，高考对学生的基础知识与基本能力仍旧有着明确要求，基于此，地理教学不仅需要注重基础知识的教授，更应通过多样化的训练方式来加强知识的巩固，以减轻学生的课外学习压力。除传统的练习题外，实验探究、小组讨论、互动提问及趣味游戏等多种形式都是有效的巩固方式。例如，在掌握地理核心知识如四大区位理论后，可以通过角色扮演的游戏，让学生扮演不同角色探讨工厂布局或交通线路规划，以此促进学生对知识的理解与应用；针对特定区域知识，则可通过更多练习题来加强记忆，确保学生能在愉快的学习氛围中有效地完成知识的巩固与应用。

（八）拓展延伸

结合高中地理学科的特点，拓展延伸可以采用以下三种方案：

1. 生活观察与实践应用

地理学贴近生活，其现象与事物无处不在，为学生提供了观察和思考的丰富素材。教师可以鼓励学生观察周围的地理环境，关注气象变化等自然现象，将课堂知识与实际观察相结合。例如，通过成立气象观察小组，学生可以将大气圈知识与天气观测相结合，将学到的地理知识应用到现实生活中，使学习更具有实际意义。

2. 跨学科知识融合

地理学与其他学科如物理、化学、生物等科学领域紧密相连，这为教学提供了跨学科融合的可能性。通过探索地理与其他学科的交汇点，如探讨大气运动的物理原理、河流侵蚀与化学作用的联系，或者生物与地理环境的互动，教师可以引导学生理解学科间的相互关联，培养他们综合应用知识的能力。如引入生态农业系统的设计任务，让学生结合地理和生物知识，创新性地考虑可持续发展方案。

3. 案例分析与深入探索

教学案例是地理教学中的重要组成部分，不仅能帮助学生理解区域地理的特点，还能激发学生的探究兴趣，促进思维的深入与延伸。教师可以利用教材中的案例，引导学生进行深入分析，通过比较类似案例，激发学生的思考，促进知识的综合与应用，如通过案例比较，探索不同地理环境下的相似现象或问题解决策略，深化学生对地理概念的理解。

拓展延伸活动应恰到好处，既要考虑学生的认知水平，避免超出学生的理解范围，又要确保能有效促进学生对已学知识的深化和拓展，确保知识的正向迁移。

第五章　高中地理课堂教学内容的优化对策

第一节　生态文明教育融入高中地理课堂教学

一、生态文明教育的概念

（一）生态文明

生态文明是人类文明发展到一定阶段的产物，反映了人类对自然环境和资源保护的深刻认识和实践。它强调在人类社会发展中推崇节能低碳、环保的生活和生产方式，力图实现人与自然和谐共生。这种文明形态的提出旨在改善和提升生态环境质量，构建一个人与自然和谐共生的生活环境。

1978 年，生态文明这一概念由德国学者费切尔提出，虽然他没有给出一个明确定义，但这标志着人们开始从追求科技进步转向重视与自然界和谐相处的重要性。[①] 国内方面，1987 年，叶谦吉先生首次明确提出生态文明概念，他阐述了生态文明的核心是人类在利用自然资源的同时，

---

① 卢风.生态文明：文明的超越 [M].北京：中国科学技术出版社，2019：2.

应采取合理的方式回馈自然，力求在改造自然的过程中保护自然，实现人与自然的和谐共生。① 随后，多位学者对生态文明的内涵进行了深入探讨。陈建辉认为生态文明强调的是生态的平等性和可持续发展，倡导健康文明的消费模式，尊重一切生命形式。② 何小刚则认为生态文明的最终目标在于尊重和保护生态环境，他强调实现人与自然的和谐共生、共融和共进，需要依靠人类自身的自觉行动和自我约束。③

由上述内容可知，生态文明在概念上分为狭义和广义两种理解。在狭义上，生态文明被视为文明的一个分支，与经济、社会文明并列，专注探讨人类与自然环境之间的文明关系。这种理解侧重人类在与自然的相互作用中展现的文明态度和行为。而广义的生态文明更为全面，强调构建一种尊重自然的文化理念，推动人与自然和谐共生。这涉及人类的生产生活方式的转变，爱护和保护自然成为人们行为的自觉选择，同时包括形成一种生态文化的自觉认同。本书聚焦于生态文明的狭义理解，即作为一种文明形态，生态文明反映了人类在发展进程中与自然环境相互关系的文明程度。与其他文明形态相比，生态文明的独特之处在于其着眼平衡人类社会发展与自然环境保护之间的关系，旨在同时促进社会生产力的提升和生态环境的保护。生态文明的提出是对工业文明阶段人类面临的生态问题的深刻反思，强调在推动社会进步和发展的同时，保持对自然界的敬畏和保护，旨在实现人与自然和谐共生。它代表了一种追求可持续发展的文明进程，是人类在认识到自然界的价值和必要性后，形成的促进人与自然和谐共生的文化成就的总体表现。

（二）生态文明教育

生态文明教育作为继环境教育与可持续发展教育之后的进一步发展，

---

① 卢风.生态文明：文明的超越[M].北京：中国科学技术出版社，2019：3.

② 陈建辉.论生态文明与可持续发展的关系[J].林业经济问题，2022（2）：112-114.

③ 何小刚.生态文明新论[M].上海：上海社会科学院出版社，2016：10.

着眼培养学生对环境的深刻关注及其保护的能力和意识。它从环境教育的基础出发，注重环境保护知识的普及和环保行动意识的培育，并拓展到更加广泛的可持续发展领域，强调学生应理解人类行为对环境、经济、社会的综合影响，并拥有推动可持续发展的意识和能力。在当前的教育领域，对于生态文明教育的具体内涵尚未形成一致共识。范梦在其观点中提出，生态文明教育建立在生态学的系统观和整体观之上，旨在通过教育实践，调和人与自然的关系，重视和尊重人的主体性，同时关注人的需求与发展，前瞻性地考虑未来发展方向及人的权益。[①]陈丽鸿认为，生态文明教育的核心目的在于培育受教育者树立生态文明的意识，学会辩证地理解并处理人类与自然、生产力之间的相互作用，形成健康的生活和消费习惯，并培养出既具有专业技能，又能促进可持续发展目标实现的人才。[②]

生态文明教育覆盖了学校教育、社会教育以及家庭教育三个广泛领域，形成一个全面的教育网络。在这一教育体系中，学校教育占据核心位置，扮演着培养生态文明理念和实践能力的重要角色。对于基础教育而言，焦点在于塑造学生的生态文明基础素养，而高等教育更注重培育具备生态文明建设能力的专业人才。本书聚焦基础教育阶段的生态文明教育，旨在通过教育手段普及环境保护知识，加深学生对生态文明概念的理解，引导他们形成正确的生态文明价值观，培养出能够在生活中实践生态文明理念的个体。

生态文明教育主要包括三个维度：知识教育、价值观教育，以及行为教育。

（1）知识教育旨在为学生奠定生态文明理解的基础，通过学习使学

---

① 范梦.思想政治教育视野下大学生生态文明教育研究 [D].北京：中国矿业大学，2017：12.

② 陈丽鸿.中国生态文明教育理论与实践（第二版）[M].北京：中央编译出版社，2019：76-77.

生深入了解环境现状，掌握环境保护的基础知识，了解人类活动对环境的影响，增强环境保护的紧迫感。

（2）价值观教育通过深化对人与自然关系的认识，强化学生对环境保护责任的认知，促进学生树立尊重自然、保护环境的态度，形成与生态文明相一致的价值观。

（3）行为教育则是将生态文明的价值观和知识转化为实际行动，培养学生的环保生活技巧和习惯，激发他们在生活中积极实践环保行为，展现生态文明理念。

二、高中地理课程与生态文明教育的内在联系

（一）深度联系：高中地理课程性质与生态文明教育的关系

地理学深入探究地球表层环境及其与人类活动之间的复杂关系。这种关系是双向的：一方面，地理环境为人类提供生存和发展的基础；另一方面，人类的活动不断改造着这一环境，这种改造既可能对环境造成破坏，也可能对环境起到改善作用。生态文明教育旨在通过对个体价值观和行为模式的塑造，培育人们掌握必要的生态知识，树立积极的生态价值观，采取恰当的行动，以增强人类活动对环境的积极影响，减轻其负面后果。

在地理教育的目标中，特别强调通过地理知识的学习来促进科学的发展，同时高中地理教学的目的在于培育具有地理学科核心素养的学生。[①]包括使学生对地球上存在的环境问题有所认知，建立一个与自然环境和谐共处的理念。与此同时，生态文明教育的目标是培育公民的生态素养，促进具备推动可持续发展和生态文明建设能力的人才培养。从育人的价值观出发，地理学科教育与生态文明教育在其核心目标和价值取向上展

---

① 王娇.高中地理教学中生态文明教育实施的现状及策略研究 [D]. 武汉：华中师范大学，2022：18.

现出了深刻的一致性。

（二）理念相同：课程基本理念与生态文明教育的关系

地理课程标准在其开篇的基本理念中强调培育学生掌握关键的地理素养，促使他们构建与地球环境和谐共生的观念，并对全球及地区性的地理和持续发展问题保持敏感。这一理念深植生态文明教育的核心内涵之中，特别是通过强调"与环境和谐共生"及"持续发展"两大核心元素，与生态文明的主旨相吻合，其中，"与环境和谐共生"直接响应了生态文明中人与自然和谐共生的基本要求，"持续发展"则体现了生态文明教育对未来发展模式的追求。该理念倡导通过地理学习，使学生逐步培养出一种基于生态文明的价值观，认识到人类行为与地球环境之间的平衡是未来社会发展的关键。

（三）内容相近：地理教材内容与生态文明教育相关性

地理教育和生态文明教育之间存在着天然的联系，这一联系通过地理课程标准和教材内容的设计被进一步强化。按照国家教育部门的指导方针，最新修订的地理教材融合了地球科学知识、国家安全观念以及海洋意识，旨在引导学生形成全面的地理知识结构和深刻的时代意识。其中，自然地理部分着重启发学生探索自然世界、理解自然法则并倡导对自然的敬畏之心；人文地理则侧重揭示人类活动与自然环境之间的和谐互动。通过学习自然地理，学生能够深化对自然环境的认识，积累生态文明相关知识；而人文地理学习过程则有助于学生建立正确的人地关系观和生态文明价值观。因此，地理教材不仅是知识传递的媒介，更是推广生态文明教育的重要平台。

地理课程的设立和教材编写紧密围绕生态文明教育的理念而展开，在教学内容上与生态文明教育紧密相关，在培养学生的世界观和价值观上也与生态文明教育的目标相吻合。地理学科的独特性使其成为传播生态文明理念的有力渠道。尽管如此，目前生态文明教育在实际操作中仍面临挑战，学生的生态文明素质有待提高，所以，在地理课堂中深入实施生态文明教育不仅是必要的，也是提高学生综合素质的关键途径。

三、高中地理教学中渗透生态文明教育的原则

（一）生活化原则

地理教学紧密关联着学生的日常生活，展现了地理学科生动实用的学科性质。新的高中地理课程标准强调了"身边地理"的学习重要性，鼓励学生探索周遭的地理现象。在融入生态文明概念的教学过程中，教师应当遵循实用生动的教学理念，选取学生周边的地理现象作为教学案例，构建情境，设计与之相关的地理问题，通过这样的方式，不仅能使学生对生态文明的学习内容感到熟悉和亲近，还能有效唤起学生对周围环境问题的关注，促进学生认识到地理学科的实际应用价值，进而激发其对地理及生态文明教育内容的学习兴趣。在充分利用学生日常经验的基础上，教师还需注意不应仅依赖经验教学，而应将其与地理学科的核心概念及原理教学紧密结合，以避免经验主义的偏差，确保教学内容的科学性和系统性。

例如，在教授"城市化带来的问题"这一课程时，教师可以引导学生以自己生活的城市或者其他熟悉的城市为研究对象，鼓励他们运用个人的观察和体验来探讨城市化进程中遇到的各种问题，如噪声污染、交通堵塞、住房紧张等典型的"城市病"。此外，课本中的图片也可以更换为学生在日常生活中能够亲眼见到的实际场景，使教学内容更加接地气。考虑到部分学生可能缺乏主动观察地理现象和周围环境问题的习惯，地理教师可以通过布置特定的观察任务来激发学生的观察兴趣。如让学生调查记录自己城市中特定路段在不同时间段的交通状况或者测量一些人口密集区域的噪声水平，助力学生对城市化带来的种种问题有更加直观和深刻的理解，进一步认识到人与环境和谐相处的必要性。

（二）生动化原则

在当前的教育环境中，面对学生对生态文明概念缺乏足够重视，认

为其在考试中不占优势，从而对其学习兴趣不高的现象，地理教师需采取更加灵活和生动的教学策略。为了打破这种学习的惰性，教师必须深入挖掘课程内涵，利用丰富多样的地理资源进行创新教学设计，掌握并运用各种教学方法的特点和适用场景，提升课堂教学的活力和吸引力。生动有趣的教学方法不仅能激发学生的学习兴趣，还能营造积极向上的课堂氛围。

在日常教学过程中，教师应细心观察和分析学生对不同地理内容及其呈现形式的反应，以便将生态文明教育与学生更加感兴趣的地理内容相结合，并采用更易于学生接受的方式将其呈现出来。比如，相较于文字材料，学生往往对图片、视频等多媒体素材更感兴趣，这类素材能够更好地吸引学生的视觉和听觉注意力，使他们更快地融入教学情景中。以"八大环境公害事件"为例，如果仅通过教材中的文字描述学习，加之事件发生时间较早，学生可能难以对这些环境事件产生直接感受，针对这一点，教师可以在课堂上展示或指导学生自行收集关于这些事件危害性的图像或视频资料，通过这种视觉上的冲击使学生对环境问题有更直观的理解，并激发他们对环境保护的深思和行动意识。①

（三）适应性原则

在高中地理教育中融入生态文明教育，这一过程不是简单地在地理教学中添加生态文明教育的内容，而是需要教师深入理解国家课程标准、高中地理课程的教学目标等，进一步明确地理学科教育与生态文明教育的内在联系。地理教师应探索并确定适合地理课程内生态文明教育的有效途径，包括了解学生的学习背景、兴趣点和生态文明素质的现状，以便精心选择适宜的教学策略和方法。

具体而言，在教学设计时，地理教师应依据地理课程内容寻找生态

---

① 李月华.生态文明教育在高中地理教学中的渗透研究[D].西宁：青海师范大学，2022：23.

文明教育的切入点，比如通过研究全球气候变化、水资源管理、城市规划等地理话题，引导学生认识到人类活动对环境的影响以及可持续发展的必要性。同时，结合"绿水青山就是金山银山"的理念①，教师可以引导学生探讨如何在现实生活中实践生态文明，如节约资源、保护环境等。在教学方法上，教师可以采用项目学习、小组讨论、案例分析等多元化的教学方式激发学生的学习兴趣，促使学生在学习地理知识的过程中，培养对生态文明的理解和认同。此外，地理教师还需关注学生生态文明素质的实际发展情况，通过定期的调查和反馈，调整教学内容和方法，确保生态文明教育能够有效地与地理课程相结合，让学生在享受地理学科知识带来的乐趣的同时，深刻理解生态文明的重要性，从而在个人行为上实践生态文明理念，为建设美丽中国做出自己的贡献。

（四）系统性原则

生态文明教育贯穿知识获取、价值观塑造，以及行为习惯养成的全过程，其中知识教育奠定了学生认知的基础，价值观教育引领着学生的道德方向，行为教育则是理论知识和价值观念转化为实际行动的体现。实施生态文明教育时，应全面考虑这三个方面，确保学生能够在认知上了解、在心理上认同、在行动上践行生态文明的理念。教学活动是在教师的指导下，学生通过互动和实践，逐步掌握生态文明的知识、形成正确的价值观，并将其转化为实际行动的过程。生态文明教育的实施不应局限于课堂内的教学，而是应拓展至课堂外，通过多种途径和方式，如课外活动、社会实践等，使生态文明教育融入学生的日常生活，实现教育的全方位覆盖。

（五）知情意行统一性原则

学生的生态文明素养构建在认知、情感、价值观以及实际行动四个

---

① 李思瑶.生态文明思想融入高中地理教育教学的研究[D].乌鲁木齐：新疆师范大学，2021：29.

维度上，这些要素共同决定了学生的生态行为模式和环保意识的成熟度。生态文明教育旨在促进这四个维度的协调发展：以生态文明的基础知识培养为起点，激发和培养学生的环保意识与价值观，进而引导学生形成和实践生态友好的行为。生态文明知识的掌握是学生形成生态文明素养的前提，而生态文明的价值观是知识向行为转变的驱动力，行为实践则是知识和价值观内化的结果。在教育实践中，学生在这几个方面的发展往往呈现不同步现象，表现为理念与行为的不一致，或在生态行为的实践中出现波动。每位学生在生态文明素养发展过程中的具体表现各不相同，显示出明显的个体差异。所以，在开展生态文明教育时，地理教师需要对学生的具体情况进行细致分析，制定针对性的教育策略，专注加强那些相对薄弱的环节，以确保教育措施的有效性和针对性，促进学生生态文明素养的全面发展。

（六）层次性原则

在地理教学中融入生态文明教育是一个逐步深化的过程，与地理课程的安排一样，生态文明教育也应当步步为营。地理教学按照学年和学期的时间框架逐渐展开，不可能一步到位实现教学目标。因此，生态文明教育的目标设置需要分层次，以匹配学生的认知发展和接受能力。地理学科核心素养根据学生对地理现象的熟悉度、分析的复杂性以及理解和处理地理现象和问题的能力，被细分为四个逐级深入的层次。地理教师在制定生态文明教育的目标时，也需要参考生态问题的复杂度和学生的理解、分析及问题解决能力来设定目标的不同层次。表5-1以生态文明认知中的思维为例，对其素养水平进行了科学划分。①

① 李月华.生态文明教育在高中地理教学中的渗透研究[D].西宁：青海师范大学，2022：36.

表5-1　生态文明认知（思维）的素养水平划分

水　平	生态文明认知（思维）
水平1	能够依据所给的、熟悉的或简单的生态环境问题，说出问题所牵涉的相关地理要素，并且能从两个要素互相影响的角度来进行分析
水平2	能够从两个及以上地理要素互相制约、互相作用的角度来分析给定的简单生态环境问题；能够结合问题出现的区域，对问题的发生、变化和发展做出简要的解析
水平3	能够整合各地理要素，系统性地分析给定的复杂生态环境问题；能够结合问题出现的区域特征，对问题产生的原因、发展变化做出合理的解析
水平4	能够针对现实生活中的生态问题出现的原因、发展变化给出系统性合理的解析，并且能为问题的解决给出合理的建议

四、生态文明教育融入高中地理教学的策略

（一）立足地理课标，构建生态文明教育目标

地理课程标准明确规定了学生应该掌握的知识、培养的能力以及应形成的情感态度价值观，这些规定均展现了地理学科与生态文明教育的紧密联系。教学目标是实现教育努力的预期成果，在地理课程中融入生态文明教育，确立明确的教育目标至关重要，这不仅为教师的教学活动提供了明确指导，还为整个教育过程定向。面对生态文明教育实施的挑战，清晰的教育目标能确保教学活动有明确的方向和目的。

（二）激发学生学习生态文明内容的兴趣

缺乏对学习的热情会使得激发学生对生态文明内容的学习动力变得更加困难，进而影响地理课堂学习的效率和教学氛围的营造，同时，也会限制学生将对生态文明内容的学习应用到日常生活实践中。地理学科本身以地理环境及其与人类活动的互动为研究对象，这一领域因其广阔的时空范围、多元的参与因素以及与人类社会的密切联系而充满吸引力。丰富的地理现象、复杂的地理过程以及人与自然的互动关系都能够唤起

人们探索的兴趣和思考。然而，地理环境的宏大复杂性和生态问题的多元性使得学生对其的感知与理解存在障碍，这就给在地理教学过程中激发学生对学习生态文明内容兴趣的目标带来了挑战。对此，可采取下列方法激发学生学习生态文明内容的兴趣：

1. 以"奇"激趣

地理教师可采用引人入胜的地理现象或案例激发学生学习生态文明的兴趣。例如，在介绍全球海流时，可提及"在夏威夷与北美洲之间海域发现的'太平洋垃圾带'，被戏称为地球的'第八大洲'"这个案例，并借助相关的图像资料进行课堂讨论。"第八大洲"的存在与学生已有的知识——地球上有七大洲形成鲜明对比，能够引发学生的求知欲和思考：这个异常的"大洲"是如何形成的？它对海洋环境及生物生存产生了哪些影响？通过此类探究加深学生对人类活动，尤其塑料垃圾对海洋生态环境造成严重破坏及对海洋生物存活带来威胁的深刻理解。

2. 以"美"引趣

地理教育中蕴含着丰富的美学元素，如红河哈尼梯田的秋冬变幻如画卷、乡村民居的独特布局、"小桥流水人家"的江南水乡景致都是自然与人文和谐相融的美丽画面。将这些美学因素融入生态文明的地理教学，能够唤醒学生对生态文明学习的兴趣，让他们意识到维护人与自然和谐共生的重要性。通过美来引导学生向善，激发他们对于保护"地理之美""人地和谐之美"的责任感，进而在日常生活中实践生态文明的理念，珍惜周围的自然景观。在准备教学时，地理教师应挑选那些能够展示自然之美与人地和谐景象的图片或素材，作为引入生态文明教学内容的媒介。

3. 以"新"激趣

地理教师应提高对周边生态环境和生态文明现象的感知力，恰当转化这些为生动的教学资源。除了教科书和传统资料，现代自媒体和网络平台提供了丰富的生态文明相关内容，这些资源同样值得地理教师挖掘和筛选，作为教学内容的有益补充。更重要的是，教师需要掌握将这些多元化素材与地理学科知识相融合的技巧，使其成为生态文明教育的有效途径，使课堂生动而有趣，激发学生的学习兴趣，促进生态文明理念的深入学习和理解。

（三）结合乡土地理资源渗透生态文明教育内容

利用乡土地理资源进行教学能够让学生在探索和认识家乡的地理环境中，培养对祖国、家乡的深厚感情和社会责任感，增强生态文明的自觉意识。将乡土地理资源纳入地理教学，可以通过设计贴近学生生活的案例研究、讨论问题或利用地方特色的图片、视频等素材，激发学生对生态文明学习的兴趣，并促进他们为地区发展出谋划策。以西宁市为例，在讲解"中国国家发展战略举例"章节中的建设主体功能区内容时，教师可以引入湟水国家湿地公园、群加国家森林公园等地区作为案例，展示这些地区作为自然和文化遗产保护区的重要性及其主要功能，向公众提供生态服务和精神享受。通过介绍这些地区，学生能够理解身边的自然与文化遗产在国家发展中的重要角色，并认识到保护这些资源的必要性。此外，教师还可以设置具体的讨论场景，邀请学生扮演不同角色（如政府官员、居民等），讨论保护这些自然与文化遗产区的具体措施。这样的教学方法不仅能帮助学生从多角度理解环境保护的重要性，还能在模拟解决实际问题的过程中深化他们的生态文明意识和实践能力。

（四）以全球视角推进生态文明教育

在全球化的今天，地理学科强调以全球系统为背景理解地理现象，反映了当代地理教育的一个重要视角。资源短缺、生态退化、环境污染等都是全球性的挑战，这些问题关系人类的持续发展，而且在很多情况下，地方性问题的扩散也会影响全球的生态平衡和环境安全。比如，全球气候变化对每一个地球居民都是一个迫在眉睫的挑战；同样，地方性问题，如亚马逊雨林的砍伐，既会影响当地的生物多样性，又会影响全球的碳循环和气候系统。在这样的大背景下，高中地理教学应该引导学生以全球视角来看待生态文明问题，强调全球共同体意识，明确每个人对于维护地球生态平衡的责任。

地理教师在实施生态文明教育时，不仅需要跟踪最新的全球生态环境动态，还需要引导学生发展出敏感而广阔的全球视野，能够将收集到的信息与现有知识相结合，进行深入分析和联想。例如，关注汕头贵屿镇"电子垃圾之都"的称号背后的全球电子垃圾流动问题、识别发达国家向发展中国家转移电子垃圾的现象是如何加剧地方环境问题的。通过这种方式，地理教育不局限于知识的传授，更是对学生开放思维、批判性思维的培养。地理教师需要激发学生探究全球性生态环境问题的兴趣，培养他们以全球公民的身份参与地球家园的保护，从而在学生心中树立起维护全球生态文明的意识。

（五）巧用信息技术，增强直观感知，体会生态现状

在当代，信息技术的迅速发展已经深刻改变了传统的教育教学模式，尤其在地理教学领域中的应用，为教育改革带来了新的机遇。通过引入虚拟现实（VR）、增强现实（AR）、电子白板、多媒体等多样化的信息技术工具，地理教育能够为学生提供丰富多样、直观生动的学习体验。这些现代化的教学手段能有效辅助学生理解学习内容中的重难点，降低学习障碍，提升学习效率。例如，运用虚拟现实技术可以模拟地震、洪水等自然灾害的发生过程，让学生在沉浸式的环境中体验灾害发生时的情景，从而增强防灾减灾的意识。

此外，信息技术的应用还能够激发学生对地理学科的兴趣，增强其主动学习的动力。通过展示地球上不同区域的生态环境现状、人类活动对自然环境的影响等内容的图片或视频资料，可以补充学生的直观经验，使学生更加直观地感知到生态破坏的现象。此外，地理信息技术（GIS）、遥感技术等专业工具的运用能够提供真实、动态的地理信息，如展示某个地区的环境变化、生态系统的演变等，帮助学生在真实的地理环境中认识到保护环境的重要性。例如，通过谷歌地球观察地球的某个角落，利用遥感影像展示某地区植被覆盖率的变化，或者通过 GIS 定位展现特定区域内的环境问题，这些都是利用信息技术在地理教学中渗透生态文明教育的有效方法。

（六）案例教学，加深问题理解，形成责任意识

案例教学法通过利用已发生的具体事件作为教学素材，引导学生通过分析、讨论这些真实情境，以达到解决问题或理解某一规律的目的。选择的教学案例需要同时具备真实性与典型性，以确保能够全面而深入地反映地理现象与规律，促进学生对地理知识的深刻理解。在生态文明教育过程中，案例的选取要能够直观展示人类活动对环境的影响及其对策，旨在让学生深刻理解人与自然和谐共生之道。

实际案例的引入可以提高学生的学习积极性，尤其那些学生能够直接联系到的例子，能够帮助学生更深层次地认识和理解生态文明相关问题。通过身边的案例进行教学，不仅可以使学生对问题有更深的感受，也有助于培养学生对环境保护的责任感，形成健全的生态文明观念。选择教学案例时，教师需要综合考量案例的代表性和学科综合性，精心挑选能够触及学生认知和情感的案例。例如，在探讨必修课程中的问题研究部分，教师可以根据当地实际情况挑选或调整案例，利用学生对本地区环境状况的熟悉度，引导他们探讨和关注家乡的生态环境问题，激发学生对环境保护的热情及对家乡发展的关注。

（七）着眼区域，开展地理实践，助力生态行为的养成

生态文明行为是高中学生将生态文明价值观具体化的行动展现，体现在日常生活中基本的环保行为上，如节能减排、垃圾分类等。这些行为不仅体现在理论知识的掌握上，更重要的是通过实际行动体现对环境的负责。地理实践活动作为学生学习和探究地理知识的有效手段，包括田野调查、野外观察等多种形式，让学生在真实的环境中深入体验、实践，从而增强环保意识和生态文明的实践能力。针对具体的地理实践活动，应考虑学校的具体条件和所处地理环境的特点，紧密结合区域生态

问题进行设计，通过具体活动，让学生在实践中理解和感受人与自然的关系，激发其形成积极的生态文明行为习惯。例如，以重庆的铜锣山矿山遗址公园为例，此地曾因过度开采而遭受严重破坏，后经过修复转变为公园，成为生态修复的范例。通过组织学生前往该地实地考察，让学生亲眼看见人类活动对自然环境的影响及其修复过程，认识到恢复生态平衡的重要性。在实践活动中应强调实际行为的规范，如垃圾分类投放、不乱丢垃圾等，引导学生从小事做起，形成良好的生态文明行为习惯。

　　实践活动是学生学习知识的过程，更是培养其对生态环境保护意识的过程。在活动中，教师应引导学生将观察到的自然破坏与修复的实例与生态文明的理念联系起来，深化其对生态保护重要性的理解。比如在考察铜锣山国家矿山遗址公园时，既要观察自然环境的变化，又要学习背后的生态修复技术和方法，讨论人类如何通过科学手段改善生态环境，使学生通过亲身体验和参与，认识到每个人对维护地球生态环境的责任，从而在日常生活中自觉实践节约资源、保护环境的行为，成为生态文明的践行者。

第二节　中华优秀传统文化融入高中地理课堂教学

一、中华优秀传统文化与地理环境的关系

　　中华优秀传统文化作为中华民族智慧的精华，承载着中华儿女共同的历史记忆与文化认同。在历史进程中，不断地创造性转化与创新性发展，构成了中华民族共同肩负的历史责任。每一种文化特色的背后都深深植根其所处的地理环境之中。从广义上讲，地理环境为人类的文化生

活提供了必要的物质资源与空间，是人类社会得以持续生存与发展的根基，同时铺垫了人类精神世界的发展土壤。中国的地理环境历经数千年的演变，形成了稳定的状态，对中国传统文化的形成与演进产生了深远影响。自然地理与人文地理环境的交织包含了气候、地形、水系、植被以及人口、民族、政治等各个方面，这些因素相互作用，塑造了中国传统文化的多维面貌。因此，地理环境是文化的生存之地，更是文化得以孕育与繁荣的基础，对文化的形态和走向起着决定性作用。

具体来看，中国的地理环境与中华民族的生活密切相关，塑造了中国传统文化的独特面貌。丰饶的土地孕育了以农耕为主的文化特色，这不仅反映了民族性格的形成，也体现了文化的根本性格。而中国复杂多变的地理环境则催生了一个多元、开放、包容的文化体系，这样的文化特性为不同思想、艺术形式的交融提供了土壤。中国广袤的疆域促使了一个持续不断、具有深厚历史积淀的文化传承，这种连续性是中华文化不朽的魅力所在，而地理环境的相对封闭性也使得中国传统文化具有一定的保守性和独特性，这种封闭性在一定程度上保护了中华文化的纯正，也限制了其与外界文化的交流。通过这样的地理环境，中华民族除在物质生活上得到滋养外，其精神世界也因此变得丰富，形成了独特的文化景观。

二、地理环境对中国传统文化的影响与作用

（一）疆域的辽阔与完整构成了中华民族凝聚意识和稳定绵延的文化形态

中国拥抱东亚大陆和太平洋西岸，其版图之广堪比欧洲全境。这一浩瀚的土地孕育了中华文明的繁荣发展，也为其提供了无限的可能性和空间。自古以来，中国的地域就以其完整性和辽阔性而著称，黄河与长江这两大河流的相邻流域构成了一个天然的统一大局。在悠久的历史长河中，中国的文化始终保持着不断的连续性，这在很大程度上得益于其

广大而完整的地理环境，尽管历史上分裂与统一交替出现，但追求统一始终是主流。中华民族的大一统观念不仅是对领土完整的向往，更是对民族团结和发展壮大的重要推动力，即便在国家危难之际，中华文化的核心价值和完整体系也从未崩溃，反而更显生命力。在吸收周边文化的过程中，中华文化始终保持其独特性和完善性，证明了其深厚的生命力和包容性，这一切都是中国独特地理位置和广袤土地所赋予的文化基因和发展潜力。

（二）多样的地形气候造就了多元格局的文化形态

中国独特的地理环境塑造了多样的文化风貌和生活习惯，其地形的多样性和复杂性让中国文化展现出鲜明的地域性特征，国土从西到东逐步降低，形成了三个不同的自然地带。首先，青藏高原，坐落在国家的西南边陲，平均海拔超过 4000 米，被誉为"世界的屋脊"；其次，从青藏高原向东延伸，到达大兴安岭、太行山至雪峰山的一线，这一带主要由高原和盆地组成，海拔在 1000～2000 米；最后，东部大片平原和丘陵区，这里海拔普遍不超过 500 米，延伸到海岸线，形成了广阔的近海大陆架区域。

这样的地势格局为中国带来了丰富的降水，促进了河流的东流，连接了东西经济文化的交流，也为各地文化的形成和发展提供了独特的自然条件。中国文化之所以丰富多样，与其地理环境的差异性密不可分。早在春秋战国时期就已经孕育出具有鲜明地域特色的区域文化，如中原地区的中原文化、长江中下游的荆楚文化、山东地区的齐鲁文化、陕西地区的关中文化、山西的三晋文化等，这些文化各具特色，反映了各地人民在不同自然条件下的生活方式和思想观念。

三、中华优秀传统文化在高中地理中的教学价值

（一）以传统文化丰富教学内容

高中地理教学内容是构建学生地理知识体系的核心，包括自然地理、

人文地理以及区域地理三大部分。中华传统文化作为一种深厚的文化积淀，为地理教学提供了丰富的素材，有助于拓展教学内容的深度和广度。

在自然地理领域，古代的文献记录了丰富的自然现象和地理知识。如《汉书》记载的太阳黑子现象、《尚书》对日食的描述以及《徐霞客游记》中对喀斯特地貌的详细记载等，这些古籍中的描述不仅可以丰富学生对自然现象的认识，还能提升他们的文化素养。例如，将《汉书》中对太阳黑子的记录融入太阳和地球的关系的学习中，既可以提高学习的趣味性，还能激发学生对天文现象的兴趣。同样，古诗词中对自然景观的细腻描绘，如"滚滚长江东逝水，浪花淘尽英雄""人间四月芳菲尽，山寺桃花始盛开"，这些诗句不仅赞美了自然美景，也蕴含了深刻的人生哲理。在教学中引入这些诗句，可以使自然地理的学习更加生动有趣，并引导学生思考人与自然的关系，培养他们的审美情趣和人文素养。

人文地理的教学内容广泛，覆盖了人口分布、城市发展、产业布局、交通网络、地域文化等多个方面。通过将中华优秀传统文化融入人文地理教学，不仅能增添课程的文化内涵，还能帮助学生更好地理解和欣赏中国丰富的人文景观和深厚的文化底蕴。例如，在探讨中国各民族特色时，结合各少数民族的传统服饰、节日习俗及其历史背景，让学生更全面地了解这些民族的文化特征；在分析城市空间布局时，借助北京紫禁城的历史和建筑设计，引领学生探究中国古代城市规划的智慧；讲解人文景观时，引入古代诗人对自然山水的赞美之词，提升学生的文化修养和审美能力。

区域地理的教学着重展示不同地域自然与人文环境的综合特征，融入优秀的传统文化元素，可以使学生对各区域的历史文化背景和社会习俗有更深入的认识。例如，在比较南方与北方的区域特色时，通过"南船北马"揭示古代中国南北方的交通工具差异，介绍南北方在饮食习惯、建筑风格上的显著区别，并探索地域文化的多样性，如四川的川剧、陕西的秦腔等地方戏曲文化，丰富学生对中国地域文化的理解和认识。

（二）以传统文化改进教学方法

在地理教育中，教学与学习方法的多样化为课堂带来丰富的教学手段，包括传统的讲述式、互动式实践、任务驱动、思维导图整理、模拟演练、地理图谱应用、案例分析、核心观点提取、独立探究、小组讨论、分步骤学习等方法。这些多元的方法能够满足不同教学场景和学生的需求，提升学习效果。古代教育观念如"融思维与学习为一体""适应个体差异""激发内在潜力""通过复习加深理解"等至今对教育实践仍具有重要的启示和引导作用，强调了教学方法应注重学生个体差异，以及启发和引导学生主动学习的重要性。

中华优秀传统文化提倡的个性化教育理念强调，在教育过程中要充分考虑学生各自的特点和差异，实施针对性的教学策略。特别是在高中地理教学中，这一理念显得尤为重要。教师应通过观察学生的学习行为、了解他们的背景和兴趣，采用合适的教学方法，以适应每位学生的独特需求。这意味着教学不应该是统一模式的灌输，而应是灵活多变、因人而异的过程。在地理学科的教学实践中，教师应设计引发思考的问题，指明问题的核心，激发学生通过自己的思考解决问题，从而使知识转化为学生的内在思想和品格。学习的过程需要与思考紧密结合，促进学生在思考中加深对知识的理解和应用。真正的学习不只在于知识的积累，更重要的是能够将所学应用于实践，通过实践来验证知识的真实性和有效性。

所以，高中地理的教学目标不局限于知识和技能的传授，更应关注地理学的方法论、思维模式、价值观和科学素养的培养，进而激发学生对地理学研究的兴趣和热情。这不仅要求学生拥有操作技能和信息处理能力，还能够利用地理学知识解决生活中的实际问题。只有将学习、思考与行动紧密结合起来，才能使他们在不断变化的世界中有效地应用地理知识。

（三）以传统文化实现综合效果

中华文明历史悠久，内含丰富的道德与哲学思想，其中，"天人合一"的理念便深刻体现了人与自然和谐共生的观念，这与地理学研究中人地关系的核心理念相吻合。在地理学的领域内，对于人类活动的位置选择尤为关注，这一主题亦是地理科学研究的重要内容。影响位置选择的因素众多，既包括自然条件，如地势、气候、水源、土壤及资源分布等，也涵盖人文因素，如社会文化、科技水平、劳动资源、政策导向和交通便利性等。每种事物的定位因素有其独特性，而且不同的选择会导致差异化的经济、社会及环境效应。由此可知，选择一个能够实现最佳综合效益的地理位置至关重要，通过这样的学习过程，不仅可以加深对地理现象的理解，还能使学生领略到传统文化的智慧，实现传统文化与地理学科知识的相互增益。

利用中华优秀传统文化丰富地理教学内容，除可以加深学生对传统文化的理解和尊重外，还能有效突破地理教学中的难点，提升教学效果。如采用诗句"云梯溜索独木桥，羊肠小道猴子路"生动描述青藏高原交通困难的景象。地理教学中可以引入《桃花源记》《长江三峡》《醉翁亭记》等经典文献，名胜古迹如孔庙、苏州园林、五岳等，以及名人书法和石碑等，从而丰富教学内容。例如，在探讨长江中下游地区时，引入雁荡山的地理特征介绍，通过形象的词句如"锐峰叠嶂""如削如攒"解释其地貌特征及形成过程，并结合古今文人墨客如谢灵运、沈括、徐霞客等人的诗文画作和石刻，展示其作为国家森林公园的文化背景。

（四）以传统文化实现育人目标

在当今的时代背景下，地理教育面临新的挑战与期待。学生在地理学习中既需要掌握基本的地理知识，理解地理的基本规律，又需要学会地理的研究方法和技术。并且地理教育旨在培养学生的地理思维能力，使其能够科学分析资源、环境与人口问题，并树立正确的可持续发展观念。根据《教育部关于全面深化课程改革落实立德树人根本任务的意见》，立德树人被定义为教育的核心任务，强调在各学科教育中应综合利用人文科学的教育优势，增强课程的教育价值。地理学科作为自然与人文科学的交叉领域，其独有的人文特性赋予了地理教育无可替代的育人功能和价值。

将中华优秀传统文化融入中学地理教育，对于培育学生的文化素养和深化人文关怀具有不可替代的作用。首先，通过传统文化的融入可以有效激发学生对祖国的深厚情感。"国家兴亡，匹夫有责""家国天下，事事皆关心"这些古训深刻表达了忧国忧民的情怀。中学阶段正是形成世界观的关键时期，学生应积极关注国际与国内事务，主动投身国家和社会的发展之中。其次，传统文化在地理教学中的应用能够促进学生形成健全的环境价值观和持续发展理念。如"植树造林留给后代，种下绿树终将自得其阴"反映了对未来环境责任的认知；"人须与自然和谐相处，合天时、顺地利"揭示了人与自然的和谐共生；古代的节约利用、环保理念与现代可持续发展的主张相契合。由此可见，引导学生建立科学的资源与环境观，倡导可持续发展的生活方式是每个公民的责任。

地理教育工作者应积极增进自身对中华优秀传统文化的理解与应用，寻找与地理教学内容相辅相成的传统文化素材，使课堂教学更加生动有趣。此举不仅能够培养学生的国家归属感，还能让他们在享受文化熏陶的同时，深刻理解并传承中华民族的优秀传统，激发民族精神，促进学生全面而深入地发展。

四、中华优秀传统文化在高中地理教学中的传承策略

（一）挖掘地理教材内容，传承中华优秀传统文化

在高中地理教育领域，肩负着传承与促进中华文化发展的使命，教育工作者需借助地理教学这一平台，深化对传统文化的教育与传播。地理教材作为地理课程实施的主要工具，内容丰富，涵盖了地理知识、地理图像与地理实践活动，蕴含了丰富的人文内涵和深厚的传统文化资源。

教师需精心研读和解析地理教材，以地理教材中的每一个知识点为窗口，引入和探讨相关的传统文化内容，让传统文化教育与地理知识教学相得益彰。高中地理教师需具备深度挖掘教材中传统文化元素的能力，通过地理课文的分析、地理图表的解读及地理活动的组织，使得地理教学与传统文化教育相互融合，不仅让学生学习到地理知识，还能感受到中华文化的魅力。在实际教学中，教师应努力寻找地理知识与传统文化的结合点，确保教学内容的逻辑性与流畅性，同时要关注乡土地理资源的发掘，利用地方特色的地理现象或文化传统来丰富教学内容，增强学生的文化认同感和爱国情怀。

虽然高中地理与初中地理在教学素材的丰富度上存在差异，但教育者始终应保持激发学生情感、态度和价值观发展的教育目标。通过对地理教材的深入挖掘和创新性设计，可以有效地在教学中融入中华优秀传统文化，介绍我国的历史、地理、政治、经济和文化等方面的知识，唤起学生的民族自豪感。

1.地理教材中的直接内容

高中地理新课程标准涵盖了众多与中国传统文化教育密切相关的课程内容与要求。例如，"地球上的水"单元中关于海洋资源及海洋权益保护的学习，以及"人口的变化"单元中对人口数量及人口空间变化的探讨，为学生提供了科学的人口观、资源观、环境观以及可持续发展观等"四观"教育的绝佳契机，能够增强学生对民族的自豪感，激励他们肩负起保卫祖国领土完整和维护国家安全的重任，培养他们对科学探索的热爱和勇气，鼓励他们不惧挑战、积极探索的精神。

在地理教学的实践中，教材内容不仅涵盖自然资源（包括陆地资源、海洋资源），气候资源，旅游资源及环境问题，还包括工业、农业、交通、城市化、人口和国土整治等多个方面。通过这些内容的教学，教师可以引导学生全面了解我国的国情优势，如广阔的国土、壮美的山河、丰富的自然资源、多样的气候条件以及经济的快速发展。同时，教学中也会客观地让学生认识到我国面临的挑战，如人口基数大、文化素质提升的紧迫性、资源的有限性与浪费现象、经济发展的不平衡以及环境保护的重要性。

具体来看，在高中地理教学中，深入探讨我国的疆域广阔、行政区划的划分、多元化的人口与民族构成，以及地形地貌的多样性和自然资源的丰富性，对于培养学生的爱国情怀至关重要。尤其在讲述我国丰富的土地资源时，通过引入实际数据和当前的土地使用状况，学生能够直观地感受到我国面临的"人多地少"的国情和资源储备的紧张局面，从而树立起科学合理的资源观和环境观。教材中蕴含的民族文化教育，通过向学生展示我国的历史背景、地理特征、政治经济发展、文化遗产以及人口动态等，不仅能够激发学生对祖国的爱，还能够增强他们对民族和文化的认同感，这种教学不只是知识的传授，更是情感与价值观的培养。教师在教学中需充分利用地理课程的内容和结构，寻找适合引入优秀传统文化的知识点，使之成为传统文化传承的重要途径。例如，在分析人口和民族多样性时，探讨多民族融合的历史过程和相互影响，体现我国"统一多元"的国家特色；在研究地形气候时，引入古代文献中对自然景观的描写，展示自然环境与人类活动的紧密联系。

2. 地理教材中的间接内容

通过地理景观等多媒体资料的应用，地理教学能够以更加直观生动的方式展现自然与人文景观，其中包括宇宙奥秘、地貌风光、河流湖泊、气象现象、植物动物分布、自然灾害等自然景观，以及旅游胜地、城乡建设、能源利用、交通发展、农工产业、环境保护等人文景观。在此基础上，教师应深度挖掘教育价值，尤其在介绍宇宙探索、自然灾害、城市规划、人口管理、环境保护等方面的内容时，巧妙融入并提炼相关的文化教育素材。

3. 努力挖掘知识元素，精选相关内容

在我国古代，地理学的伟大成就为现代地理教学提供了宝贵的资源。

例如,早在公元前 104 年,我国就已经使用十九年七闰法制定阴历,这一发现比古希腊天文学家默冬早了 160 多年,展示了我国古代对天文周期精确计算的能力。[1]我国是世界上最早记录哈雷彗星和太阳黑子的国家,反映了古代中国在天文观测方面的先进性。此外,古代关于资源利用与生态保护的论述展现了可持续发展的早期思想,这些内容的介绍不仅能提升学生对民族文化的自豪感和自信心,也有助于培养他们的爱国情怀。古代地理知识的深入挖掘,如宋代科学家沈括对"沧海桑田"变化的观察,揭示了地壳运动和地质变化的科学事实,激发了学生对地理科学的兴趣和探究欲。此外,还可以选取与现代地理教学紧密相关的古代地图知识进行讲授,如《皇舆全览图》和《海国图志》的介绍既展示了古代中国在地图绘制技术上的创新,也强调了经纬度制图法的重要性和对现代地理制图学的影响。

(二)多媒体辅助创设学习情境

多媒体教学通过集声、光、电等多种媒介于一体的方式,使得课堂教学变得生动而富有吸引力。它能够将抽象的概念以直观、动态的形式展现给学生,突破了传统课堂单一的信息传递方式,实现了知识传授的形象化和情境化。通过丰富的教学内容和形式,多媒体教学增强了学生的国家意识和民族归属感,为培育爱国主义精神和民族精神提供了有力支持。此外,多媒体的应用打破了地理空间和时间的限制,使得学生能够跨越时空,感受历史的深远和文化的博大精深,加深了对国家和民族的理解与热爱。

例如,当讲述"全球政治格局"时,可以通过播放《边疆行》等纪录片段,展示我国在航天等领域的成就,深化学生对祖国综合实力的理解,激发其爱国激情。在旅游地理单元的学习中,教师可以收集并展示

---

① 于慧.中华优秀传统文化与高中地理教学研究 [M].长春:吉林人民出版社,
2020:106.

中国山川的壮丽图片，如雄伟的山脉、绮丽的河流，以及广袤无垠的草原，通过这些自然美景，增强学生的民族自豪感和对优秀传统文化的认同感。此外，鼓励学生将自己的旅行体验转化为多媒体幻灯片分享，不仅能提升学生的学习积极性，还能增强学生之间的交流与互动。

进一步地，当讲授"城市规划与发展"时，利用多媒体展现本地区的城市规划和历史文化视频，可以更直观地让学生感受城市发展的脉络及其背后的文化底蕴，增强其对本土文化的了解和爱护。在探讨"城市化及其环境影响"时，通过展示环境污染的实际案例，如大气、水体污染的视频资料，可以让学生更真切地感受环境问题的严峻性，唤醒学生的环保意识。如在讲解农业地域类型时，播放长江中下游的季风水田农业和东北商品粮基地的农业生产情景，让学生通过直观的画面感受中国农业的丰富多样和地理环境的独特性，进而激发其对国土的热爱和对传统农耕文化的尊重。

（三）挖掘乡土地理内容，传承中华优秀传统文化

乡土地理作为学生日常生活环境的一部分，对他们而言有着自然而然的亲近感和认同感，成了解本土文化、深化对祖国感情的重要桥梁。很多学生虽在本土长大，但对于家乡深层的文化和地理特色缺乏深入的认识和了解，地理教师可以利用这一点，组织学生开展针对本地文化和地理特色的深入探索和研究，如此能够增进学生对家乡的了解和爱恋，增强他们对本土传统文化的尊重和认同。通过这种方式可以有效培养学生的家国情怀和对传统文化的传承意识，激发他们参与本地发展和建设的积极性。

"乡土文化"涵盖了特定地区内经过长期沉淀而形成的独具特色的文化现象。根据表现形态的不同，其可以被划分为物质和精神两大类。其中，物质乡土文化主要反映在当地居民所创造的有形文化遗产上，比如地域性的建筑风格、特色服饰，以及传统工艺设施等；而精神乡土文化体现在居民创造的无形文化中，如地方传说、习俗、节日庆典，以及手

工艺技术等。乡土文化的这两个方面共同构成了一个地区文化的全貌，涵盖了当地的风情、人物、民俗、技艺，以及人与人、人与社会、人与自然之间多样化的互动和生活方式。由于学生对本地的文化特色和资源可能知之甚少，地理教育者在日常教学中应积极发掘这些乡土文化资源，将其融入地理课程中，旨在提升学生的学习兴趣，扩展他们的视野，帮助学生培育对土地的情感和人文关怀，包括对传统生产方式和手艺的学习，让学生在继承和发扬地方优秀文化的同时，感受对本土文化的自豪。

（四）培养文化创新能力

地理课程教学应当创新和丰富，通过将地理知识与日常生活紧密结合起来，激发学生探索自然和社会的兴趣，增进对自然界和生活环境的理解与爱护，同时在此过程中培育和强化学生的民族精神和文化认同。具体策略如下：

第一，改革课堂教学方式，以学生的互动参与和实际操作为核心，促进学生通过亲身体验和活动实践来掌握地理知识。特别强调利用地理图表和数据分析，以及在解析环境和发展问题时提出自己的见解和建议。

第二，推广课堂与社会实践的结合模式，鼓励学生主动融入社区环境调查、研究以及环保活动中，如植树造林和清理环境等。在这个过程中，地理教师应根据当地文化和环境的特点，精心准备和整合富含民族文化意义的教学资源，使学生在参与社区活动时，能够自然地接受民族精神教育，从而增强社会责任感和实践能力。

第三，地理教育应注重生活化教学方法的创新，使之成为传承民族精神的有效途径。地理教学应紧扣学生的实际生活经验，以学生熟悉的日常生活情境作为切入点，充分挖掘和利用生活中的地理现象和事件作为教学内容，以此加深学生对民族文化的理解和认同。同时，借助重大政治事件和社会实践，培养学生的民族自豪感和精神力量。

（五）利用现代化网络平台，传播传统文化知识

1. 制作优秀传统文化网页

在信息技术日益发达的今天，数字化平台成为传播知识与文化的重要渠道。借助网络平台开展优秀传统文化的传播，不仅可以扩大其影响力，还能适应现代人的信息获取习惯。为此，各学科教师应携手合作，开发并创建包含丰富地方特色的中华传统文化网站，通过展示传统节日、习俗、诗文等内容，使优秀传统文化得到更广泛的认知和传承。例如，"古诗文网"就是一个成功的案例，该网站汇集了从先秦至清代的大量诗文经典，内容覆盖经典文学、历史、哲学等众多领域，为人们提供了一个学习和研究古典文化的宝贵资源。地理教师可以将这样的资源推荐给学生，或利用这些丰富的网络资源来丰富和提升地理教学的深度和广度，使学生在探索地理知识的同时，能深入理解和欣赏中华优秀的传统文化。

2. 微信平台

微信平台作为信息传播和交流的重要渠道，为地理教学提供了新的辅助工具。微信是一个人们日常使用的社交应用，其公众号功能能成为传播知识的有效平台，地理教师可以通过创建微信公众号，发布与传统文化教育相关的多媒体内容，如文章、图片、动画、音视频等，丰富学生的学习资源。微信公众号能够将内容以多种形式展示出来，使得教学内容形式多样化且更具吸引力。

利用微信的即时通讯功能，教师与学生之间的互动交流变得更加便捷。教师可以通过微信群分享有关传统文化的精彩文章、实用课件、优质课堂视频等资源，促进学生课后讨论，加深对传统文化的理解和认识。例如，利用微信分享二十四节气的动态图示，让学生直观地了解每个节气的特点及相关农事活动，从而在地理学习中融入传统文化教育。

此外，教师还可以鼓励学生在生活中发现和记录传统文化元素，如地方习俗、特色建筑等，并通过微信平台进行分享。这种方式不仅能让学生在生活中实践地理知识，还能增强他们对传统文化的认识和爱国情

感。教师也可以利用微信平台引导学生关注和学习相关的优秀传统文化网站，共享传统文化学习资源，促使学生主动学习，提高学习效率。通过微信平台的高效分享和交流，地理教育与传统文化教育得以有机结合，丰富了教学内容，提升了教学质量。

第三节　课程思政融入高中地理课堂教学

一、课程思政的概念

课程这一概念在中国历史上最早出现于唐宋年间，主要是指教学内容的组织和规划。而在西方，这一概念源于英国，最初由教育思想家斯宾塞在《什么知识最有价值？》中提出，词源意味着"比赛的跑道"，象征着学习的过程。从广义上看，课程被定义为学生在学校教育环境中获得的、旨在促进其全面成长的所有教育经历；而从狭义上看，它特指学校中安排的教学内容和教学进程的整体，不仅涵盖了不同学科的内容，也包括了这些内容如何被组织和呈现的方式。课程设计旨在实现学生的全面发展，特点在于其内容的综合性和体系化。

思政，即思想政治教育的简称，指的是以专门的思想政治课程为主体的教育活动。这种教育是在一定的思想观念、政治立场和道德标准指导下，通过有目的、有计划、有组织的教育活动对个体施加影响，旨在使个体形成符合社会期望的思想道德品质。思想政治教育对于引导学生形成正确的价值观和道德观念起到了关键作用。

"课程思政"并非仅仅将"课程"与"思政"两个概念简单叠加而成的概念，其实，它代表了在各学科课程中融入思想政治教育的一种教育模式，这种模式的核心挑战在于如何将学科知识与思政教育内容有效地结合起来，实现二者的无缝对接。其关键在于：教学内容既要传达知识还要具有教育意义，既要涵盖专业知识也要兼顾育人价值。若仅注重知识传授而忽视育人功能，或者单纯强调思政教育而忽略知识的深度和广度，便会使课程思政失去其应有的效果。因此，课程思政实质上是通过学科知识传授中的思政元素，采用融合思政教育与学科知识的方式，将立德树人的教育目标贯穿整个教学过程。以地理教育为例，课程思政的实施意味着在地理教学中穿插思想政治教育，通过学科内容自身的思政元素，促进学生价值观的塑造、知识的获取以及能力的提升，以达到培育全面发展的学生的目的。

二、主题式教学的概念

在文学创作中，主题通常指向作品的核心思想和中心议题，而在教育教学领域，它转化为教学活动围绕的中心线索，是教学设计的灵魂所在。教学过程的展开和深入都需依托精心设定的主题，以确保教学内容的系统性和整合性。主题的作用在于它的集中性和引导性，能够确保教学内容、教学目标、教学方法等多方面要素的有效结合，实现教学的目标导向和效率最大化。通过主题的设置，可以将分散的知识点有机地串联起来，使得学习内容更加形象、直观、系统，促进学生全面发展。主题教学本质上是一种以主题为中心的综合性教学模式，旨在通过跨学科的整合，将相关的知识领域联系起来，围绕一定的主题进行探讨和学习。这种教学模式强调以学生的已有知识为基础，通过教师的引导，让学生就某一具体的主题进行深入的思考和探索。在这一过程中，不仅涉及学科内的知识点，还包括与之相关的跨学科内容，使得学生能够在真实且具体的社会情境中应用所学，培养其跨学科的思维能力和实际问题解决能力。

在地理教学中，主题式教学方法以具有实际意义的思政主题为核心，将与主题相关的素材作为教学资源，以促进学生在现实问题探索过程中的主动学习为主线，旨在通过教学活动的设计和实施，促使学生对所学知识进行深度整合和应用。通过这种方式，教学过程不局限于知识的传授，而是更关注学生如何将知识与现实生活相结合、如何在实际社会环境中应用所学知识解决问题，从而达到培养学生全面发展的目标。

三、主题式教学与课程思政的关系

（一）主题式教学对课程思政的可行性分析

课程思政教学的实施迫切需要将思想政治教育内容与学科知识相结合，而不是简单地将两者相加。为了实现这一目标，主题式教学法提供了有效的教学策略，通过设定具体明确的教学主题，主题式教学法能够将教学各要素如知识、技能、情感等有机整合，确保教学过程中情境的连贯性和一致性，从而有效提升课程思政的教学效果。

首先，主题式教学法因其跨学科的综合性和开放性，极大地促进了跨学科教学的实施，这对于挖掘地理学科内涵的思政元素、构建地理与政治学科知识的整合提供了强有力的支持。通过细致的教学设计，教师可以将地理学科的专业知识与政治素养相结合，通过精心挑选的主题，使得地理课程与思政教育相得益彰。其次，主题式教学法强调情境的创设，反对脱离学生实际的空洞讲授。在真实或贴近真实的教学情境中，学生可以通过亲身体验和参与来建构知识，形成正确的价值观念。再次，主题式教学通过问题解决的路径，引领学生经历发现问题、分析问题、解决问题的完整过程，这不仅有助于学生知识的构建，更是培养学生综合能力的有效途径。同时，课程思政教学的目标在于通过教学活动实现学生的价值观塑造、知识传递与能力培养的统一，主题式教学正是通过整合课程目标来实现这一点。最后，鉴于课程思政内容的广泛性，既包括潜移默化的道德教育，也包括显著的国家意志表达，且强调根据学生的实际情况因材施教，因此，通过选择富有特色和深度的思政主题进行深入探讨，能够在高中阶段有效实施课程思政教育。

（二）高中地理课程思政的主题内容

在实施高中地理主题式教学时，精心挑选的教学主题对于达成教学目标、方法的选择以及学生学习的有效性具有决定性作用。教学主题的选择需遵循特定的准则，确保其既符合地理学科的知识结构，又能引起学生的兴趣和参与。一方面，教学主题需与地理学科的核心知识和课程标准紧密相关，以保证教学活动能够系统地传递学科知识，同时促进学生技能和价值观的发展。这意味着在确定教学主题时，教师需深入分析课程标准，确保选定的主题能够覆盖课程的关键内容和能力培养要求。另一方面，优选的教学主题应紧贴学生的实际生活经验和当下社会的实际问题，使学生能够通过解析身边的实际案例，深化对地理知识的理解，培育其社会责任感和国家认同感。这种基于现实情境的教学不仅能够促进学生对知识的深层次理解，还能够激励他们主动探究、积极参与社会实践。需要注意的是，要确保教学主题具有吸引力，能够激发学生的探索兴趣和参与热情非常关键，选择与学生兴趣相契合、能够引发讨论和探究的主题可以极大提高学生学习的主动性和创造性。

在高中地理的课程思政教学中，教师应特别注重那些具有深厚思想政治内涵、能够反映社会主义核心价值观，并与地理学科知识紧密相连的主题。这些主题往往涉及国家安全、发展战略、社会进步以及灾害管理等领域，既展现了国家的发展成就，又体现了国民应对挑战的智慧和勇气。此外，高中地理的思想政治教育环节还应着重传达对国家主权与安全的重视，旨在培养学生对国家版图的认识和尊重，理解保护国家主权和领土完整的必要性。通过地理学的视角，解读国家的发展战略和政策导向，使学生深刻领悟党和国家的前瞻布局及其对个人及社会发展的指导意义。通过展示中国在科技、经济、社会等方面的显著成就，如北斗卫星导航系统、500 米口径球面射电望远镜（FAST）、中国特色的陆相沉积石油地质理论等，激励学生为祖国的繁荣昌盛感到自豪，并激发其投身国家建设的愿望。在自然灾害教学中，讲解灾害的成因和影响，并强调国家如何动用自主的地理信息技术进行有效应对，展示国家在抢险救灾中的能力和决心，强化学生对社会主义制度优势的认识和理解，进一步突出地理学在国家发展和社会进步中的应用价值。

四、高中地理课程思政主题式教学模式的构建

（一）教学理念

1. 从区域视角培养家国情怀与世界眼光

地理教育深植地表事物的位置研究和空间差异，使其在课程思政中自然承担着培育区域意识的重要角色。通过地理视角的探索，学生需要学会如何将政治思想教育内容融入对具体地理区域的分析之中，领悟各个区域的独特特性及其发展轨迹，并且应拓宽视野，理解地方、国家乃至全球层面地理议题之间的相互联系，培养对地球可持续发展问题的深刻理解。在强调爱国情怀与全球视野的同时，教育目标着眼培养一种综合能力：既有深厚的地理知识基础和专业技能，又能灵活运用这些知识于现实生活中，展现出对国家的深度认同和为社会、国家发展贡献自己力量的能力。简而言之，地理课程思政旨在塑造具有地理学识、应用实践能力及强烈国家归属感的全面发展学生，重视从地理角度审视和解决现实问题的能力培养，同时强化对国家发展和社会进步关注的态度。

2. 以综合思维融合地理教学与思政导向

地理学科的研究特点在于对区域内的自然与人文现象进行整合性分析，使得地理课程思政教学注重综合性分析，深入探讨地理教学与社会经济、政治、文化等多个领域的紧密联系。地理课程在思政教育中的角色，既要挖掘与学生日常生活紧密相关的、价值导向明确的思政主题，又要精心设计思政内容的融入时机和方式，确保教育内容的整体性和连贯性。在实施地理课程思政教学的过程中，需要着眼如何有效地培养学生。面对地理和政治学科的复杂性，主题式教学成为连接两者的桥梁，

寻求学科间的交叉点，选取兼具地理属性和思政深度的主题，促进学生在理解地理知识的同时，深化对国家发展的认识和感知。这种教学方式旨在将思政价值观与地理知识、思维技能的学习紧密结合起来，避免课程思政教育与学科知识相脱节的问题。

总体而言，高中地理课程的思政教学应依托地理学科的核心特性，融合国家情感与全球视野，注重从地理的角度审视和参与国家的发展，这一教学模式的构建围绕培养学生的目标而展开，致力解答"培养什么样的人、如何培养人、为谁培养人"的根本问题，确保教育的目标和实践能够相互支持，共同推进立德树人的教育使命，具体如图 5-1 所示。

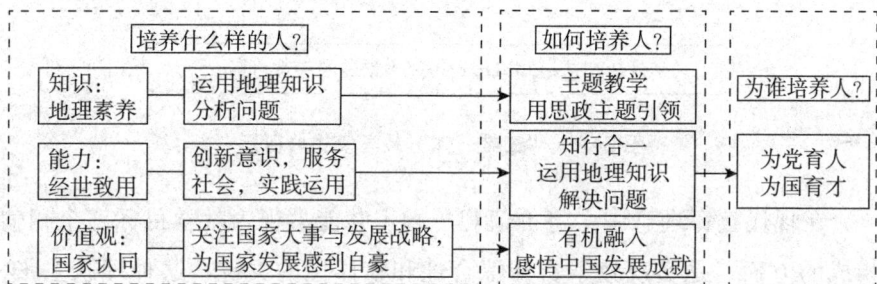

图 5-1　课程思政主题式教学模式的总体理念

（二）教学目标

在课程思政的框架下，地理教学既需以传递知识为基础，更要深化对世界本质的理解，并将讲述中国故事作为核心。这一教育理念旨在通过地理学习激发学生的学习兴趣，并利用这些知识帮助他们形成科学的世界观，理解当前的国际局势。还应分析我国战略的地理依据，以增强学生对国家的认同感，促进他们树立正确的价值观。此外，培养学生将理论与实践相结合、进行综合性分析解决问题的能力是为了引导他们建立一种有益于社会的人生观。教育的终极目标是实现价值、知识与能力三者的有机结合，达成一种"三维一体"的全面教学效果，如图 5-2 所示。

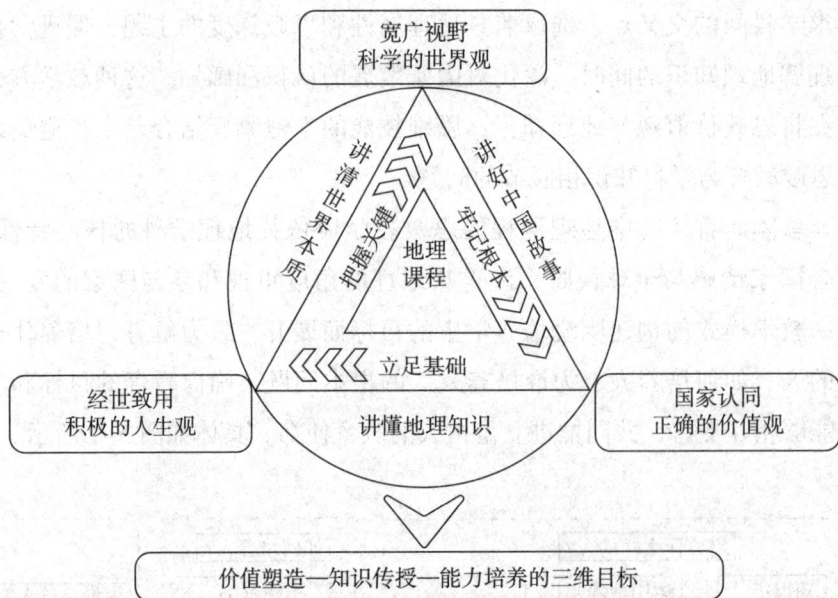

图 5-2 "三维一体"教学模式总目标

在现代教育理念中，将价值观、知识和能力视为教学目标三个相辅相成的方面，是实现教学目标综合性和整体性的关键。这种理念主张，在教育过程中，教师应注重方法的应用、知识的掌握、能力的提升以及价值观的塑造，强调这四个要素的无缝融合。具体到课堂实践中，意味着教育不仅仅是知识的传授，更是通过各种教学活动，使学生在获取知识的同时，学会如何思考和行动，以及如何形成和坚持正确的价值观。

首要的是理解，价值观的培育不是一项可以隔离开知识与能力培养而单独进行的任务，而是应该深深嵌入学科教学的每一个细节。这一过程要求教师在课程设计时，创造性地融合这三个维度，让学生在探索知识的过程中自然而然地吸收和建立起正确的价值观。换句话说，教育的目标不仅是让学生学到具体的知识，更重要的是在这一过程中培养他们的批判性思维能力、解决问题的能力，以及对社会和自身行为的价值判断。此外，价值观的塑造是一个复杂而漫长的过程，它要求教师有意识地将价值教育融入每一次课堂讨论、每一项作业、每一个课程项目中。这意味着教师不仅要关注学生的知识和技能学习，更要关注他们作为一个人的成长，包括他们的情感、态度和价值观的发展。在这个过程中，教师的角色是引导者和促进者，他们通过建立情景、提出问题、引导反思和鼓励批判性思考，帮助学生逐步建立和发展自己的价值观。四类思政主题的教学目标如下：

1. 主权安全类

深入研究国家地理，学生能够明确认识并区分领海和领土等关键概念，并且能详细描述它们的分布情况。特别是通过地图学习，学生将清楚地了解南海诸岛、钓鱼岛及其周边岛屿与中国大陆之间的空间位置关系。利用海洋法等相关资料，学生能够提出充分的论据，证明南海诸岛和钓鱼岛是中国的固有领土。通过对特定政策的学习，学生能够理解这些政策在保护国家海洋权益和国家安全方面的重要性，明白国家领土完整性和主权安全在国家发展战略中的核心地位，并增进自觉维护国家主权和安全意识的重要性。

2. 政策战略类

通过研究专题地图和相关资料，学生可以具体梳理和理解某一国家政策战略的主要内容及其适用区域。利用现有的地理知识，学生能够解释该政策背后的地理逻辑，从地理位置的角度分析该政策对所涉及区域发展的积极影响以及可能遇到的挑战。探讨这一政策在特定区域实施时的地理优势和限制因素，并提出针对性的解决方案。

3. 发展成就类

通过解读我国发展成就的景观图片并研究相关资料，可以揭示其背后的地理逻辑和原则。通过引用我国科技创新的案例及其在社会生活中的广泛应用，能深刻体会国家发展的伟大成就。

4. 抢险救灾类

通过分析自然灾害的成因和分布，学习有效的预防和减灾策略。探究地理信息技术在救灾中的关键应用，强调我国在应对紧急情况时所采取的有效措施，进而领悟社会主义集体行动的力量及其对保护人民生命和财产安全的承诺。

（三）教学要素

在现代教育理论和实践的持续进化中，将教学视为一个系统，并从系统论的视角分析其构成要素已经逐渐成为教育学界的共识。教学系统由若干核心要素构成，这些要素既保持各自的独立性，又对系统的完整性和功能发挥着不可或缺的作用。在高中地理教学中，特别是在课程思政主题式教学中，教师、学生和教学资源被视为教学过程中的三个基本要素。在此背景下，教学资源被广泛理解，包括为教学活动提供支持的课堂教学条件（如教学环境、设施、教具以及教学辅助技术），以及教学内容本身（包括课程标准、教材和其他相关素材）。在这一教学模式下，教师扮演着教学活动组织者的角色，引导教学过程，学生则作为学习的主体，积极参与教学活动，而教学资源构成了教学活动得以顺利进行的物质和文化基础。

在课程思政主题式教学实践中，教学过程被设计为围绕核心主题展开，通过创设情境、提出问题、进行探索和总结升华等活动，促进学生对知识的深入理解和应用。教学评价同样是这一过程的关键组成部分，它不只侧重对学生学习成果的评价，更重视对学习过程的监控和反馈，努力促进学生的全面发展。课程思政主题不单是教学内容的核心，更是整个教学活动的驱动力，它指导教学过程的设计和实施，影响教学评价的侧重点，激励教师和学生积极利用和调动各种教学资源，共同努力达成教学目标。

在教学模式的系统化框架内，可以将其细分为三个互相关联的子系统：主体系统、客体系统以及活动系统。这里，教师和学生通过互动交流共同构建了主体系统，而教学条件和资源则形成了客体系统，支撑教学活动的顺利进行。同时，教学过程与评价机制构成了活动系统，贯穿教学的各个阶段。这三个子系统相互作用，互为依托，形成了一个有机的整体，即主题式教学模式。[①]在这种模式下，教学不是简单地传授知识，而是要基于现实的教学条件，充分利用各种教学资源，发挥教师的引导作用，尊重学生的主体性，从而推动教学活动向着更有序、合理和优化的方向发展，实现整体教学效果超过各部分之和的目标。教学过程的设计遵循从课程主题化到主题情境化，再到情境问题化，以及问题拓展化的步骤，旨在深化教学内容的掌握和理解，提高教学效率和效果。教学要素组成如图 5-3 所示。

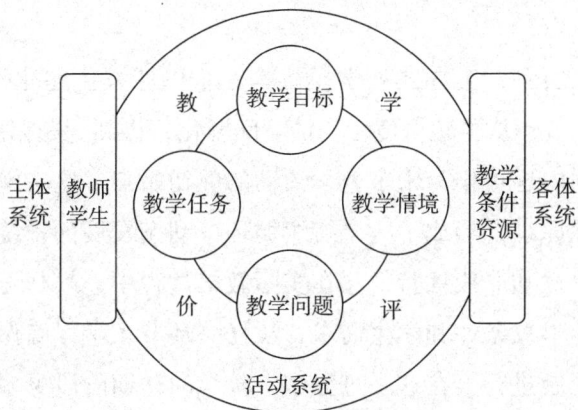

图 5-3　教学要素组成

（四）教学程序

教学模式本质上是将教学的理论框架与实践操作相结合的工具，它不仅展现了教学结构的组织完整性，还体现了教学活动可操作的具体过程。这种模式的核心价值在于能够作为理论与实践之间的纽带，将教学理论转化为可行的教学策略和步骤。它的可操作性质基于对教学活动中

[①] 高学通.高中地理课程思政主题式教学模式构建研究[D].信阳：信阳师范学院，2022：38.

关键要素相互关系的仔细分析，并采用动态视角全面理解地理教学的本质规律，使得教学的内在联系得以显现，并提供了一套基本的教学步骤供教师参照。

本书所探讨的教学程序并非凭空想象的产物，而是站在前人研究的肩膀上，通过综合教育理论和实践经验而精心提炼出来的。这一过程包括对相关文献的全面审视、对教育理论的深入分析，以及对课堂教学活动的细致观察，从而在各种特定的主题式教学实践中抽象出普遍适用的教学策略。通过这样的方法，旨在从更广泛的共性问题出发，开展对教学模式和程序的研究，进一步明确其在实际教学中的应用意义和操作指南。

如图 5-4 所示，主题式教学模式是一个以课程主题化作为出发点，通过一系列环节，从主题情境化到情境问题化，再到问题拓展化的过程，其中拓展出的内容可作为未来教学活动的新初始点。这一模式根据教学活动的动态性原理，形成了一个持续循环、动态发展的系统，体现了教学过程的开放性和非线性特征。在实际教学过程中，教师可以根据具体的教学场景、学校条件和学生需求，从任一环节入手，确保教学活动紧密围绕核心主题进行。在这一过程中，教学的初期阶段更多侧重教师的导向行为，其中教师需根据课程标准和教材，挖掘并设计与思政教育相关的主题，以及依据这些主题构建教学情境，为学生的学习提供支撑。接下来的阶段则通过引入具体问题来整合学习内容，更多地引领学生主动学的过程。这种模式不仅是地理教学中"识别问题、主题分析、问题解决"的实践，也并行推进了思政教育中"确定主题、深化分析、感悟升华"的过程，这两个过程在教学主题的核心围绕下相互融合，旨在实现价值观培育、知识传递与能力提升三者的融合与统一，展现了一个整体化的教学策略。

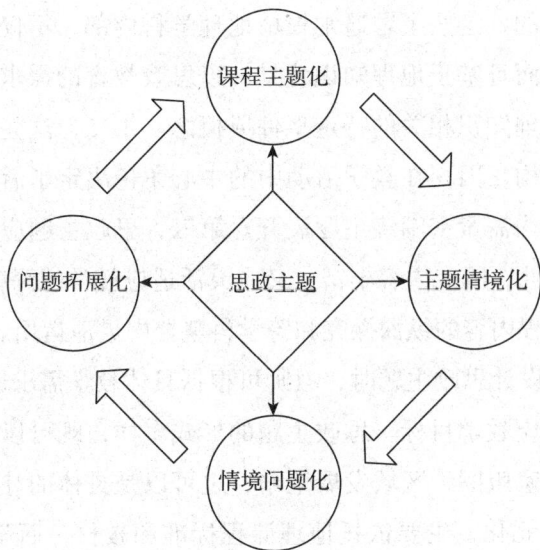

图 5-4 地理课程思政主题式教学程序

1. 课程主题化

在学科教学中，最为丰富的道德教育资源莫过于学科知识本身，因为每一门学科都拥有特定的知识体系、思维方式以及独有的价值观和道德寓意。这些元素不仅构成了课程知识的核心属性，也是塑造个人世界观、人生观和价值观的基础。因此，要深入挖掘课程思政的精髓，首要任务就是探究课程内容本身，而课程的标准和框架直接反映了这些内容的深层次意义。特别是在高中地理教学中，思政主题扮演着中心角色，传统教学模式中常见的以教科书为中心的教学方法使教师视角仅仅停留在教材的知识点上。但是，教学的真正起点应该是围绕课程标准而展开，而非单纯的教材内容，这意味着在教学规划阶段，教师需要深入分析课程标准，从中精心筛选和提炼出适宜的思政主题。这个过程不仅是实现教学主题深度整合、有效凝聚以及全面统摄的关键，也是确保教学内容丰富性和深度的基础。

第一，确保主题的内容必须明确、具体，这是根据高中地理课程思政的特征而定的，这些主题通常根植地理学科内部，不仅拥有显著的思政教育意义，而且基于地理知识背景，以思政教育的需求为导向，涉及的可以是与地理知识相关的特定事件或概念。第二，这些主题应当具备清晰的组织结构，因其在教学活动中的中心角色决定了后续教学设计如情境、问题等均需紧密围绕主题展开。第三，思政主题应当具有足够的概括性和包容性，既应内容丰富，又应灵活适应教学的深度和广度需求，便于教师在课程内容的纵深探究和跨学科整合中灵活运用。

在挑选和设计思政主题时，教师可根据具体教学需求进行灵活调整，细化选题以适应教学目标。思政主题的形式多样，既可以是具体的地理学概念，如国家版图、区域发展策略，也可以是具体的社会事件。主题的来源应当多元化，主要依托地理课程标准和教材，而学术研究成果、时事新闻或学生感兴趣的地理问题等也能成为丰富教学内容的有效资源。

2. 主题情境化

人类的认知过程是一种复杂的交互作用，涉及心理、生理活动和外部环境之间的相互影响，而且这一过程深受情境的影响。中学阶段的学生正处于从具体形象思维向抽象逻辑思维转变的关键期，这一转变过程并不是线性且均衡的，而是充满了跳跃性和个体差异。在这种背景下，来自政策文件或学术论文的思政主题往往过于抽象，学生理解起来会有一定难度；反之，虽然直接从日常生活中提取的主题贴近实际，但其内在的复杂性同样会增加教学的挑战。对此，教师在处理思政主题时需巧妙设计教学情境，通过情境创设，将复杂的理论知识具体化、抽象的概念形象化、枯燥的内容生动化，以适应学生的发展阶段和认知特点。

教学情境的设计是根据学生的认知发展水平和具体学习内容而精心构建的，旨在营造一个充满情感、具有吸引力的学习环境，同时为学生提供丰富的背景知识。通过将抽象的理论知识植入生动实际的场景，这种方法不仅使学习内容与学生的实际生活经验发生连接，而且有助于学生在日常生活中感知地理现象，能够有效激发他们的学习兴趣和探索欲望。在实施教学情境时，应追求其真实性、完整性和趣味性，以增强学习的吸引力和效果。教师可以采取多种方式来实现这一点，例如，引导学生进行实地考察，直观地观察和分析自然界和社会中的地理现象，或者设计与学生日常生活紧密相关的虚拟情境，使他们在轻松愉快的氛围中主动探索地理知识，进而增强对学科的兴趣和理解。

3. 情境问题化

思维的触发离不开问题的存在。在教育过程中，学生的学习旅程可以被视为一个连续的探索旅程：首先是识别问题，其次是深入分析问题，最终是寻找解决问题的方法。在这个过程中，将情境与问题巧妙结合成为关键。具体来说，情境的设置旨在为问题的提出提供一个直观的背景，而问题的提出又深化了情境的含义。在教学的各个阶段，教师通过引入具体情境来激发学生的好奇心，并提出相关问题。随着情境的展开，问题也逐步深入，促使学生在思考过程中持续前进，这种基于情境的问题设置成为激发学生深层思考的核心。设计问题时，应充分利用地理知识体系内部的逻辑关系，构建不同层级的问题，以此来适应学生认知发展的不同阶段。这些问题可大致被划分为基础层级和进阶层级，其次，基础层级主要关注知识的记忆、理解与分析，而进阶层级着重知识的应用、整合与评价。通过这样的设计，问题呈现出阶梯式的难度分布，可以鼓励学生沿着思维的螺旋逐步上升，逐渐构建起复杂的认知结构。

在主题式教学的框架内，探究性问题的设置旨在激发学生利用地理的思维模式深入挖掘主题，构建起与问题紧密关联的知识体系。通过这种方式，学生被引导去深层次地分析问题、阐述见解，实现教学内容的系统化和关联性强化。地理学以其独有的空间视角审视世界，遵循国际地理教育宪章的指导，主要围绕六大核心问题进行探讨：位置（where）、特征（what）、成因（why）、时间（when）、影响（effect）以及对人类和自然环境的益处（how）。借助这一框架，问题设计应遵循"描述—分析—影响—解决方案"的逻辑结构。例如，在探讨"雄安新区"这一主题时，可以从多个维度构建问题，以促进学生的地理学习和批判性思考能力。第一，学生需要确定雄安新区的具体位置，这涉及地理知识的基础了解。第二，探讨京津冀协同发展战略中雄安新区的建立初衷，理解其背后的经济和政策动因。第三，分析雄安新区的设立如何影响北京市、天津市和河北省的社会经济布局。第四，讨论雄安新区当前面临的挑战以及可能的解决策略，帮助学生理解区域发展中可能遇到的复杂问题。此外，从教学实践的观察中发现，现阶段的课堂互动往往以教师提问、学生回答的形式为主，这种模式可能导致学生逐渐形成被动学习的习惯。因此，教学设计应留有足够的空间，鼓励学生主动提问，引导他们自主建构知识体系。

由于没有固定答案的特点，开放性问题为学生提供了一个宽广的思考平台。开放性问题鼓励学生从政治、经济、文化等多个角度进行综合思考，这不仅有效利用了地理学科的跨学科特性，还促使学生能够全面地分析和讨论问题。通过这种方式，学生能在课堂上充分表达自己的观点，促进一个开放而充满活力的学习环境的形成。

4.问题拓展化

通过针对性问题的进一步拓展，教学效果得以提升，这个过程要求学生在学习中不断应用和反思已获得的知识与经验。在解决地理学的具体问题过程中，学生既掌握了地理学的基础概念和原理，又习得了分析和解决相关主题的地理思维方法。完成一个地理问题的解决之后，学生在遇到新的主题和情境时能够利用之前的经验进行判断和应用，从而达到知识和能力的迁移与扩展。

课堂观察表明，在进行地理课程思政教学时，教师们通常会在课程的末尾回顾主题，突出所学内容的重要性，并展望未来的社会发展。这种方法除了促进知识和技能的迁移应用外，也是价值观塑造的关键。根据价值导向的不同，教学内容可分为三种类型：一是具有明确价值目标的内容，这类内容可以直接从教材中明显看出，如关于钓鱼岛领土主权的声明、中国在减贫方面取得的成就等；二是含有隐性价值目标的内容，这些内容通常隐藏在对地理现象的描述和对地理规律的探索之中，需要教师去发掘其背后的意义，例如探讨"一带一路"背景下的新亚欧大陆桥对中国区域发展的重要性等；三是那些既不明显表达价值目标，也不易于发现价值导向的内容，此时，教师需要主动引导，通过多样的教学互动和课后活动，帮助学生形成价值观。

多维度的教学策略能够让学生在解决问题的过程中深化理解地理知识，并且通过主题探讨，促进学生从政治、经济、社会、文化等不同维度进行全面分析，培养学生的批判性思维和综合分析能力。通过开放性问题引导和问题拓展活动，教学更加强调价值观的引导和塑造，为学生提供了表达个人见解、参与社会实践的机会，有助于实现学生全面发展的教学目标。

第六章 高中地理学科核心素养及其培养的优化对策

第一节 地理核心素养的内涵

地理核心素养反映了学生在地理学习过程中必须掌握的关键能力、基本品格和价值取向，涵盖了人地协调观、综合思维素养、区域认知能力和地理实践力四个互相依存、紧密联系的方面。这四大要素构成了地理教育的基石，它们之间存在着深层次的内在联系。其中，综合思维和区域认知体现了地理学特有的认知方式和思考能力；地理实践能力则展现了学生在地理学领域的应用能力和行动能力，这三者共同对地理学的基础知识、认知原则和分析技巧进行了整合与提炼，属于地理学方法论范畴。[①]

在这一体系中，人地协调观作为一个高阶的价值理念，指导着人们正确理解和处理人与地理环境之间的关系，特别是在解读"人对环境的作用""环境对人的影响"以及"实现人与环境的和谐共生"等方面的思

[①] 任熠，王民，马巍.基于人地协调观的高考地理试题内涵理解与分析[J].中学地理教学参考，2019（9）：64-66.

考和认识。它不仅为地理学的基本概念和方法提供了更高层次的理念支撑，而且在地理核心素养中占据了中心地位，为综合思维、区域认知和地理实践力的发展提供了指导和方向。在中学地理教育中，人地协调观发挥着至关重要的作用，实际上，整个中学地理教育内容的组织和传授都是围绕理解和探索"人与地理环境关系"这一核心议题进行的。

一、人地协调观

具体可以从以下三个方面理解人地协调观：

（一）地理环境对人类的影响

地理环境为人类提供了生存和发展的物理基础，供应着人们生活所需的各种资源和能量，对人类社会的进步具有深远影响。随着社会的进步，地理环境中的资源和能量被广泛应用于人们的日常生活和生产活动中，在促进或限制人类发展方面发挥着重要作用。自然环境的多样性导致了各地的自然条件、资源分布及自然灾害等方面的差异，这些差异直接影响着人类的生活模式和经济活动。地理环境由地形、气候、水体、土壤、生态等众多要素构成，这些要素之间存在着相互作用和依赖关系，共同形成了地理环境的整体特性，人类的生产生活方式需顺应这种地理环境的整体性和区域差异性。

自然灾害对人类社会造成的破坏影响着社会发展的速度和质量，因此，认识到地理环境对人类社会发展的决定作用和重要性，人类应当摒弃以往试图征服自然的观念，转而学习如何与自然环境和谐共处，尊重自然规律，合理利用和保护自然资源，确保人类活动的可持续发展。这种理念的转变是人类未来发展的必然选择。

（二）人类对地理环境的作用

随着科技的进步和生产能力的提升，人类对自然环境的干预和改造力度不断加强。人们通过适应环境、改变自然、开发和利用自然资源，以及采取有效措施避免自然灾害的影响，展现了人类活动对地理环境的深刻影响。在这一过程中，人类建造道路、发展城镇、推进农业和工业生产，显著改变了地球的自然面貌。但是，人类的某些活动，如不合理的林地开垦、过度放牧和砍伐，与自然规律相悖，不仅引发了一系列地理环境问题，也暴露人类于自然界的惩罚之下。为了确保人类社会的持续高质量发展，必须对这些环境问题采取治理措施，并从中吸取经验和教训，努力减少人类活动对地理环境的负面影响，实现与自然环境的和谐共处。

（三）协调人类与地理环境的关系

随着社会的进步和生产力的提升，人类对自然界的改造和利用程度日益增强。人口的增长和消费水平的提高导致对自然资源的需求加剧，环境问题逐渐成为人们关注的焦点，人与自然环境之间的矛盾越发明显。在这种背景下，人类越来越意识到寻找和谐的人地关系，认识并遵循自然发展规律，保护自然环境，实现人与自然和谐共生是实现人地关系协调的首要目标。

在地理教育中，人地协调观是构成地理核心素养的关键要素，反映了地理学科在立德树人方面的教育价值。在高中地理教育中，培养学生的人地协调观意味着使学生深刻理解人地协调的具体含义，并通过地理教学内容深入探讨人与自然环境之间的各个方面，以形成全面的人地协调视角，包括自然、人口、资源、灾害、环境和发展等多个方面的观念塑造。例如，通过研究地球在宇宙中的位置、自然环境中的物质循环和能量交换等，培养学生正确的自然观和资源观；通过分析我国及全球的人口增长趋势、人口问题的影响和环境承载力，引导学生形成科学的人口观；探讨全球气候变化、水土流失和生态退化等问题，培育学生的环境保护意识；讨论区域资源的合理利用、环境保护策略和可持续发展的概念，帮助学生树立正确的发展观。

在教学活动中，教师应当避免将人地协调观简单地等同于可持续发展或人与自然的和谐关系。这种理解方式过于狭隘，没有充分展现人地协调观在地理学科中的深远意义和广泛应用。作为地理学科教育的核心和灵魂，人地协调观不只关乎地理学的基础价值理念，也是指引中国国家发展战略的重要思想。随着美丽中国建设的推进，我国正逐渐实践人地协调的发展理念，把人与自然的和谐共生作为国家发展的优先方向。通过规划合理的城镇化发展模式、农业布局和生态安全体系，以及促进绿色、低碳、循环的产业革新，我国正逐步塑造与自然和谐相处的现代化建设新模式。实践中，"绿水青山就是金山银山"的理念深入人心，证明了只有在尊重自然、建立人地协调观的基础上，平衡好经济增长与环境保护的关系，才能确保中华民族走向可持续的未来。

二、综合思维素养

（一）综合思维

在《思维心理学研究的几点回顾》一文中，林崇德教授将思维的品质归纳为五个主要特征：深刻性、灵活性、创造性、批判性和敏捷性。其特别指出，思维的灵活性关注思维过程的可变性，即表现为思维的迁移能力、分析组合的技巧及能力，以及得出合乎逻辑且灵敏的结论的能力。拥有思维灵活性的人擅长通过多角度的考量进行"由一而终"的推导，能够灵巧地进行全面的分析和综合，实现从问题的识别到解决方案的生成的过程。因此，综合思维被视为一种综合性的分析思维，它以概括、推理、归纳等形式为主要表现，是人们在认知、理解和解决问题时不可或缺的基本思维模式。

（二）地理综合思维

地理思维是基于地理现象和事物的本质特点及其演变规律的理解过程，由地理学科的空间维度、整合性、区域差异性及应用实践性四大特质所塑造的思维方式，主要包括比较、整合和寻找差异性的思维策略。地理综合思维便是在地理学的研究范畴和方法多元化的框架下发展起来的，它启用地理学特有的视角，将包括多个类别和性质的地理元素综合在一起，通过全面分析来形成对地理问题的深入理解。

（三）地理综合思维素养

思维素养是人们在日常生活和实践活动中逐渐形成的，用于有效理解、分析及解决问题的稳定能力。综合思维素养则特指在地理领域内，以全面、辩证的方法去理解、解释地理现象及其背后的本质和发展规律的能力，包括对要素综合、时空综合，以及地方综合三个方面的深入综合分析能力。

1. 要素综合

地理环境由众多相互作用和相互依赖的要素构成，这些要素之间的互动关系赋予了地理环境整体性的特质。这种对地理元素的全面分析反映了地理学研究的综合性质，包含了对两个要素、多个要素以及地球表面所有要素之间相互作用的深入探究，涵盖三个研究层面。

2. 时空综合

地理环境的形成和演变是自然历史进程的产物，其内部的事物和现象在不断变化与进化中。因此，研究地理必须既考虑在特定时间内不同空间的特性差异，又观察同一区域随时间变化的演进过程。这种对时间和空间的双重分析揭示了地理学研究的本质动态性。在不同的时间和空间尺度上，地理现象展现出多样的特点和形态。采取这样一个动态视角来审视地理的各种要素和现象，探索它们的生成、变化和发展规律不仅是地理科学自身发展的需求，也是地理学在支持国家发展战略和促进区域发展中所必须承担的重要角色。

3. 地方综合

地理学的研究兼具综合性与区域性两大特点，其中地方综合体现了地理学对区域特征的关注。地方综合通过分析特定区域内的地理环境要素及其随时间空间变化的特性，进而洞察该地区人地关系系统的区域性质。它关注的是某一区域或地点自然与人文要素的相互作用及其结果，揭示了地区之间的显著差异性。

地理学中的要素综合、时空综合、地方综合三者并非孤立存在，而是紧密相连。对地理要素的综合分析总是基于特定区域的，并且该区域的地理要素随时间的推移而变化，说明要素综合离不开地方和时空的综合视角。同时，时空的综合分析依赖对具体要素和区域特征的综合理解，如果脱离了对地理要素和地方特征的综合考量，单独从时空角度进行分析，将失去实际意义。只有将一个区域的各地理要素综合起来，将其视为一个统一的整体，才能有效理解和应对该区域内的人地关系问题。随着时间的流逝，一个地区的特点及其人地关系也在不断变化，即地方综合实际上是要素和时空综合在特定区域内的具体表现，它整合了要素和时空的综合分析。这三个维度构成了观察地理现象或问题的基础框架，针对不同的地理问题，可以根据具体目的，从不同角度进行探讨。但是，仅强调这一框架中的一两个维度而忽略其他维度，将无法全面理解地理现象。

深入理解综合思维的本质能够丰富地理教师对这一概念的认知，并且对于指引教师在地理课堂上有效实施综合思维教学具有重要意义，这对于优化地理教育过程、帮助学生构建地理学科思维框架、提高学习成效均具有积极作用。通过明确综合思维培养的方向和具体方法，地理教育能够更加目标明确、方法科学，有效实现培养学生综合思维能力的教学目标。

在高中地理教学中，综合思维的具体应用包括以下几点：全面分析一个地区地理环境的整体形成及其特性；探究地区内地理现象或事物的形成是多种因素综合作用的结果，从而进行多维度的原因分析；综合审视地理现象的发展过程及其变化机理；在处理人与环境间的问题时，将特定区域视作一个整体，综合评估该区域的发展潜力，并从多个角度出发制定合理的发展策略。

三、区域认知

区域认知在地理学习中是一种特定的认知模式，它体现为个人在处理信息时的一种固有且持久的方式，涵盖了感知、思考、记忆和问题解决等各方面。这一模式在地理领域中特指以区域意识或视角为主导的认知风格，该风格不仅指引着认知过程的展开，而且在对信息进行加工和整合过程中发挥着核心作用，并随认知活动的深入而得到加强。在区域认知中，信息的处理和整合遵循特定的技术途径和方法，通过一连串基于既定方法论的操作，最终形成关于某一区域的自然和人文特质的客观理解，以及对该区域发展潜力的评价，或在人地和谐观念指导下对认知成果进行的价值升华，即对区域价值的判断。[①] 从这个角度来看，区域视角的确定、策略性方法的应用以及最终的价值评估三者之间的联系是有逻辑的，它们串联起区域认知的全过程：从认知的导向、过程到结果的形成，如图 6-1 所示。

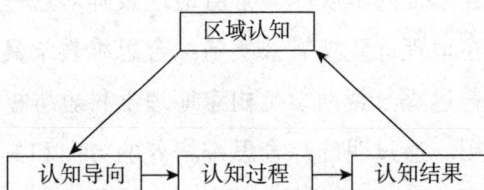

图 6-1　区域认知发生的各个阶段

认知导向作为区域认知活动的指导思想，存在于认知活动启动之前并在整个区域认知过程中起着主导作用，随着认知活动的进行而逐步加强，这表现为学生能够主动地把地理现象或问题放置于一个特定的区域背景中进行分析和解决。区域视角作为认知过程的初始导向，其难以直接测量的属性意味着其更多地以隐性的形式存在，引导学生对区域进行深入且高质量的分析。

---

① 成航,苏惠敏.区域认知素养内涵浅析[J].中学地理教学参考,2019(14):4-5.

认知过程涉及运用具体的工具和方法来洞察区域的特征（如地理位置、地形等），这一过程强调对各种方法和工具（例如地图分析）的恰当运用，以进行区域的综合分析、比较和关联研究。

认知结果则是在认知导向和认知过程的基础上形成的，包括对区域特征本身的深刻理解（例如区域的气候、地形、水系、人口和交通状况）和基于这些特征对区域开发及利用决策的评价与分析，进而在人地协调理念的指导下对区域发展进行价值判断，这两个方面的认知成果共同构成了区域认知的完整结果。

四、地理实践力

（一）地理实践力素养

地理实践力素养在广义上被理解为个体在实践活动中展现的稳定且具有地理特征的内在品格和修养。而在狭义上，它特指个体在地理实践活动中表现出的地理知识和技能、态度与价值观的综合展现。[①]从更广泛的角度来看，地理实践素养可以在物质、精神和社会三个维度进行划分：在物质维度，它涉及个体拥有的与地理学科相关的技能和能力，比如应用地理知识解决实际问题的能力、地理活动中的审美和创新能力；在精神维度，它关注个体在地理实践活动中的内在喜好和趋向，如对地理活动的兴趣和态度；在社会维度，它体现在个体在地理实践中的社会交往能力、环境伦理和道德观念。因此，培育学生的地理实践素养既需要加强知识和技能方面的训练，又应重视情感、态度和价值观方面的教育，以全面提升学生的地理实践力。

（二）地理实践力素养的价值

培育学生的地理实践力实质上是在培养具备社会责任感的未来公民，

---

① 陈实.我国中学生现代地理实践素养培养研究[D].武汉：华中师范大学，2014：16.

这是因为拥有地理实践素养的个体能够通过地理学特有的世界观，采用整体性和联系性的方法解决问题，从而超越仅关注自身或短视利益，以及过度人类中心主义的局限。因此，发展学生的地理实践素养是实现地理教育目标的关键，特别是在促进地理技能、地理过程和方法学习方面起到了核心作用。

1.体现地理学观察世界独特的视角与价值

地理学通过空间视角来探索世界，类似历史学主要依靠时间视角的方法。拥有地理实践素养的个体能够采用这种独特的视角，将自然系统的内部结构及其与人类社会系统之间的互动关系综合起来进行考察。地理学作为自然科学与社会科学之间的桥梁，提供了独特的研究视角，包括通过地理的空间、地点和尺度来观察世界，以及将环境社会动态中的人类活动与自然环境、社会经济政治系统的相互作用整合在一起。此外，地理学通过图像、语言、数学和认知等多种方法进行空间表达，力求跨越自然科学和人文科学的鸿沟。

地理学家通过观察现实世界中的现象和过程之间的联系及其依赖性，探求地方之间的相互作用及其在时间和空间尺度上的关系。这种方法强调了综合性和区域性，使得地理学能够深入理解不同区域间以及区域与全局间的依赖关系。与其他学科相比，地理学的根本区别在于其生态整体主义的理念，视地球为包括土壤、水、植被和动物等在内的一个整体——地球共同体，人类仅是其中的一员。地理学关注人类如何利用和改造这个支撑生命的生物和自然环境，研究不同的生物物理过程和环境动态之间的相互作用，以及人类社会经济、政治和文化活动如何与环境互动。地理学将环境社会动态视为其核心，探讨人类对环境的利用与影响、环境对人类的作用及人类对环境变化的认知和反应，意识到环境变化对人类社群的影响，并将精准地认知这些变化及其后果作为采取有效缓解策略的关键。

通过这种思考方式，地理学为人们在理解环境和社会方面提供了从地区整合、地区间相互作用及不同尺度间关系的科学认识，对人类的决策过程做出了重要贡献。地理学家及地理视角对于私营和公共部门决策的影响主要表现在为地区和区域提供城市规划、水资源管理等决策支持；为国家在能源经济转型、提高竞争力、解决环境挑战等领域制定政策提供科学依据；为全球经济和政治重组、缓解贫困和饥饿问题提供战略建议。

国际地理学界将进一步发挥其独特的分析视角，为应对全球面临的实际挑战做出更大贡献，包括揭示复杂系统的不平衡性和动态性；理解全球化趋势（包括经济、环境、人口、政府和文化等）及其影响；建立从本地到全球的空间联系研究；利用时间序列数据等纵向研究材料比较不同过程；增强地理学理论、技术和研究成果对政策制定的贡献；强化地理教育，包括提升普通公众（涵盖中小学生、社区学院和技术学校学生、大学生及非正规教育人群）的地理素养，改进地理学家的专业培训，提高对地理学的理解，并加强地理学的组织和机构建设。[1]

2.地理实践素养的培养是提高学生地理技能的基础

培养学生的地理实践素养是提升其掌握地理学科过程与方法的关键途径，在我国地理教育的三维目标体系中，地理知识的教学目标实施较为深入。观察现状可以看到，无论是地理技能、地理过程与方法，还是态度与价值观的培养，在我国的地理课堂教学中主要依靠知识学习来完成。因此，强化学生地理实践素养的培养成为当前地理教育的重要任务。

地理学作为一门具有强烈实践性质的学科，其特有的能力培养需在实际的实践环境中进行。地理学科特有的能力结构包括地理观察与观测、地理调查与考察、地理制图与绘图、地理实验及地理信息技术应用等，这些能力的发展不仅需要学生动手实践，还要求进行大量的实验和操作，即只有通过实际的操作和实践活动，这些技能才能得以充分发展。地理

---

① 蔡运龙.高校地理教育的国际态势 [J].中国大学教学，2010（7）：6-12.

学站在自然科学与社会科学的交汇点上，采用基于地域的、综合而复杂的研究视角，因而其研究方法同时吸纳了自然科学和社会科学的研究优势。地理科学的基本研究过程涵盖了观察、分类、交流、推理、预测以及理解时空关系等方面，其研究方法主要包括观察法、实验法、调查法、比较法、分析综合法、归纳演绎法等，这些都强调了实践性特点，构成了中学地理学习的核心内容和方法。

在地理教育过程中，教师除传授固定的地理知识外，还要引导学生亲身体验地理科学的研究流程，掌握科学的地理研究方法。以黄土高原水土流失问题的教学案例为例，简单教授学生黄土高原的水土流失情况和治理方法（如植树造林）可能使学生仅仅停留在表面的知识层面，这种方法忽略了对不同地域尺度、时间尺度上的景观格局变化及其背后驱动因素的分析，导致学生面对其他区域水土流失问题时可能无法灵活应对。对此，地理教学应当让学生理解中国地理学家在研究黄土高原水土流失治理策略时所采用的方法，包括开展的野外观测、实验、社会调查和数据分析等，运用"尺度—格局—过程"原理，系统地分析黄土丘陵沟壑区在不同尺度上景观格局演变的时空特征及其驱动因素，以及景观格局变化与水土流失之间的关系，揭示该区域水土流失的机理，并在此基础上提出合理且科学的治理策略。

3. 地理实践素养的培养是践行可持续发展观念的保障

将可持续发展视为未来公民所需具备的关键地理素养十分重要。地理学家们通过研究地球表面变化的特性和过程、自然与人文现象之间的相互作用来探索环境变化及其背后的原因，这一探索过程既复杂，又漫长。在中学地理教育中，环境教育所涉及的知识汇集了这一研究的成果，无疑有助于学生深入了解环境知识。然而，从中国地理教育的实际情况来看，仅靠学习环境知识不能如期转化为学生的环境保护行动，真正的可持续发展理念需要学生在参与环保实践活动中通过亲身体验和行动来形成。例如，城市地理学者在研究资源环境承载能力、科学合理开发和综合利用资源方面做出了显著贡献，探讨了如何将中心城市的发展与周边城市及乡村的发展和生态保护有效结合，如何平衡城乡发展、逐步实现区域公共服务的均等化，以解决城乡二元结构的问题，提出了建设资源节约型和环境友好型社会的理念。

其中，资源节约型社会强调整个社会经济的建设应基于资源节约，核心在于在生产、流通和消费的每个环节通过技术和管理的综合措施实施资源节约，提高资源使用效率，减少资源消耗和环境成本，以满足人们日益增长的物质和文化需求。[①]环境友好型社会追求人类的生产和消费活动与自然生态系统的和谐共生，关键在于确保人类活动的可持续发展。学生应通过实地调查研究，深入了解自己所处的环境、生产状况及消费模式，深刻理解建设"两型"社会的重要性，并从自身做起，通过实际行动促进环境保护和资源节约。

第二节　高中地理教学中学生核心素养培养的教学模式

一、生本课堂教学模式

（一）生本教育

生本教育理念，即将学生置于教育活动的核心位置，是在国家提倡的人本发展观念下，针对教育领域进一步发展而来的思想。该理念倡导教学活动从以教师主导转变为以学生需求和发展为中心。在其演进过程中，生本教育逐步确立了对于教师观、教学观、评价观及德育观的新观

---

① 向莎."两型社会"视角下实现民生幸福的环境构建[J].现代经济信息，2013（10）：14—15.

念，这些都是值得借鉴和实践的教育方向。

1. 教师观

在课堂教学中，教师需要准确理解自身的角色和影响，培养正确的教育理念，从而成为学生学习旅程的积极引导者，而非单纯灌输知识的传授者。教师的角色是激发学生的潜能，引领他们探索兴趣和发现自我价值，而不仅仅是完成教学任务。

2. 教学观

生本教育中的教学理念强调教师应成为学生自我学习过程的引导者，帮助学生建立正确的学习态度。它倡导尊重学生的个性化差异，并注重培养学生的认知和情感能力。每个学生都有其独特的性格和兴趣，教师在教学中应识别和理解学生的个性化需求，通过差异化的教学方法激发学生的感知能力和情感反应。

3. 评价观

在评价体系方面，生本教育倡导超越传统的以考试成绩为主的学生评价模式，提倡过程性评价并鼓励同伴之间的互相评价，以此确保评价的公平性和全面性。这种评价方式旨在减少学生追求分数的压力，避免因应试而产生的不诚实行为，更加注重学生学习过程中的成长和进步。

4. 德育观

关于德育的观点，生本教育将德育置于教育的核心位置，强调在强化学生文化教育的同时，更加重视德性教育的重要性。这种教育观念主张让学生回归自然，通过亲身体验和感悟来深化对真善美的理解，进而树立起正确的世界观、人生观和价值观。这一教育理念认为，学生的全面发展不只包括智力的成长，还应涵盖道德、身体、美感和劳动等各方面的培养。在教学过程中，学校和教师应当平衡各方面的发展，而不是单一强调理论知识的掌握，以促进学生的全人教育。

（二）地理生本课堂的构建原则

1.尊重学生的个性差异

中学地理教育面临的挑战之一是其复杂的知识体系和学生普遍感觉的内容枯燥，这在传统以板书和口述为主的教学模式下尤为明显，往往难以调动学生的学习积极性。学生的个体差异，如先天的智力水平和对地理的兴趣爱好，对他们在地理学习中的表现和态度产生了显著影响。对于理解能力较强或对地理有兴趣的学生而言，学习地理可能更加顺畅；相反，理解能力较弱或对地理不感兴趣的学生可能遇到较大困难。在这种背景下，如果教师的评价方式不恰当，可能导致学生对地理学习产生消极的心态。生本教育理念强调在地理教学中必须重视学生的个性化差异，教师应根据每个学生的具体情况采取相应的教学策略。

2.制定系统的构建规划

目前，构建以学生为中心的地理课堂正处于探索阶段，需深入研究和制定明确的策略，以确保构建过程的系统性和规划性，防止盲目尝试带来的负面效果。这要求教师设计周全的教学计划，全面考虑课堂教学改革的具体措施及其效果评价，以便为未来的教学实践提供指导和参考。

3.以转变师生主体地位为前提

在传统的教学模式下，教师作为知识的传递者，而学生处于被动接收的位置，这种方式可能削弱学生的学习动力。构建生本课堂的基础在于教师需重新界定自身在教育活动中的角色，转变为学生学习的促进者，恢复学生作为学习主体的地位，尊重学生的主动探索精神。

（三）地理生本课堂教学模式的构建对策

1.明确时间观念，强化教学的顺序性

在传统的教学模式中，教学时间主要被教师讲解占据，尽管教师会要求学生课前预习，但实际教学中往往缺少对学生预习情况的检查和反馈。这种做法导致学生逐渐忽视课前预习的重要性，依赖课堂讲解，从而使得其对知识的掌握变得片面和不深入。在构建生本教学模式时，教

师需要改变这一教学流程，重视并强调学生自主预习的作用，例如，在讲解中国交通运输业的课程时，教师可以事先布置预习任务，然后在课堂上让学生主动展示对预习内容的理解和掌握，教师在一旁指导和纠正。这种方法能有效地将学生从被动听讲转变为主动学习，有利于实现从知识点的零散理解向系统掌握的转变。

2. 突出理论与实践相结合的教学模式

将理论与实践相结合的教学方法能有效提高学生的学习主动性，因为仅依赖书本上的抽象知识点往往会削弱学生的学习动力。在地理教学中，教师可以通过将理论知识与实际经验相结合的方式来增强学生的兴趣。例如，当探讨中国的地貌特征时，教师可以组织学生进行现场考察，亲自体验和观察不同的地形景观。同样，当学习长江等河流知识时，带领学生实地观察长江和汉江的交汇，直观感受"江汉分明"的自然现象，促进知识的深入理解与长期记忆。

3. 开展小组探究学习，举办"小老师"课堂

构建以"学生为中心"的地理课堂环境，关键在于激发和扩展学生的自主学习动力，以及发掘其内在潜力。一种有效的方法是教师可以基于学生成绩的差异，将他们分配到各具特色的学习小组中，促使他们在讨论特定地理知识时，自主交流思想并集体形成结论。这种做法既促进了学生的自我表达和主动学习，也增强了他们的团队合作意识和探索精神。

二、自本课堂教学模式

在自本课堂教学模式中，教学活动高度个性化，聚焦学生的个别需求，营造了一种教学和学习相互促进、以学生为核心的互动式教学环境。这种课堂模式不仅是学习知识的过程，也是学生情感和生活体验的共享空间，使得学习不再局限于传统教室的四壁之内，而是延伸到更广阔的社会实践领域。教学不再是教师单向的知识传授，而是结合社会实践的

深度探索，使得教师和学生共同参与学习，共同成长。

自本课堂通过将学习场所从传统教室扩展至社会各个角落，打破了传统教学的时空限制，促进了学生在现实社会环境中的知识应用和实践能力的发展。在这样的课堂中，师生关系转变为共同学习者的伙伴关系，共同迎接新学习时代的挑战。自本课堂的实施是在当前基础教育课程改革要求下，一次有益的教学模式革新尝试，对促进教育现代化、实现个性化教学具有重要意义。①

（一）自本课堂的价值性

自本课堂强调与时俱进，充分体现了学生的天然活泼、纯真和好奇心，摒弃了传统教育中的僵化思维和一成不变的教学模式，倡导一种简朴、自然的教育方式。这种课堂氛围饱含积极正面的情绪，鼓励学生探索生命的深层意义。自本课堂从培养学生的情感素质、道德修养以及全面发展的视角出发，实现了从单纯传授知识到培育学生核心素养的转变，为基础教育课程改革提供了深刻的反思和新的探索方向，具有重要的现实意义和长远影响。

（二）自本课堂打造不同类型的课堂结构

自本教学模式突破了传统的单一教学形态，采取多样化的教学方法，其学习目标、方式、方法、内容及评价体系根据教学内容的需求而灵活调整。这种教学策略成为提升学校教育质量的关键，通过适应学生需求和兴趣，促进其全面发展。

1.创新学习目标

在实施以教师为中心和学生为中心的课堂模式时，往往集中关注课本内容所体现的情感、态度和价值观维度。而在自本教学模式中，焦点更多地放在学生在学习过程和实际情境中展现的个性和态度上，强调学

---

① 李茂春.自本课堂：一种有价值的课堂革命[J].中学政治教学参考,2018(2)：60-61.

生通过亲身体验进行探索、创新、协作及解决学科核心问题的过程。在此模式下，重视学生在课堂内外创造新知识，强调非认知技能的培养，如社交能力、适用各种情境的可转移技能，以及对学习方法、过程感知和教学目标实现的全面理解。例如，通过教师的引导，学生可以自由组建各种探究合作小组，如"实践体验者共同体""自主发展联合体"或"团结协作组合体"等，这种小组活动不仅增强了学生的学习动力，也促进了知识的深入理解和应用。在这一过程中，学生在享受学习乐趣的同时学会了面对和解决问题，激发了学生的潜力，促成了一种合作、平等、互惠的文化价值观，为学生提供了平等的发展机会，有效提升了学生的核心素养。

2. 创新学习方式

自本教学模式突出了提升学生主动学习意愿的重要性，挑战了传统的讲述式教学方法。该模式积极倡导实施跨学科的综合学习、多学科间主题的融合以及将真实世界的情境融入教学活动的新型课堂教学方式。

3. 创新学习方法

在启动自本教学模式之前，教师需指导学生进行个性化的项目学习和围绕课程目标的独立学习。教师在布置课前作业时，考虑学生之间的个体差异至关重要。首先，考虑到学生的认知风格的多样性，基于心理学的理论，如场独立性与场依存性的概念，教师应对学生的知觉、思维模式、解决问题的能力及记忆方式进行细致分析，认识到每位学生有其独特的学习路径。其次，学生的学习风格也各不相同，需要根据学生对学习内容的认知、情感反应及偏好的学习环境做出相应调整。最后，学生的个性特点，如有的偏好实践操作，有的偏好理论思考，这些差异也应当被充分考虑。通过鼓励学生基于各自的优势组成小组，进行合作实践和讨论，可以促使学生在相互学习中取得共同进步。

自本课堂仿佛一个故事分享的场所，在这里，学生互相分享生活中的真实故事，那些类似教科书但更具生活色彩的案例。学生通过回忆、整理并分享这些故事，这不仅是展示学习成果的过程，更是一次深刻记忆的激活。学生所讲述的案例往往是他们记忆中最为重要和深刻的经历，对这些经历的描述、分析和反思，以及由此引发的思考和行为变化将激励学生进行表达、分享和交流，从而引导他们反思个人经历。

4. 创新学习内容

自本教学模式旨在通过仿真模拟现实生活情境，使课程内容更接近真实世界的复杂性。这种教学策略重点布置涉及课程和生活经验的跨学科实践活动，让学生直接参与学科知识的实际应用，提升其对学习内容逻辑结构和模型的理解，培养其思维方式、实际操作技能及承担责任的意识。课堂成为展示创意和解决问题的舞台，鼓励学生通过实际问题导向的探索和团队合作来进行学习。

5. 创新学习评价

在对学生的学习成果进行评价时，必须贯彻评价的多样性和原则性。首先，评价应该充满激励性。常言道："无激励，不奋发。"在进行学习评价时，应当更多采用鼓励性语言，减少批评，以建立一种能够激发学生学习动力和智慧潜力的评价方式。这种评价方式能够让学生在学习中感受到成就感，特别是能让成绩不理想的学生因付出努力而得到认可，从而增强其自信心。其次，评价应遵循发展性原则。教育的革新核心在于人本思想，认识到学生是教育的中心。考虑到"千人千面"的现实，教师的评价方法应避免一成不变，而是应反映学生的个性化差异。这就要求教师根据学生各自的发展水平，吸纳先进的经验和成果，依据跨学科的素养考核指南，设计出既反映真实生活场景，又充满创意的评价方案。这种方案应覆盖完整的思维推理过程，采用多样的能力评价和标准形式，以多元化的评价体系和明确的发展目标，全方位促进学生的成长。

（三）地理自本课堂教学模式应用对策

1. 以教学方式的改革来体现课堂的自本

自本课堂旨在营造一种每位学生均能参与、展示自我、体验成就感并共享学习喜悦的教学环境。在地理学的探究和分享式学习中，目标是通过互相分享洞见以启发思维，构建有效的认知框架，从而促进所有参与者的共同进步。这种教学理念区别于传统教学，强调教育本质上是一个分享的过程——分享历代、同侪及社会成员的智慧，学生在此过程中，通过与他人的互动，共享知识、思考和学习体验，实现个体和集体的成长，并享受到彼此认可和尊重的价值。以"多变的天气"教学片段为例：

问题设置：在探讨天气与日常生活联系的新课引入环节，教师提出一系列让学生深入思考的问题：天气变化与我们生活之间的关系是什么？具体到降水，它主要的表现形式有哪些，气象学上如何对降雨量进行分类？在我们的生活观察中，小雨、中雨、大雨、暴雨的判断标准是什么？如何对降水量进行测量？

结合体验，自主探究：学生被邀请结合个人经验和观察，探讨不同的降水情况，包括连续的暴雨、持续一个月的阴雨、近两月的无雨天气、大雪或短时冰雹等对日常生活和生产活动的具体影响。

相互交流，得出结论：学生探讨降水对体育活动和农作物成熟的影响，分析春秋季运动会的最佳举办时间及其背后的原因，并讨论降水对不同地区居民生活的影响。

学生通过运用掌握的知识和实际探究的经验进行学习和交流，这种探索式学习方法旨在促使学生通过亲身实践和交流得出结论，深化对天气变化与人类生活联系的理解。

在自本课堂的环境中，学生被赋予了学习过程的主导权，他们自主参与学习活动，对自己的学习负责，显著提升了学习的积极性。通过这种方式，学生迅速掌握了适合自己的学习策略，优化了学习效率，并培育了积极的学习态度，这些成果的价值远远超过被动接受知识的传统学习模式。优良的学习习惯成为推动学生继续进行自我探索和实践学习的动力，促成了一个积极的循环，为学生的长期发展产生了深远影响。在这一过程中，学生需要灵活调整自己的知识结构和学习方法，表现出强大的适应能力和解决问题的勇气，同时在不断挑战中培养了坚韧不拔和敢于质疑的品质。

自本课堂既注重理论知识的掌握，又强调将所学知识应用于复杂的现实生活中。生活的现实情境往往比课堂学习更为复杂，这要求学生在课外参与精心设计的实践活动，以培养将地理知识应用于实际生活中的能力。这种将知识运用于实践的过程不仅是对学生核心素养培养的体现，也是自本课堂深层次价值的展现，通过这种教学模式，学生能够在实际操作中深化对地理学知识的理解和应用，为他们的全面发展奠定坚实基础。

2. 以课程创生来实现和丰富自本

现代教育理念强调，学生在学习过程中应扮演主动参与者的角色，而非被动接受者，这种主动的学习方式被视为学习效率的关键。通过实践活动，将学生的动手能力与思维能力结合起来，不仅能激发学生的思维活力，还能全面调动学生的感官参与学习。在西方许多国家的学校中，"动手做"和"做中学"的教育模式十分流行，这种模式鼓励学生通过亲手操作、制作和探索来发现规律和获取新知识。地理课程标准明确指出，学生应成为地理学习的主体，而教师担任组织者、引导者和合作伙伴的角色，这要求地理教育从单纯强调记忆转向重视理解和过程，减少对机械记忆的依赖，提倡通过实地观察、动手实践、自主探索和团队协作来学习地理，激发学生的探究精神，形成积极的学习态度。这样的学习方式旨在培养学生的人文关怀、科学思维、信息处理能力、实际操作技能及创新能力，与培育学生核心素养的目标高度一致。因此，地理的社会实践活动成为中学地理教学不可或缺的一部分，探索如何有效地开展基于核心素养培养的社会实践活动成为地理教育领域的新挑战，同时，这也是实现和丰富自本课堂理念的重要途径。

第三节　高中地理教学中学生核心素养培养的对策

一、人地协调观素养培养的对策

（一）创设真实情境，设计学习活动，深度思考地理问题

通过引入生动且贴近现实的案例，如探讨"土地荒漠化的影响与对策"，并结合"蚂蚁森林"这一支付宝平台上的创新绿色项目，学生的学习热情会显著提升。在这样的现实背景下，学生们更加积极地参与思考和讨论，体验人与环境相互作用的深刻过程。

蚂蚁森林通过奖励用户的低碳生活行为，如绿色出行和在线服务使用，用户积累的"绿色能量"可用于在虚拟环境中种植一棵树，当这棵树成长到一定阶段时，蚂蚁金服合作的环保组织会在中国西北部的实际地点种植一棵真实的树木。教师通过分享自己参与种植树木的经历，如在库布齐沙漠、阿拉善以及武威地区的亲身体验，激发学生思考"哪些中国区域最需要森林覆盖"以及"蚂蚁森林环保项目的深远意义"。进一步地，学生们被引导去思考适合种植在中国西北部干旱地区的树种，如梭梭、沙柳和樟子松，它们的耐寒、耐旱以及适应贫瘠土壤的特性。通过地图探索，学生发现了赤峰、武威、兰州等地，加深了对中国西北干旱半干旱地区范围的认识，为理解该地区荒漠化的严重性奠定了基础。

以库布齐沙漠为例，学生分析导致该地区沙漠化的自然和人为原因，探讨库布齐地区在科学管理下如何从一片荒漠变成了国际闻名的治沙典范，进而被列为"中国最美五大沙漠"之一。学生被鼓励总结库布齐地

区的治沙经验，并思考这种模式是否适用于新疆等其他地区。通过这一系列问题的探索，学生被引导发展综合思维，从多维度全面地认识和理解人与自然的关系、地理环境的特点，以及人类活动对环境的影响。

（二）挖掘学生身边的本土地理素材，将原理规律与典型案例相结合

利用学生熟悉的地理环境和本地案例作为教学的出发点，引入本土地理素材作为学习情境，可以使学生在亲切的背景中探讨和理解人地关系的复杂问题。通过深入研究本地案例，学生能够直观地观察和分析家乡面临的人地协调挑战。通过组织学生进行小组讨论、扮演不同角色进行模拟讨论等互动学习活动，激发学生深入思考地理问题背后的社会、经济和环境因素，以及这些因素如何相互作用，从而影响地区的可持续发展。通过实际案例分析，引导学生思考如何有效地解决这些问题，逐步建立起人地协调的观念，为促进地区可持续发展提供思路。

（三）利用学生的生活经验强化感性认识，体会人地协调的重要性

将学生的日常生活经验和实践活动融入人地协调观的教育中，有助于学生深刻感受人地关系问题并不遥远，而是紧密联系着每个人的行为。在教授"如何合理利用水资源"这一主题时，教师激发学生思考并分享自己在生活中采取的节水措施，如关闭水龙头、利用生活用水冲洗厕所、收集雨水进行浇花等。此外，介绍学校采用的滴灌和喷灌技术以及呼吁在农业和工业中广泛应用这些节水技术和循环利用水资源的重要性，可以增加学生对节水知识的了解，鼓励他们将这种节水意识带入家庭，进而向社会传播。通过利用校园广播等渠道宣传环境保护的重要性和介绍环境保护的具体做法，以及在"地球日""世界环境日"等环境节日组织相关的宣传和公益活动，不仅有助于加深学生对环境问题的认识，也让他们通过参与实践活动而体验到人与自然和谐共生的重要性。

（四）在地理实践活动中领悟人地协调观

通过参与地理实践活动，学生可以深化对人地协调观的理解和实践。这些活动包括实地考察、社区调查、模拟实验等，让学生直接接触和感知生活中的人地关系有助于将理论知识转化为具体行动。在实践过程中，学生不仅能够学习如何掌握知识、进行调查研究，还能提升识别和解决问题的能力。这种能力的增强促进学生对于地区可持续发展提出实际操作方案或者合理规划的能力。例如，在探讨"城市垃圾污染防治"这一课题时，通过组织学生进行实地调查活动，学生可以在周末亲自到居住区、学校周围、餐厅和工厂等地调查垃圾的组成类型，从而对城市垃圾的分类有更深入的了解。通过网络搜索或实地访问，学生能够明白城市垃圾对人类健康和环境造成的种种危害，并实地考察垃圾处理中心，了解垃圾无害化处理的各种方式。此外，学生还将探讨和提出在日常生活中减少垃圾产生的方法。

这样的调查活动能够让学生亲身体验到城市生活垃圾的处理问题，认识到垃圾对环境的影响，并意识到垃圾减量和分类的重要性。通过实践中的学习和探索，学生们自发提出并倡导从日常生活做起，实践人地协调观，通过减少垃圾产生和正确处理垃圾等方式保护环境。地理教师在这一过程中的观察和引导不仅可以评估学生是否形成了正确的人地协调观，还能深化学生对这一理念的认识和实践。

（五）利用角色扮演增强责任心，强化人地协调观

在地理教育中融入角色扮演这一策略旨在通过模拟真实社会角色的方式来丰富课堂教学，提高学生参与度。以"森林的开发与保护"主题为例，通过分配学生扮演不同的社会角色，如土著居民、政府代表、木材公司 CEO、环保科学家、经济分析师等，每个学生从自己角色的视角出发，阐述对雨林开发的立场和见解。随后，通过角色互换，让学生从不同视角再次审视问题，这种方法促进了学生从多维度理解雨林开发的复杂性，深化了对雨林保护与经济发展平衡的认识。此外，应引导学生

结合中国的具体案例，如雨林保护项目，探讨如何在实际中实现人与自然的和谐共生，让学生从主体的角度思考和贡献自己的见解，加强他们对地理知识的实际应用能力，培育解决实际问题的能力。通过角色扮演，学生能够更深刻地体会人地关系的复杂性和多元性，认识到在促进经济发展的同时，必须考虑生态环境保护的重要性，从而形成全面、科学的资源观和环境观。

二、综合思维素养培养的对策

（一）巧用思维导图

高中地理教学强调地理要素间的互联和整体性，旨在培育学生的综合思维能力。通过地理学科内容的深入，学生将了解到自然与社会经济要素的紧密联系及其相互作用，例如，地形、气候、水文等自然要素与人口分布、城镇建设、经济发展等人文要素之间的相互影响。为了加深学生对这种复杂联系的理解，教师可以采用思维导图这一工具，引导学生从多维度探讨和理解地理要素间的复杂关系。通过构建以地形为核心的思维导图，既展现了地形对气候、生态系统和河流等自然要素的影响，又能探究其对人口分布、城镇布局、农业布局、工业发展及交通网络等社会经济要素的作用。这种方法促使学生在分析问题时考虑更全面的因素，有助于学生培养出全面审视以及分析地理现象和问题的能力，深化其对地理综合性和全面性的理解和应用。

（二）分析身边地理现象和地理事物，拓展地理综合思维

地理教育根植于人类与环境的相互作用，既源于生活实践，也引领生活实践，对于学生的全面发展至关重要。通过接触和分析生活中的地理现象，学生能够在实际情境中学习地理，增强综合思维能力。例如，城市规划和街道布局等都可以作为丰富的地理教学资源，让城市学生在生活中实地观察地理知识的应用，提高他们解决实际问题的能力。农村学生通过观察小麦的种植周期，可以深入理解农作物生长与气候之间的

密切联系。这种教学方法不仅让学生在生活中发现地理，而且通过提出问题和解决方案，能够培养学生的批判性思维和问题解决的能力。

除了生活中的教学素材，历史与地理的结合也是一种创新的教学方法。利用历史典故作为教学情境，教师可以引导学生探索历史事件背后的地理原因和影响，如分析三国时期诸葛亮利用孔明灯求救与火烧葫芦峪失败的原因，从地理角度解释热力环流原理，激发学生对自然现象探索的兴趣，培养他们综合分析和科学探究的能力。

（三）重视地理过程的探究，提高综合思维

近年来，高考地理试题注重考查学生的学科综合素养，特别强调学生在认识、分析、解决地理问题时的能力，重视学生如何综合运用地理学的基本原理和方法来分析解决问题。特别是对地理过程的探究，考试内容越来越倾向评价学生理解和分析地理现象变化的能力，如地表形态变化、气候变动、生态变迁、人口结构转变及产业发展趋势等方面。这一趋势体现了对学生探究地理事物的发展演化过程、理解其空间变化规律的能力的重视。

地理过程涵盖了自然和人文两大领域，强调地理现象随时间演进的特性，探究这些过程旨在加深学生对地球表层复杂现象的理解。高考地理题目通过考查地理事物的空间分布及其演变规律，旨在评估学生的空间分析能力及其将地理知识应用于实际问题解决的综合能力，以此促进学生形成更为全面的地理视角和思维方式。此类题型避免了单一的知识记忆，更加注重考查学生的思维活跃度、逻辑推理能力及创新解题能力，要求学生既掌握地理知识，又能在新的情境中灵活运用，展现其解决实际问题的能力，对此，地理教师在教学中需注重培养学生的地理思维和分析能力，以适应高考题目的变化趋势，帮助学生提升综合素质。

1. 基础知识与关键能力的培养

地理学科的核心涉及广泛的自然及人文过程，如气候变化、水资源循环、地表变迁与人口动态等。为了准确理解这些复杂的地理过程，必

须在自然与人文地理的基础知识上打好坚实的基础，并深入理解其中的基本原理和规律。此外，将教材中的知识进行有效整合，构建起相互联系的知识网络，对于深化学生对地理学科的理解尤为重要。在关键能力方面，地理学科强调学生在获取、解读地理信息，描述、解释地理现象，以及探讨、论证地理问题方面的能力，这些能力的培养除贯穿日常的地理教学之中外，对于处理地理过程类题目也极为关键。

2. 构建地理过程的逻辑模型

在理解地理过程中，构建一个清晰的演变模型至关重要，这涉及将复杂的地理现象分解成易于理解的阶段和环节，通过标定地理事物发展的关键节点，在时间线上梳理出地理事象的演化轨迹，指导学生通过"时间轴"的方法明晰地理事象的发展动态，掌握其演变的内在逻辑。具体到教学实践，可以通过引导学生构建起前后相继的地理事件链条，从而厘清地理事象演变的原因与过程。如在探讨地貌演化时，首先识别区域内在的地质动力因素，进而分析外界风化、侵蚀等因素如何作用于地质结构，从而塑造特定的地貌特征。通过这种正反两方面的推理，帮助学生构建起地理事物发展的顺序框架，明晰从题目条件到结果所需经过的过程。

考虑到地理事物形成的复杂性，选择适当的分析角度和要素对问题进行拆解是解决过程类问题的关键。通过整体性原则，深挖地理要素间的相互作用与依赖关系，利用流程图等工具来帮助学生整理思路，构建起地理事物之间相互影响和制约的网络关系，以便更加深刻地理解地理现象的生成过程。

3. 利用图表强化直观理解

地理现象及其变化在不同的时间和空间尺度上可能是抽象和难以直接观察的。图表可以有效展现地理要素随时间的变化规律。不同时期的景观图则能形象地展示地理事物变化的特征。通过动态的图像演示，可以将复杂、抽象的地理过程形象化、动态化，以此帮助学生直观地理解地理变化过程。

4.运用多元化的教学手段

面对地理学科的多样化问题，教师需要运用多样的教学手段来引导学生的学习。地理信息技术等工具的应用可以为学生提供虚拟的实践和观察机会，深化对地理过程的理解。通过地理实验、野外考察等实践活动，学生可以更直观地感知地理过程，加强理论与实践的结合，激发学生的学习兴趣，并鼓励他们积极探索地理过程与规律。

5.多角度探索地理过程

地理学习不局限于课本知识，还应涵盖从多角度探索地理过程的能力。教师可以引导学生从自然地理和人文地理的角度，综合分析地理现象的形成机制和发展趋势。通过案例分析、小组讨论和角色扮演等互动教学方式，学生能够深化对地理过程的认识，促进知识的内化和技能的提升。

三、区域认知素养的培养对策

（一）运用景观图和模式图，使区域认知具体化、形象化

在地理教育中，尤其对于高中生来说，直接接触和体验各种地形地貌的机会相对有限。教师可以充分利用地理景观的图片资源，通过图像将地表的自然形态生动地呈现给学生，帮助他们准确识别不同地貌的地理位置，理解其形态特征、分布规律及其与周围环境的空间关系。这种方法不仅能够增强学生的空间思维和想象力，还能深化学生对地表自然形态形成原因及其结果的认识，提升他们分析地区特性的能力。例如，在讲授喀斯特地貌时，展示桂林地区喀斯特地貌的实景图片，可以让学生直观地感受到"桂林山水甲天下"的自然风光，同时深刻记忆喀斯特地貌的典型特征。

（二）开展专题式练习，培养区域定位能力

掌握区域地理的精准定位是构成地理学习核心能力的关键环节。不

同的区域因其所处的地理位置不同，在气候、水文、土壤、植被等自然属性上展现出丰富多样的特性。只有当学生能够准确识别一个区域的地理位置时，他们才能深入探讨该区域的地理特征。在高考及其他地理学习评估中，学生对于地理位置的认知能力受到了极大重视，缺乏空间认知能力的学生可能在确定区域地理位置时出现偏差，导致解题过程中出现错误。为此，地理教师在备考指导中应重视对学生进行专题训练，提高他们的图读能力，特别是在阅读区域地图、解读等值线地图、景观图以及统计图等多种地图类型时的技巧。通过专门的训练，指导学生如何利用地理坐标、区域内的显著地理特征、区域的相对位置等关键信息，精准地识别和确定区域地理位置。另外，强调地理原理在图解中的应用、图文之间转换的能力，以及定位和空间想象能力的发展，对于深化地理学科知识和技能非常关键。

（三）开展探究教学，提高学生解决区域可持续发展问题的能力

探索区域可持续发展方案是对学生区域认知能力的一大考验，需要他们综合考虑自然资源和社会经济因素，发挥区域优势，同时识别并解决可持续发展面临的挑战。这一能力的培育要求学生进行深入思考，探究式学习作为一种以问题为中心的教学策略，相较传统教学方式，可以促使学生更主动、更深入地进行学习探究。在实施高中地理教学时，教师应当积极引入探究式学习环节，旨在提升学生的区域规划与决策能力。例如，在讲解"湿地及其恢复"这一主题时，可以"扎龙湿地"的具体案例为引导，教师提供初步信息后，让学生自行研究扎龙湿地发展中遇到的问题及可行的改进措施。在此过程中，学生可运用互联网等现代信息技术收集资料，以支持他们的探究活动，通过对"扎龙湿地"这一具体实例的研究，学生能够理解湿地因过度开垦而面临的问题，基于该地区自然和社会条件，学生将提出相应的恢复和保护措施。

举例来看，探究青藏地区的区域地理复习通过精心设计的问题，引导学生深入理解这一地区的独特地理特征，特别是以其显著的"高寒"自然环境为中心的探究活动。具体步骤如下：第一，学生回溯在初中阶段学到的知识，对青藏地区独有的自然地理特征进行概括和总结。第二，通过分析"中国太阳辐射能分布"和"拉萨与成都气候资料对比"图表，学生探讨高原气候的特定现象及其成因。第三，探究高原气候如何影响该地区其他自然地理要素，比如植被、水文等。第四，针对西藏年楚河河谷油菜籽的高产与优质，学生需分析其背后的自然条件因素。第五，基于对青藏地区自然环境和人文条件的深入了解，学生评估当地产业结构的合理性，并针对其产业发展方向提出建议。

通过这一系列问题的探究，既让学生掌握了青藏地区的核心地理特征，又培养了他们对区域地理环境的综合认知能力，使其学会了如何分析自然条件对产业发展的影响，能够对区域发展提出具有建设性的建议。

（四）通过空间尺度变化提升学生地理区域认知素养

地理的区域认知能力作为学生深刻理解地理学科本质、掌握地理规律、认识人地系统互动的核心能力，对于培育学生的地理核心素养至关重要。地理学本身关注地球表面的地点、地区和区域的全球特征及其相互之间的关系，其中尺度概念居于核心位置，涵盖空间、时间及时空组合尺度。区域的尺度变化广泛，从广阔的大尺度到局部的小尺度不等。尺度的选择影响着区域特征及内部元素互动的分析视角：大尺度关注整体特征，可能忽略局部细节；小尺度则侧重具体、局部的分析。

在地理学习过程中，尤其在高中阶段的复习中，教师应引导学生理解尺度效应，学会从不同的尺度维度观察、分析地理现象和问题。这种能力的培养不仅有助于学生在宏观尺度上理解全球或区域性地理现象，也能够在微观尺度上洞察地理事件的具体表现。通过对同一地理主题在不同尺度下的研究，学生能够发现不同尺度下区域特征的主导因素及其变化，从而在分析和解决地理问题时采取多角度、多维度的思考方式。通过变换空间尺度的方式，系统性地探讨各类地理问题，既能够加深学生对地理学科的理解，也能够有效提升他们的区域认知素养，为学生全面掌握地理学科知识和技能奠定坚实基础。

四、地理实践力的培养对策

（一）案例教学

教师通过精心设计和实施案例教学，能够显著提高学生的地理实践力。为了最大化案例教学的效果，以下步骤是教师在课堂实施中需谨慎考虑的：

第一步，确定教学案例的中心主题是基础工作。教师需要深入挖掘教材内容与课程标准，结合学生学习的难点和教学的重点，同时参考地区的地理特色，挑选或创设贴合课程目标的案例主题。

第二步，精心设计案例和收集相关资料。在保证符合地理课程要求的前提下，教师应广泛收集与案例主题相关的本土资料和时事信息，设计出能够促进学生主动探究的情境，并通过设置具有挑战性的问题逐步深入，旨在通过情景模拟和亲身体验让学生深刻理解地理知识与原理，同时锻炼其解决实际问题的实践技能。

第三步，案例的引入。它是激发学生学习兴趣和主动探索欲望的关键。有效的案例引入应该包含吸引学生注意的素材，如生动的图片、视频、音频或富有趣味的故事等，通过这些直观材料提出引人入胜的问题，与案例内容相衔接，激发学生的好奇心和探究欲，为深入学习奠定基础。

第四步，深入分析案例探究。学生通过团队合作，对案例进行深入分析是案例教学的核心，在案例呈现后，教师指导学生遵循"理解案例背景—剖析案例成因—识别案例问题—探讨解决方案"的逻辑步骤，共同探究案例。此阶段，教师要确保探究活动的高效性，监控时间使用，确保学生对案例的分析既深入，又全面，促进学生理解案例背后的地理原理及其实践意义。

第五步，案例的质疑与拓展。案例的选择应注重其代表性和典型性，确保其在限定的课时内能够深化学生的理解。通过案例，不仅仅是为了让学生掌握特定的知识点，更重要的是通过对案例的拓展和探讨，引导学生学会将所学知识迁移到新的情境中，提高其综合应用知识解决问题的能力，促进其认识到地理知识在现实生活中的应用价值，从而培养其生的地理实践力。

第六步，教学的反思与评价。案例教学后的反思评价环节对于提升教学质量、优化案例资源至关重要。教师应对案例的选择、设计以及教学过程进行自我反思，评估案例的典型性、适应性和对教学目标的支撑度，以优化案例的再次开发。通过学生的反馈，教师可以了解案例对学生是否有趣、是否有助于知识理解和技能培养，以便调整教学策略。而同行评价提供的外部视角则能为教学方法、案例设计提供宝贵的改进建议，共同促进教师专业成长和教学资源的共享。

（二）地理研学

研学旅行是一座桥梁，将课堂与世界连接起来，提供了一次让学生走出教室、深入自然与社会的绝佳机会。通过这种方式，学生不仅能够将地理知识应用于实际环境，而且能在挑战中培养坚持和自主的精神，锻炼自己的意志和实际操作能力，进而提高地理实践力。

1.目标明确，选择适宜的研学地

要使研学旅行达到加强地理实践力的效果，首先需设定清晰的研学目标，这些目标需与地理课程的教学标准紧密相连，兼顾学生的生活实用性和对他们长远发展的帮助。在明确了研学的目标之后，考虑到时间、安全性、地域特色等多方面因素，精心挑选研学地点，并制定详尽的研学方案。

2.周密准备，任务具体化

研学旅行的成功与否在很大程度上依赖充分的准备工作。一旦确定研学地点，教师需对该地的自然环境和社会经济背景进行全面调研，条件允许的话，提前到达现场考察，为学生挑选合适的研学主题。随后，教师需要将研学主题细分成具体的研学任务，形成一套行之有效的活动指南。

在准备阶段，学生除需要做好物理准备外，还需要进行必要的前置学习，以期望的心态，带着自己的疑问前往目的地进行实地考察。通过对研学地的预先研究和假设设立，学生可以在研学过程中主动寻找地理信息，深度参与研学活动，进而实现通过实践加深对地理知识理解和应用的目标，避免了单纯观光的局面，真正做到了通过实践学习培养地理实践力的初衷。

3. 研学活动的有效实施与成果生成

在确保学生人身安全的基础上，细化执行研学计划，使学生在自然与社会环境中实践学习，逐步完成既定的研学任务。在这一过程中，引导学生积极收集各类信息资料，如拍照、作图、记录笔记和访谈内容等，之后对收集到的资料进行整理分析，形成具体的研学成果。研学活动结束后，组织学生进行成果展示和交流，不仅能增强学生对地理知识的实地认识和应用能力，还能培养其观察、调研及成果整合的技能，深化对地理学科知识的理解，并激发其对家乡大自然的爱护之情，全面提升地理实践力和综合素质。

4. 研学评价

完成研学旅行后，对活动进行综合评估可以激励学生继续参与未来的探索活动，显著提升研学的整体效益。研学的评估应该涵盖多个方面，采用定量与定性相结合的评价方法，确保评估过程的科学性和全面性。设计评价工具时，应考虑到其测量的有效性、简洁性、系统性以及符合地理学科的特性，并注重评价工具的发展性，根据不同研学主题的具体需要进行适当调整，以最大化研学活动的成效。通过自我评估、小组互评以及教师评估等多元化的评价方式，促进学生从不同维度对研学成果进行反思和总结。

随着组织经验的积累，研学活动的推进将为更广泛、深入的研学活动铺平道路。例如，可考虑开发桓台城郊的农业或张店东郊山地的地质、地貌研学线路。近年来，随着社会经济的持续发展和人民生活水平的提升，自驾游作为一种新型旅游模式日益受到欢迎，这为研学旅行提供了新的形式和机遇。通过自驾游，学生在与家人旅行的过程中，可以有目的、有意识地观察、记录地理现象，掌握相关知识和技能。

（三）利用学校及周边资源开展地理考察活动

地理教师可以积极借助校园内外的自然资源，组织一系列富有教育意义的实践活动，如春季赏花识植物考察，这不仅有效拓展了学生的地理学习视野，更重要的是为他们提供了与自然亲密接触的机会。通过这些活动，学生可以直观地观察到植物的生长过程，感受自然界的无穷魅力。春季，万物复苏，花园和野外的植物竞相开花，地理教师可以引导学生们走出课堂，进行赏花识植物的考察活动，在这一过程中，学生们能够欣赏到大自然的美景，并且有机会通过实地观察和亲手操作来深入探索植物的种类及其生长的环境条件。学生们可以观察植物的叶片形状、花朵颜色、茎的结构以及根的分布，通过这些直观的观察，他们能够学会辨识不同植物的特性，并理解这些植物对气候条件、土壤类型等环境因素的依赖关系。

这种亲身体验的学习方式使得学生能够更加深入地理解地带性及非地带性植被分布的规律。例如，通过观察同一地区不同植物对光照、水分的不同需求，学生们可以直观地理解为什么某些植物能够在特定的气候条件下繁盛生长，而其他植物无法生存。此外，这些考察活动还能够使学生们意识到人类活动对植物生态的深远影响。在教师的引导下，学生们学习到了如何科学地观察植物，掌握了识别环境变化对植物生长影响的基本方法，并且开始思考如何在人类社会的发展中采取措施，保护这些脆弱的自然资源。课余时间的有效利用提供了探索自然、认识世界的宝贵机会，为学生们打开了一扇认识地球、保护地球的大门。

参考文献

[1] 李涵畅，毕澄，林宪生.地理教育学 [M].大连：大连海运学院出版社，1990.

[2] 池春刚.新课程标准下的高中地理教学及评价研究 [M].青岛：中国海洋大学出版社，2021.

[3] 北京未来新世纪教育科学研究所.新课程高中地理教学实施导航 [M].呼和浩特：远方出版社，2005.

[4] 朱旭光.网络视频产业的业态融合与行业治理 [M].北京：中国广播电视出版社，2014.

[5] 张雄飞.诱思探究教学导论 [M].西安：陕西人民教育出版社，1993.

[6] 卢风.生态文明：文明的超越 [M].北京：中国科学技术出版社，2019.

[7] 何小刚.生态文明新论 [M].上海：上海社会科学院出版社，2016.

[8] 陈丽鸿.中国生态文明教育理论与实践（第二版）[M].北京：中央编译出版社，2019.

[9] 于慧.中华优秀传统文化与高中地理教学研究 [M].长春：吉林人民出版社，2020.

[10] 徐今风.浅析教学目标的激励功能 [J].语数外学习（英语教育），2013（8）：65，67.

[11] 张学新.对分课堂：大学课堂教学改革的新探索[J].复旦教育论坛，2014（5）：5-10.

[12] 张秋燕，罗杰斯人本主义学习理论与学困生转化[J].中学政治教学参考，2017（9）：79-80.

[13] 李昕怡.短视频时代，来了[J]传播与版权，2016（2）：112-113.

[14] 雷攀.社交网络进入短视频时代[J].西部广播电视，2014（16）：4-5.

[15] 凌巍.移动学习环境下的微视频资源研发及编创策略探微[J].中小学电教，2012（11）：70-72.

[16] 赵邦宇.从《指数函数及其性质》一节看诱思探究教学[J].科技创新导报，2014（10）：118.

[17] 陈建辉.论生态文明与可持续发展的关系[J].林业经济问题，2022（2）：112-114.

[18] 李茂春.自本课堂：一种有价值的课堂革命[J].中学政治教学参考，2018（6）：60-61.

[19] 梅自涵.智慧课堂下的高中地理教学路径[J].中学课程辅导，2024（9）：111-113.

[20] 郭万璋.高中地理课堂问题解决教学模式的应用探究[J].中学政史地（教学指导），2024（3）：43-45.

[21] 乐灵琪.创新教学模式下的高中地理课堂探究教学实践[J].课堂内外（高中版），2024（7）：66-67.

[22] 刘三军.高中地理教学中视频资源开发和利用方式研究[J].高考，2024（3）：76-78.

[23] 王长有.基于地理核心素养的高中地理课堂教学提问研究[J].

中学政史地（教学指导），2023（12）：32–33.

[24] 席彩灵.高中地理教学评一体化课堂构建策略研究[J].新智慧，2023（34）：30–32.

[25] 陈水平.项目式学习在高中地理课堂教学中的实施研究[J].试题与研究，2023（35）：13–15.

[26] 严发寿.基于空间思维能力培养的高中地理课堂教学研究[J].文科爱好者，2023（5）：32–34.

[27] 张冬妹.浅谈探究式教学在高中地理课堂中的运用[J].安徽教育科研，2023（29）：25–27.

[28] 李小艳.生活化教学模式在高中地理课堂中的运用[J].新课程教学（电子版），2023（18）：103–105.

[29] 李文胜.信息化教学技术在高中地理课堂中的运用[J].学周刊，2023（30）：145–147.

[30] 刘钱坤.探究式教学在高中地理课堂教学中的应用分析[J].中学课程辅导，2023（27）：102–104.

[31] 王方."双减"背景下高中地理互动式高效课堂的构建[J].中学政史地（教学指导），2023（9）：70–71.

[32] 杨文云.浅析高中地理课堂中主题式教学的应用[J].考试周刊，2023（35）：145–148.

[33] 陈东红.浅谈高中地理一轮复习问题式教学的简单尝试：从课堂问题到试题的渐进[J].学苑教育，2023（24）：94–96.

[34] 徐灿.以核心素养为基础的高中地理深度教学实践探索[J].求知导刊，2023（20）：59–61.

[35] 孙艳艳.启发式教学法在高中地理课堂中的应用探讨[J].教学管理与教育研究，2023（13）：78–79.

[36] 周玲.基于学科核心素养的高中地理课堂"教、学、评"一致性探究[J].高考，2023（19）：81-83.

[37] 李建恩.乡土资源在高中地理课堂教学中的应用实践[J].文科爱好者，2023（3）：37-39.

[38] 周德英.情境体验式教学在高中地理教学中的应用[J].亚太教育，2023（12）：91-93.

[39] 孔维凤.项目式教学在地理课堂教学中的应用[J].文理导航（上旬），2023（7）：40-42.

[40] 周松林.中学地理教学渗透生态文明教育的区域定量分析研究[J].考试周刊，2023（20）：142-145.

[41] 孙文静.基于多媒体技术的高中地理课堂教学研究与实践[J].试题与研究，2023（13）：179-181.

[42] 庄景娥.创新教育与高中地理课堂教学模式构建策略探究[J].国家通用语言文字教学与研究，2023（5）：71-73.

[43] 任熠，王民，马巍.基于人地协调观的高考地理试题内涵理解与分析[J].中学地理教学参考，2019（9）：64-66.

[44] 成航，苏惠敏.区域认知素养内涵浅析[J].中学地理教学参考，2019（14）：4-5.

[45] 蔡运龙.高校地理教育的国际态势[J].中国大学教学，2010（7）：6-12.

[46] 向莎."两型社会"视角下实现民生幸福的环境构建[J].现代经济信息，2013（10）：14-15.

[47] 房雪晴.5E教学模式在高中地理概念转变教学中的应用研究[D].济南：山东师范大学，2022.

[48] 黄淑茵.促进迁移的支架式教学在高中地理教学中的应用研究[D].广州：广州大学，2019.

[49] 张立勤.基于学习金字塔理论的初中数学试卷讲评课的研究与实践[D].上海：上海师范大学，2013.

[50] 张凯宇.微课在高中地理课堂教学中的应用研究[D].重庆：西南大学，2020.

[51] 刘怡麟.思维导图在高中地理教学中的应用探究[D].石家庄：河北师范大学，2017.

[52] 侯煌超.高中区域地理教学中思维导图的应用研究[D].重庆：西南大学，2021.

[53] 刘利花.学科思维导图在高中地理教学中的应用研究[D].广州：广州大学，2022.

[54] 于珍.诱思探究论在高中地理教学中的应用：以人教版"自然地理环境的差异性"为例[D].西安：陕西师范大学，2014.

[55] 田春一.高中地理跨学科融合课堂教学实证研究[D].海口：海南师范大学，2023.

[56] 范梦.思想政治教育视野下大学生生态文明教育研究[D].北京：中国矿业大学，2017.

[57] 丁程.短视频在高中地理课堂导入中的有效性评价及实证研究[D].海口：海南师范大学，2023.

[58] 余宇婷.基于问题链的高中地理综合思维能力培养研究[D].海口：海南师范大学，2023.

[59] 刘新宇.教育信息化2.0环境下的高中地理项目式学习研究[D].南宁：南宁师范大学，2023.

[60] 陈鸿.基于信息化手段的高中地理"教—学—评"一体化研究[D].哈尔滨：哈尔滨师范大学，2023.

[61] 蒋文慧.新课程视域下的高中地理学习进阶策略研究[D].哈尔滨：哈尔滨师范大学，2023.

[62] 罗媛媛.高中地理课堂教学中生态文明教育实施策略研究[D].太原：太原师范学院，2023.

[63] 罗勇.课程思政融入高中地理课堂教学的实践研究：以新人教版必修1为例[D].包头：内蒙古科技大学包头师范学院，2023.

[64] 郭锦萱.基于课堂观察的高中地理教师教学技能提升研究[D].贵阳：贵州师范大学，2023.

[65] 杜金津.基于产出导向法（POA）的高中地理高效课堂研究[D].石家庄：河北师范大学，2023.

[66] 李月华.生态文明教育在高中地理教学中的渗透研究[D].西宁：青海师范大学，2022.

[67] 李思瑶.生态文明思想融入高中地理教育教学的研究[D].乌鲁木齐：新疆师范大学，2021.

[68] 高学通.高中地理课程思政主题式教学模式构建研究[D].信阳：信阳师范学院，2022.

[69] 陈实.我国中学生现代地理实践素养培养研究[D].武汉：华中师范大学，2014.